公共性职业教育培训的有效供给

—— 基于制度分析的视角

陈福祥　著

GONGGONGXING ZHIYE
JIAOYU PEIXUN
DE
YOUXIAO GONGJI

人民出版社

·目 录·

前　言

　　2010年,我国出台的《国家中长期教育改革和发展规划纲要
(2010—2020)》强调,"坚持教育的公益性和普惠性","建成覆盖
城乡的基本公共教育服务体系","逐步实现基本公共教育服务均
等化"。教育是一项具有公益性和普惠性的事业。提供基本公共
教育服务,实现基本公共教育服务均等化,是当代政府的主要职能
之一。提供基本公共教育服务,就是要让全体社会成员享受到维
护基本生存权和发展权所必需的、基础性的教育服务,使其具备维
持自身生存和发展所应当掌握的文化知识和职业技能,从而获得
体面的工作,过上有尊严的生活;实现基本公共教育服务均等化,
就是要让全体社会成员,特别是社会困难群体,均能充分享受到机
会均等、结果公平的基本公共教育服务。

　　20世纪90年代以来,经济体制改革的推进和经济增长方式
的转变,带来我国经济结构、产业结构和劳动人事制度的较大变
化,相当数量的国有企业职工面临着下岗失业、转岗转业和重新就
业的挑战;随着农村经济社会的发展、农业生产方式的转变,大量
的农村富余劳动力需要向非农产业转移;实施乡村振兴战略,需要
加强农村专业人才队伍建设,培养各类新型农民经营主体。同时,
每年新增的数额巨大的城乡新生劳动力也亟需大量的就业机会。
就业是民生之本,是人民改善生活的基本前提和基本途径,它不仅
影响到我国经济的持续健康发展,而且关涉着公平正义的维护和

社会的长期稳定。为此,由政府公共部门主导,以公共财政为支撑,为新型农业经营主体、农村剩余劳动力、农民工、贫困人口、下岗失业人员、大学生、退役士兵以及城乡新增劳动力等基层劳动者就业提供基础性职业教育培训服务的公共性职业教育培训逐渐纳入了我国政府公共管理的视野。

近二十年来,我国开展了大规模的公共性职业教育培训。这些公共性职业教育培训,在促进经济发展、增加就业、改善民生等方面发挥了一定的积极作用。然而,我国现有的公共性职业教育培训,在供给过程中也存在着一些不容忽视的问题。主要表现为,公共性职业教育培训既供给不足,又需求不足,即一方面,公共性职业教育培训的供给数量和质量不能满足经济发展对于技能型劳动者的需求;另一方面,劳动者个体和用人单位对公共性职业教育培训有购买能力的购买意愿即有效需求明显不足。这一情况,反映在劳动力市场上,体现为劳动力既供给过剩,又供给不足,即在现实中,企业所需要的技能型劳动者出现短缺和大量缺乏职业技能的劳动者难以找到工作岗位两种情况同时并存。从根本上讲,劳动力市场中结构性矛盾的解决必须通过强化公共性职业教育培训才能加以解决,而公共性职业教育培训悖论的破解则有赖于其有效供给的增加,因为有效需求不足只是缘于无效供给过剩或者有效供给不足,而有效供给的增加最终则需要找到一个有效调节供需矛盾关系的合理机制或者制度安排。

正是基于以上思考,本书以职业教育培训的"公共性"和"有效性"作为研究的逻辑起点和根本旨趣,将政府为弥补"市场失灵"缺陷和维护社会公平正义而提供的各类基础性职业教育培训统称为"公共性职业教育培训",截取能够触及问题深层的"有效供给"作为论证解析的原点,借鉴制度分析的研究范式,运用理论演绎、历史研究、文献分析、比较研究等研究方法和国家理论、公共性理论、制度伦理理论、博弈理论等分析工具，通过规范制度分析、历史制度分析、比较制度分析等途径，对公共性职业教育培训的公共属性、供给绩效、伦理价值及有效供给路径进行深度考量，对于提升我国公共性职业教育培训制度设计的合理性及其供给效率，拓展职业教育培训理论边界并促成新的理论生长点，具有一定的实践意义、政策价值和理论意蕴。

本书尝试提出并回答了以下几个问题：

第一，公共性职业教育培训为什么具有"公共性"？依据萨缪尔森对公共产品的经典定义，即不具有排他性和竞争性，职业教育培训并非严格意义上的公共产品。然而，针对社会基层劳动者和特定群体开展的公共性职业教育培训，对于经济发展、增加就业、促进公平具有重要意义，其外部收益远远大于个体收益，因此，仅仅仰赖市场供给手段会导致"市场失灵"现象的发生。此外，判断一种物品是否属于公共产品，并不能完全取决于其排他性和竞争性的物理特征，出于维护公共利益考虑和执政理念驱使，政府一旦选取公共供给的方式对特定群体进行职业培训，它也就必然成为了一种公共产品。

第二，什么是公共性职业教育培训的有效供给？公共性职业教育培训提供的产品是凝聚在人身上的人力资本，这就决定了公共性职业教育培训供给有着不同于一般公共产品供给的特殊性和复杂性，有着自身独特构成要素和判定标准。公共性职业教育培训的有效供给是指在一定时期内，一个国家或者地区及其各级各类教育机构运用公共权力和公共资源，向社会基层劳动者或者特定群体提供的公共性职业教育培训不仅在数量、质量和结构上满足个人、用人单位和社会有支付能力和支付意愿的教育需求，而且同时符合公平和效率原则。公共性职业教育培训有效供给的衡量包括数量均衡、质量满意、结构合理、公平优先、兼顾效率五项原则。

第三,为什么要进行公共性职业教育培训的有效供给?制度不仅体现着特定的政治观念、经济利益、文化价值,而且也具有鲜明的伦理意蕴,因此,制度安排及其实施应当体现一定的伦理层面的终极关照。公共性职业教育培训所具有的人力资本投资、文化资本赋予、社会福利政策以及社会公共产品性质,使得公共性职业教育培训有效供给制度在促进经济发展、强化社会流动、救治社会失业、维护公平正义方面具有不可忽视的重要价值和伦理意义。

第四,我国公共性职业教育培训供给的历时样态和有效性如何?从供给制度的历时变迁的角度来看,我国公共性职业教育培训先后经历了计划经济时期的发展、经济转轨阶段的改革、市场经济条件下的重构新时代的进一步完善四个发展阶段。而从供给制度的历史制度分析的角度来看,我国公共性职业教育培训在供给数量、质量、结构、公平、效率五个方面还存在着一些不容忽视的问题。这主要是因为,在不完全竞争、信息不对称、预期收益不确定、一致同意和偏好加总困难、个体收益最大化和机会主义倾向等客观存在的情况下,公共性职业教育培训的相关利益群体分别有着自身独立的目标函数和效用函数,从而导致公共性职业教育培训的实际供应常常偏离于其意愿供给。

第五,应当如何实现公共性职业教育培训有效供给?实现公共性职业教育培训有效供给,在供给主体方面,应当引入多中心治理机制,强调相关主体的多元化参与,在它们之间架构起一种既相互独立又相互依赖的契约性的竞争和合作关系;在供给内容方面,应当实现多维度涵盖,将关注的视域拓展到各类基层劳动者群体,并通过科学、规范的宏观规划,使之与当前及未来一段时间社会不同行业、不同工种对技能型劳动者的需求相契合;在供给进程方面,应当引入市场化的激励机制,在相关参与主体之间建构起一种多层次博弈框架和约束性的制度安排;在供给结果方面,应当推行学习成果的多样化认证,在统一的国家资格框架下,实现不同类型、不同层次、不同地域教育培训之间的衔接和转换。据此,本书分别构建了公共性职业教育培训的多中心治理、多维度涵盖、多层次博弈和多样化认证模型。

引论　追寻职业教育培训的
"公共性"和"有效性"

　　论及教育,人们可能最先想到的是学校教育,而在众多类型的学校教育中,人们首先想到的便是普通教育。这一惯常思维方式常常使得职业教育培训遁出公共教育体系和人们关切之外,也便致使其"公共性"的旁落和"有效性"的迷失。因而,职业教育培训有没有"公共性",如何提高该类型教育的"有效性",便构成了本书的思维起点和根本旨趣。

一、研究缘起

(一)问题的提出:"公共性职业教育培训"是怎么进入研究视野的

　　在我国,由政府发起并主导的各类职业培训早已有之,如新中国成立初期开展的工农业余教育、半工半读教育,改革开放初期开展的职工教育和农业技术、实用技术培训,20世纪80年代开展的岗位培训和专业证书教育等,它们在一定程度上满足了当时我国工农业生产恢复、发展和现代化建设对劳动者职业技能素质的客观要求。20世纪90年代以来,随着经济体制改革的推进和经济增长方式的转变,我国的经济结构、产业结构和劳动人事制度也随之发生较大变化,相当数量的国有企业职工面临着下岗失业、转岗转业和重新就业的挑战,并且,随之而来的还有大量的农村富余劳动力需要向非农产业转移,以及每年新增的数额巨大的城乡新生劳动力亟需社会为之提供大量的就业机会。就业是民生之本,是人民改善生活的基本前提和基本途径,它不仅影响到我国经济的持续健康发展,而且关涉着公平正义的维护和社会的长期稳定。为此,由政府公共部门主导,以公共财政为支撑,为社会基层劳动者就业提供基础性职业教育培训服务的公共性职业教育培训逐渐纳入了我国政府公共管理的视野。1998—2003 年,针对国有企业改革中的下岗职工和失业人员,劳动部先后实施了两期"三年千万"再就业培训计划;2004 年起,农业部、财政部、劳动和社会保障部、教育部、科技部、建设部共同组织实施了农村劳动力转移培训"阳光工程";2006 年,国务院扶贫办开展了面向贫困地区青壮年农民的培训工程"雨露计划";2006—2010 年,劳动和社会保障部实施了农村劳动力技能就业计划,对农村初高中毕业未升学人员、农村退役士兵和其他农村新生劳动力实施劳动预备制培训;与此同时,免费中等职业教育也得以不断推进,2009 年秋季学期起,我国开始对中等职业学校农村家庭经济困难学生和涉农专业学生免除学费。2010 年秋季学期,中等职业教育免除学费的范围又扩展到城市家庭经济困难学生。

2012 年以来,按照党中央、国务院的部署要求,农业部、财政部等部门启动实施新型职业农民培育工程,培养家庭农场、农民专业合作社、农业企业等新型农业经营主体的带头人和骨干。2014年,为贯彻落实中央经济工作会议和城镇化工作会议精神,进一步提高农村转移就业劳动者的就业创业能力,加快推动农业转移人口市民化,人力资源社会保障部开始在全国开展农民工职业技能提升计划——"春潮行动"。2016 年,为进一步推进农民工、建档立卡贫困人口、大学生和退役士兵等人员返乡创业培训工作,有效促进农民工等人员在大众创业、万众创新热潮中实现创业就业,人力资源社会保障部等五部门实施农民工等人员返乡创业培训五年行动计划(2016—2020 年)。2018 年,国务院《关于推行终身职业技能培训制度的意见》要求,针对城乡全体劳动者,推进基本职业技能培训服务普惠性、均等化,注重服务终身,保障人人享有基本职业技能培训服务。

由此可以看出,一种面向新型农业经营主体、农村剩余劳动力、农民工、贫困人口、下岗失业人员、大学生、退役士兵以及城乡新生劳动力等群体、具有普惠性和公益性的公共性职业教育培训制度已经在我国初具雏形。本书即是在以上背景下经过实践观察和理论思考而提出的。其研究目的在于,基于针对上述各类群体的职业教育培训特性的一致性,将其统一纳入公共性职业教育培训的分析框架中,运用多学科的视角进行深度考察,以期提升我国公共性职业教育培训制度设计的合理性及其运行效果。

(二)问题的深化:为什么选择"有效供给"作为研究的切入点

毋庸置疑,无论下岗失业人员再就业培训计划还是农村劳动力转移培训工程,实施以来均取得了不菲的成绩,绝大部分受训学员通过培训掌握了一技之长,顺利实现了转产、转岗就业:为城镇失业人员提供的免费职业介绍、对就业转失业人员提供的免费职业培训等公共就业服务政策与其他社会保障制度一起,维护了广大失业、转业人员的根本利益;"阳光工程"不仅促进了农民增收,而且农民外出务工带回的资金、技术和观念也推动了新农村建设;中等职业教育的逐步免费,既在一定范围内维护了教育公平,同时也在一定程度上提高了其吸引力。但也不可否认,现实中,无论我国劳动力市场上的劳动力供给,还是公共性职业教育培训的供需方面,都存在着一些似乎难以化解的结构性悖论。

首先,劳动力市场:既供给过剩,又供给不足。当前,我国劳动力市场明显表现出既供给过剩,又供给不足的悖论。供给过剩是指大量缺乏一技之长的劳动者难以找到相应的工作岗位;供给不足是指与我国经济发展进程和经济结构转型相适应的高技能人才的短缺。改革开放,特别是20世纪90年代以来,随着农产品供求问题的基本解决和政策环境的逐步改善,农村劳动力外出就业规模不断扩大,数目庞大的农村劳动力主要向非农和城镇转移就业。1995—2007年,全国农村劳动力外出就业数量由5066万人增加到了12609万人。据有关部门统计,当前我国农村剩余劳动力数量约1.5—1.8亿,并且每年还要新增农村劳动力约600万人。而在我国农村劳动力中,接受过短期职业培训的占20%左右,接受过初级职业技术教育或培训的仅占3.4%,接受过中等职业技术教育的只有0.13%,大量的农村劳动力没有接受过相应的职业教育或培训,缺乏一技之长。① 中共中央、国务院《关于进一步做好下岗失业人员再就业工作的通知》指出,"我国就业方面的主要矛盾,是劳动者充分就业的需求与劳动力总量过大、素质不相适应之间的矛盾。当前,主要表现在劳动力供求总量矛盾和就业结构性矛盾同时并存,城镇就业压力加大和农村富余劳动力向非农领域转移速度加快同时出现,新成长劳动力就业和失业人员再就业问题相互交织。"

其次,公共性职业教育培训:既供给不足,又需求不足。然而

---

① 国务院研究室编:《中国农民工调研报告》,中国言实出版社2006年版,第79、165—166页。

与上述情况不同的是,我国公共性职业教育培训却面临着既供给不足、又需求不足的窘境。供给不足是指公共性职业教育培训无论从数量上还是从质量上均不能满足经济发展对于大量技能型人才的需求;需求不足是指无论劳动者个人还是用人单位均对公共性职业教育培训表现为有购买能力的购买意愿不足。主要表现为,不少地方开展的再就业培训和农村劳动力转移培训普遍存在着资金投入不足、针对性不强、效果不佳、仅仅流于形式等不容忽视的问题。与此类似,尽管在国家加快发展中等职业教育政策的鼓励下,2005 年以来,中等职业教育在校学生数量不断攀升,基本扭转了此前生源不断下滑的局面,2008 年中等职业教育在校生人数达到 2057 万人,占据整个高中阶段教育的半壁江山,但是,当前中等职业教育还远远没有驶入稳定、健康发展的轨道,中等职业教育缺乏吸引力的现状并没有从根本上改变,中等职业教育的个人需求和社会需求及其与有效供给之间的结构性矛盾仍然没有从深层次上予以解决。

2005 年,《国务院关于进一步加强就业再就业工作的通知》指出,"今后几年,就业再就业工作的重点仍是解决体制转轨遗留的下岗失业人员再就业问题和重组改制关闭破产企业职工安置问题。同时,也要继续做好高校毕业生、进城务工农村劳动者和被征地农民等的就业再就业工作。"从根本上讲,劳动市场悖论的解决必须通过强化公共性职业教育培训才能加以解决,而公共性职业教育培训窘境的破解则有赖于其有效供给的增加,因为有效需求不足只是缘于无效供给过剩或者说有效供给不足,而有效供给的增加最终需要找到一个有效调节供需矛盾关系的合理机制或者制度安排。

二、研究意义

（一）实践关切：提升职业教育培训供给的公共性和有效性

"任何一门学科（或较大的学科群）都必须以学术要求与社会实践的某种特殊的、不断变化的融合为基础。这些要求和实践相互支撑，然后又得到该学科或门类的制度化再生产的不断增强。"[①]理论与实践是一种相互建构的关系。理论要具有实践品质，从提出问题、推演问题到解决问题，都应当是一种基于实践的理解，始终指向实践；实践理所当然也要具有理论意蕴，不断接受理论的实践关照，在与理论研究的互动中不断提升自己的实践理性。

在教育的发展史上，对于教育属性的认识，学界有着不止一次的争论。自 20 世纪 90 年代始，关于教育是否是一种产业，能否产业化，如何产业化等问题，学界展开了一场旷日持久的争论，至 20 世纪初尚余音未消。有些学者认为，教育是培养人的社会活动，教育提供的不是物质产品，教育是一种具有巨大外部效益的准公共产品，不能把经济活动中的市场机制完全移植到教育中来；[②]教育投资回报并非严格意义上的盈利性产业的投资回报，将教育完全交由市场进行产业化经营，难以克服市场固有的盲目性、自发性和功利性。[③] 相反，有些学者却认为，教育属于第三产业，是一种服

---

① ［美］华勒斯坦等：《开放社会科学：重建社会科学报告书》，刘锋译，生活·读书·新知三联书店 1997 年版，第 53 页。

② 王善迈：《关于教育产业化的讨论》，《北京师范大学学报（人文社会科学版）》2000 年第 1 期。

③ 张人杰：《"教育产业化"的命题能成立吗?》，《教育评论》2000 年第 1 期。

务产品。政府对教育的投资总是有限的,并非所有的教育类型都是公共产品,实现教育资源的优化配置,必须走产业化经营的道路。① 这场争论最终以国家教育行政部门相关人士在公开场合旗帜鲜明地反对教育"产业化"而偃旗息鼓。教育属于第三产业,"是为提高科学文化水平和居民素质服务的部门",②但这并没有改变其公共产品或者准公共产品的根本属性,不能作为是否产业化的充分条件。因为,依据三次产业的划分标准,国家机关、党政机关、社会团体、警察、军队同属第三产业,从这些第三产业部门同属公共领域的共有特性来看,恰恰表明教育是一种具有很强公共性的特殊产业。其实,"产业化"一词的歧义性是争论双方难以达成共识的一个主要因素。如果我们将产业化理解为把教育产品作为一种纯粹的消费品,按照市场经济规律进行企业化运作,当然有悖教育的质的规定性;如果我们将其理解为在教育的某些领域适当引入市场竞争机制,以提高教育资源的利用效率和教育服务质量,这当然是当前我国教育改革的应有之意。2010 年出台的《国家中长期教育改革和发展规划纲要(2010—2020)》强调,"坚持教育的公益性和普惠性","建成覆盖城乡的基本公共教育服务体系","逐步实现基本公共教育服务均等化"。公益性和普惠性是现代教育的根本特征,提供基本公共教育服务是当代政府的主要职能之一。然而,对于基本公共教育服务,不少学者将其理解为提

---

① 厉以宁:《关于教育产业的几个问题》,《高教探索》2000 年第 4 期。
② 第三产业是指在再生产过程中为生产和消费提供各种服务的部门,包括除第一、二产业以外的其他各行业。我国第三产业包括流通和服务两大部门,具体分四个层次:一是流通部门;二是为生产和生活服务的部门;三是为提高科学文化水平和居民素质服务的部门;四是国家机关、党政机关、社会团体、警察、军队等。

供均等的义务教育或者促进义务教育均衡发展。义务教育因其基础性和普及性理应属于基本公共教育服务所涵盖的范畴,但如果仅此理解未免有失偏颇。在界定教育产品属性的条分缕析中,不少学者往往依据经济学对公共产品的经典定义,将义务教育划归为公共产品,将职业教育和高等教育划归为准公共产品,而对职业培训,或者避而不谈,或者理所当然地划归为私人产品。其实,职业培训可以分为不同的类别,那些面向新型农业经营主体、农村剩余劳动力、农民工、贫困人口、下岗失业人员、大学生、退役士兵以及城乡新增劳动力等群体开展的基础性职业教育培训,同样具有不容忽视的政治、经济、文化和伦理意义,理应属于基本公共教育服务体系的一部分。此外,一种产品是否具有公共性,不仅取决于其自然属性,而且和国家的政治愿景及其制度安排息息相关。本书借鉴国家理论、公共性理论、制度伦理理论等,在对职业教育培训发展历程的历时考察的基础上,对职业教育培训的公共性进行检视和解读,以提高学界对于职业教育培训公共性的认识,同时为实践中开展的公共性职业教育培训提供理论支持。

公共性职业教育培训具有较强的正向溢出效应,也就是说,它的生产和消费不仅对个人提高职业技能、顺利就业、增加收入具有决定性作用,而且对所属社会经济社会的发展和公平正义的维护具有积极意义,相比较而言,其预期社会收益往往高于个人或者集团收益。因此,如果将公共性职业教育培训完全交由市场生产,缘于经济人的理性计算和机会主义偏好,大多数人或者利益集团会选择只享用产品带来的益处而不愿意为其出资,从而导致该类产品的供给不足。这一现象的存在为政府提供公共性职业教育培训的生产提供了理由,但是,政府公共部门难以克服的官僚作风和科层制度常常衍生出设租—寻租及其他腐败现象,又常常会导致公共性职业教育培训供给的低效。公共产品的生产并非必然由政府提供,仅仅通过市场提供也并不意味着最有效率,关键是在"自由放任市场机制和民主政府规制干预之间的黄金分割线"的问题上,"合理划分市场和政府的界限"。① 可见,公共性职业教育培训所具有的"公共性"决定了它应当由政府公共部门提供,但是,政府公共部门提供公共性职业教育培训并不意味着它要进行直接生产。在公共性职业教育培训的供给链条上适当引入市场法则,架构起政府以及相关利益群体之间的合作与博弈框架,并以系统化的制度设计将其固定下来,是实现公共性职业教育培训有效供给的必然途径。本书借鉴制度分析的研究范式,在对我国现行的公共性职业教育培训供给制度理性反思和对国外公共性职业教育培训制度借鉴的基础上,进行公共性职业教育培训有效供给制度设计的尝试,对于提高我国公共性职业教育培训的供给效率,具有一定的实践价值。

(二)理论架构:增强职业教育培训理论的解释度和预测力

在教育学的学科视野里,职业教育培训是一个兼跨职业教育和成人教育的研究领域。传统上一般将教育分为基础教育、高等教育、职业教育、成人教育四种教育形态。其中,职业教育"包括职前和职后两大部分。前者,主要是对前成年期未成年人的职业教育,包括对职校、技校以及普通学校在校学生的就业准备教育。后者,是对成年期从业人员、待业人员的职业教育,包括对他们职业的知识和技能的补充和提高训练,以及转换职业所需的教育。

---

① 〔美〕保罗·萨缪尔森、威廉·诺德豪斯:《经济学(第18版)》,萧琛等译,人民邮电出版社2008年版,第32、36页。

这种职后的从业和待业人员的职业教育,显然属成人教育的范畴。"①当前的职业教育和成人教育研究,同样存在着两种离析学科独立性和合理性的研究取向和研究路径:其一,研究者们过多地依赖实践中存在的具体问题的分析和描述,满足于提出问题、分析问题、继而解决问题的研究取向,所得出的结论只能解决某个或者某类问题而难有普适价值和理论解释力。其二,面对劳动和技术领域里众多的职业和职业领域,人们往往倾向于将这些职业活动归类于技术科学、工程科学、经济科学、管理科学等学科领域内,②致使职业教育和成人教育学科难以培育出自己独特的概念、范畴、研究方法和理论体系。美国成人教育学者梅里安(Sharan B.Merriam)认为,成人教育是一个非常庞杂的领域,包括内容、主题、目的、目标各不相同的众多实践活动,很多人在从事成人教育活动,可能他(她)们并没有意识到,"如一个医院的护士管理者,她做的是本医院员工的培训(即指导临床护理方面的知识),她始终认为自己从事的护理教育专业,而从不认为自己从事的是成人教育;她可能称自己的工作是培训、管理或人力资源发展等,从不会想到自己是成人教育工作者。"③对以上两个问题的可能解答似乎殊途同归:相对于普通教育而言,职业教育和成人教育与社会各领域有着更加普遍的、紧密的天然联系,这就决定了其研究必须置身于多学科的视域下,渗透到社会科学、人文学科的各个层次,在与社会发展的互动中彰显其独特诠释力与指导力,并在此过程中逐渐实现理论体系的自我完善。美国学者克莱恩(J.T.Klein)认为,学科互

---

① 叶忠海:《成人教育和职业教育关系研究》,《教育研究》1996 年第 2 期。

② 姜大源:《职业教育学研究新论》,教育科学出版社 2007 年版,第 41 页。

③ 王海东、希建华:《成人教育作为一门学科的发展与研究》,《开放教育研究》2004 年第 6 期。

涉和交叉的原因主要有以下几点:(1)学科的认识论结构及认知方向。(2)工具、方法、概念、理论的借鉴。(3)让学术问题、社会问题及技术问题远离严格的学科中心。(4)当前学科研究的复杂性。(5)与毗邻学科的关系。(6)对学科的内在性与外在性的重新定义。他认为,"边界既是分界线,也是渗透膜","学科不是孤立的单元,渗透是其特征的一部分",学科互涉研究具有三重意义:其一,"它们在现存学科构架中将一个范畴分为主体和客体,因此放宽了边界,刺激了贸易区"。其二,"它们填补了由于范畴关注不够而导致的知识空白"。其三,"它们会通过构建新的知识空间和专业角色,来重新划分边界"。① 其实,任何学科的发展都必须从其他相关成熟学科中移植、借鉴适用的概念、范畴、研究方法和理论支点,"移植是科学发展的一种主要方法",②关键问题是要对它们重新组合、诠释,赋予它们一种用于描述、解释本学科问题的理论意涵。本书将公共性职业教育培训有效供给这一位于学科研究边缘的问题置于多学科的视野下作深度考量,通过打破和重构相关学科之间的边界与联系,拓展职业教育培训的理论边界并促成新的理论生长点,对于增强职业教育培训理论的现实解释度和预测力,具有一定的理论价值。

三、关键概念界定

在学术研究中,对于同一概念的理解和运用,即便在同一学科

---

① [美]朱丽·汤普森·克莱恩:《跨越边界——知识 学科 学科互涉》,姜智芹译,南京大学出版社 2005 年版,第 46—47 页。
② [英]W.I.B.贝弗里奇:《科学研究的艺术》,陈捷译,科学出版社 1979 年版,第 133 页。

共同体内部,人们也往往存在着诸多分歧,这不仅缘于不同使用者所处的话语情境和所信奉的游戏规则不尽相同,也取决于不同使用者对其所指称对象的认知程度。然而,概念是建构理论体系的基本要素,是进行理论思维的逻辑起点,"概念的内容并非随意确定的(亦即纯粹出于习惯的),而是在根据观察而检验过的事实判断的意义上所获得的经验性判断,或者说是源于经验性诊断的一般化假设。"①因此,进行理论研究之前,有必要对基本概念给予简单界定。

(一)作为研究对象的"公共性职业教育培训"

目前,在我国,尽管针对城市失业人员、农村剩余劳动力、城乡新增劳动力等群体进行的公共性职业教育培训实践活动早已有之,但是,人们更多地习惯于分别称之为就业培训、农村剩余劳动力转移培训、创业培训等,作为一个专有名词的公共性职业教育培训尚未获得普遍使用。在一些学术文献中,与公共性职业教育培训具有类似含义的概念有公共职业培训、公共职业训练、公共就业培训等。"公共职业培训"一词,首见于日本职业培训法,该法第15条规定,中央、都道府县及市町村设置的职业训练机构称为公共职业培训机构。② 在我国,《教育大辞典》列有"公共职业训练"(public training)词条,通过所附英文"public training",我们不难判断,其实为"公共职业培训"的不同翻译:"某些西方国家由国家、地方政府或社会团体设立的机构为满足公共需要而举办的各种职

① [德]沃尔夫冈·布列钦卡:《教育科学的基本概念:分析、批判和建议》,胡劲松译,华东师范大学出版社 2001 年版,第 15 页。
② 林安男:《公共职业训练机构职训从业人员专业能力分析研究》,硕士学位论文,台湾高雄师范大学工业科技教育学系,2004 年,第 4 页。

业训练。主要对象是待业、转业和失业人员。根据就业市场需要或某种职业的共同需要,施行最一般、最基础的训练。另外,对残疾者施行的单纯操作技能训练,或对中级管理人员和中级技术工人进行的短期训练,也由上述机构举办。"①有学者认为,公共就业培训是"公共就业服务体系的重要组成部分,是政府为了帮助一部分社会成员就业而由政府出资(可部分出资)并管理的一种技能训练,是政府向一部分社会成员提供的一种准公共产品"。② 从实施对象来看,在我国台湾地区,职业训练局工作细则规定,凡不以特定对象为招生目标,而学员的就业也未以特定机构为诉求者,或以未就业的青少年为培训对象,其训练职类为就业市场共同需要者,称为公共职业培训。其培训类别主要以养成训练、进修训练、转业训练、残障者职业训练以及师资训练为主。③ 台湾地区的职业培训机构主要包括政府部门设立的培训机构,以及事业单位、学校、社会团体和私人机构设立的培训机构等。而职业训练局所认定的公共职业培训机构仅指具有以下特征者:(1)训练对象为公开招训的非特定来源国民。(2)机构设立或运营经费由政府支付或资助。(3)为受训者提供就业辅助训练。(4)训练费用由政府负担。(5)培训结束时进行职业技能鉴定。④ 在韩国,职业培训分为公共职业培训、认定职业培训和企业职业培训三类,"公共职

---

① 顾明远主编:《教育大辞典》上册,上海教育出版社、上海科技出版社 1998年版,第 446 页。

② 何筠:《我国公共就业培训问题研究》,博士学位论文,南昌大学,2007 年,第2 页。

③ 林安男:《公共职业训练机构职训从业人员专业能力分析研究》,硕士学位论文,台湾高雄师范大学工业科技教育学系,2004 年,第 4—5 页。

④ 周德友:《公共职训机构组织转型之研究——以台北市职训中心为例》,硕士学位论文,台湾玄奘大学公共事务管理研究所,2007 年,第 28 页。

业培训是指国家、地方自治团体或总统令中指定的公共团体下属职业训练院所实施的职业培训,培训对象可分为主妇培训、失业人员培训等;认定职业培训是指得到劳动部长认定的法人或个人实施的职业培训,其对象是培养公共职业培训或企业内职业培训难以培训的工种;企业内职业培训是指企业主单独或同其他企业主共同实施的职业培训。"①

需要说明的是,本书之所以将研究问题界定为"公共性职业教育培训",主要基于以下考虑:其一,尽管对"public training"的准确翻译应当是"公共培训"或者"公共职业培训",但是,作为一个专有名词的"公共培训"或者"公共职业培训"目前在我国学界尚不是一个约定俗成的称谓。在这里,"公共性"是一个抽象名词,表示属性,意思是"具有'公共性'的"。② 其二,在"公共性职业培训"中加入"教育"一词主要是考虑到"公共性职业培训"的内涵和外延均未将"职业教育"囊括在内,而随着我国中等职业教育免费的持续推进,中等职业教育的"公共性"也必将逐渐凸显。

本书认为,公共性职业教育培训有广义和狭义之分。广义的公共性职业教育培训指由国家、地方政府等公共机构利用公共权力和公共资源向社会成员直接或间接提供的各种职业技能教育培训,包括国家公务员教育培训、行政管理人员培训、公立学校教师岗前培训与继续教育等;狭义的公共性职业教育培训指用以满足

---

① 张永麟:《韩国职业培训与职业技能鉴定制度》,《中国劳动》1997 年第
3 期。
② 依据《现代汉语词典》的解释,"性"作为后缀,加在名词、动词或形容词之后
构成抽象名词或属性词,表示事物的某种性质或性能。参见中国社会科学
院语言研究所词典编辑室编:《现代汉语词典(第 5 版)》,商务印书馆 2005
版,第 1528 页。

社会基本公共服务需要和社会成员基本公共教育需求的基础性职业教育培训。本书基于此狭义理解,将公共性职业教育培训界定为:为了保障经济发展对于劳动力的基本需求,维护社会公平正义,满足社会成员的基本生存权和发展权,由国家、地方政府等公共机构利用公共权力和公共资源面向新型农业经营主体、农村剩余劳动力、农民工、贫困人口、下岗失业人员、大学生、退役士兵以及城乡新增劳动力等社会特殊群体和基层劳动者提供的各种基础性职业技能培训。

(二)作为研究切入点的"有效供给"

供给和需求分析是经济学研究问题的基本方法。在经济学中,供给和需求有着特定的内涵和外延。"西方经济学把生产者在某一特定的时间内按照每一可能的价格意愿而且能够提供出售的某一商品的各种数量叫做供给。"[1]影响供给的因素有商品的价格、企业的生产目标和技术水平、生产要素的价格、其他商品的价格等。其中,商品的价格是影响供给的决定性因素。当价格发生变化时,在同样的技术水平下,企业会调整产品的生产规模,从而引起商品供给的变化。所谓需求,是指"某一特定时期内一种商品价格同这种商品的购买量的关系"[2]。它主要受商品的价格、消费者的偏好和收入水平、其他商品的价格等因素的制约。同样,商品的价格也是影响需求的决定性因素,在其他因素保持不变的情况下,商品的价格变化会导致人们支付能力的变化,从而引起市场

---

[1] 高鸿业、吴易风等编著:《现代西方经济理论与学派》,中国经济出版社 1988 年版,第 26 页。

[2] 高鸿业、吴易风等编著:《现代西方经济理论与学派》,中国经济出版社 1988 年版,第 13 页。

上人们对于该商品的需求发生变化。

在市场经济条件下,商品价值和使用价值的最终实现是一个十分复杂的运动过程,某些商品在市场上的供给并不总是表现为有效的,这往往要取决于其数量、质量、结构、价格等是否符合现实中的市场消费需要。所谓有效供给,是指"一定时期内一个国家或地区向市场提供的现实供给中能够最终满足消费需要实现其商品价值的那一部分商品供给量。"①有效供给是检验生产是否适应消费、供给是否符合需求的一项基本指标。与有效供给相对的概念是无效供给,所谓无效供给,是指"一定时期内一个国家或地区向市场提供的现实供给中一部分最终无法转入消费领域而不能实现其价值和使用价值的那部分商品。"②现实中,出现无效供给的原因可能是多方面的,它主要表现为以下几点:(1)由于盲目生产导致产需脱节,造成一部分商品不能够被消费者所接受,无法从流通领域进入消费领域实现其价值。(2)由于流通渠道不畅导致流通环节堵塞,使得适应消费需要的商品因供给时间、空间差异而不能与购买力相结合而变成了无效供给。(3)由于生产经营秩序混乱,大量假冒伪劣商品进入流通领域而变成了无效供给。(4)由于商品运输、储存中质量受损而无法出售转化成无效供给。③ 市场经济的健康与稳定发展,在根本上取决于市场上商品的有效供给数量,即要尽可能增加商品的有效供给,减少商品的无效供给,

---

① 黄运武等主编:《商务大辞典》,中国对外经济贸易出版社 1998 年版,第273 页。
② 黄运武等主编:《商务大辞典》,中国对外经济贸易出版社 1998 年版,第273—274 页。
③ 黄运武等主编:《商务大辞典》,中国对外经济贸易出版社 1998 年版,第274 页。

提高有效供给率。

　　教育是一种培养人的社会活动,教育过程有着自己独特的运动规律,有别于市场上纯粹商品的运行法则,但是,作为一种服务产品,它同样存在着供应和需求的问题。有学者认为,教育供给是指"一定社会为了培养各种熟练劳动力和专门人才,促进经济、社会和个体的发展,而由各级各类教育机构在一定时期内提供给学生受教育的机会",而教育需求是指"国家、社会、企业和个人对教育有支付能力的需要"。[①] 教育供给和教育需求的关系构成一对矛盾运动,有教育需求就会产生教育供给,教育供给必须满足教育需求,教育有效供给即是教育供给和教育需求达到的一种均衡状态,"只有在教育供求均衡点的教育供给才是有效的教育供给",[②]而所谓教育供求均衡是指"教育机构所提供的教育机会数量、质量和结构在总体上与个人、社会对教育的需求基本一致。"[③]也有学者认为,教育有效供给是指"在某一时间内,一个国家的各级各类教育机构所提供的教育机会,不仅为它的直接'消费者'个人所需求,而且同时能满足国家经济社会发展对各种熟练劳动力和专门人才的需要,从而既能使教育资源得到充分利用,又能促进整个国家的现代化进程。"[④]但是,对教育有效供给的定义不能仅仅考虑到在教育机会、数量、质量和结构等层面满足个人和社会需求,"在市场经济条件下,判断教育供给的有效程度也要看教育过程

[①]　范先佐:《教育经济学》,人民教育出版社 2003 年版,第 141、145 页。

[②]　叶忠:《略论教育的有效供给》,《教育评论》2000 年第 3 期。

[③]　吴宏超、范先佐:《我国教育供求研究的回顾与反思》,《教育与经济》2006 年第 3 期。

[④]　吴开俊:《教育有效供给与教育结构关系刍议》,《广州大学学报(综合版)》2000 年第 5 期。

中教育资源配置和利用的效率,对教育各种效用的增进程度。"同时,在教育公平日益成为一项基本教育政策的价值指向下,"有效的教育供给不能不考虑教育公平的实现程度。"①因此,本书认为,所谓教育有效供给是指,在一定时期内,一个国家或者地区及其各级各类教育机构所提供的教育服务不仅在数量、质量和结构上满足个人、用人单位和社会有支付能力和支付意愿的教育需求,而且同时符合公平和效率原则。

(三)作为研究范式的"制度分析"

在制度主义兴起之前,学者们对制度就早已有所关注,但往往将其视为研究的既定前提,满足于在其框架下分析问题。例如,新古典经济学基于产权健全、交易费用为零、信息完备等完全竞争假定和"理性人"的人性假设,认为通过市场这只"看不见的手"指挥下的价格竞争就可以实现资源配置的帕累托最优。② 而新制度经济学则认为,就像物理学忽视物体运动中摩擦力的存在一样,古典经济学上述过于简约的分析模型同样不符合现实。在现实世界中,人们不仅追求财富的最大化,而且追求非财富价值的最大化,市场上信息的不完备性、人们所固有的有限理性和机会主义倾向增加了市场交易的复杂性。因此,新制度经济学在对正统经济学理论的合理内核批判吸收的基础上,将制度、产权,交易费用等因素纳入到经济学的分析框架之中,认为制度是有效界定产权、降低

---

① 叶忠:《论教育供给有效性的衡量》,《河北师范大学学报(教育科学版)》2001 年第 2 期。

② 帕累托最优是以提出这个概念的意大利经济学家维弗雷多·帕雷托(Vilfredo Pareto)的名字命名的。帕累托最优是指资源分配的一种状态,即在不使任何人境况变坏的情况下,不可能再使某些人的处境变好。

交易费用进而影响资源配置效率的重要内生变量。新制度经济学是制度分析的重要思想来源,为制度分析提供了强有力的理论工具。不过,制度不仅包括经济制度,而且还包括政治制度、社会制度、文化制度等,制度分析同样存在于政治学、社会学、人类学等学科之中。因此,制度分析不仅成为一个跨学科的研究领域,而且成为一种人文社会科学的研究范式。

对于制度分析范式的基本特质、分析框架和分析路径,学者们从不同的角度出发,提出了一些有益的见解。诺斯(Douglass C. North)认为,新制度经济学的制度分析方法主要有三种:一是交易成本方法;二是寻租方法;三是分利集团方法。交易成本模型认为交易成本和国家决定着产权结构进而决定着经济绩效的方式,寻租模型和分利集团模型则提供了无效率体系实际运行状况的细致分析。[①] 迪厄梅尔(Daniel Diermeier)等学者认为,制度分析的目的是研究激励和约束如何影响政治行动者的行为及其集体选择,从而理解制度、行为和结果之间的联系,他们将制度分析概括为:(1)陈述所要研究的集体选择背景中的政治行动者的行为假设。(2)正式刻画有效的制度。(3)推导从制度背景中产生的行为及其在既定的行为假设下所导致的结果。(4)运用资料评估所推导出的经验结论。[②] 在我国,有学者对制度分析的主要特征进行了归纳,认为它主要表现为注重制度差异、注重历史和注重意识形态

---

① 卢现祥:《制度分析的三种方法:诠释与综合》,《福建论坛(人文社会科学版)》2008年第12期。

② [美]丹尼尔·迪厄梅尔等:《作为方法论的制度主义》,载薛晓源、陈家刚主编:《全球化与新制度主义》,社会科学文献出版社2002年版,第123页。

以及观念史对制度演化的影响。① 有学者认为,"制度分析方法的核心是将行动与互动纳入一种有规则和结构的开放系统中,分析行动与互动的逻辑可能性、规则、结构性位置、可能的后果、运行的机制。"它包括结构分析、博弈论分析、规则分析、远期后果分析或长时段分析和规则变迁路径分析五个方面。② 有学者对新制度主义的制度分析范式进行了归纳,认为新制度主义的制度分析从"制度"这一逻辑起点出发,基于"经济人"、"有限理性"和"机会主义"的行为假设,以交易成本理论、国家理论、产权理论和意识形态理论作为理论工具,沿着嵌入性制度分析、立宪制度分析、比较制度分析、历史制度分析、多中心制度分析等多种分析途径展开。③ 还有学者从公共行政学的角度出发,认为制度分析与公共政策(Institutional Analysis & Public Policy,IAPP)的分析框架是指"根据后果、权利和契约的评价框架,操作、集体和立宪选择领域和制度设计分析的理论框架,运用物品类型的规范理论与实证理论,以分析和复合的人性冲动理论为基础,考虑公民、官员、社会组织和政府的各种复杂且可能的现实政策选择,从政治、经济、道德、审美和文化多层次入手,着眼于持续发展的制度平台,探索 IAPP 鉴别真实的问题,去除伪问题的方法,然后选择一个当前正在发生的公共问题,着眼于建设性的行动,进行政策分析和评论。"④

本书并不准备对制度分析范式作出一个精确的界定,这主要

---

① 汪丁丁:《制度分析的特征及方法论基础》,《社会科学战线》2004 年第 6 期。
② 邹吉忠:《论制度思维方式与制度分析方法》,《哲学动态》2003 年第 7 期。
③ 黄新华、于正伟:《新制度主义的制度分析范式:一个归纳性评述》,《财经问题研究》2010 年第 3 期。
④ 毛寿龙:《〈坐而论道、为公立学:制度分析与公共政策分析〉评析》,《甘肃行政学院学报》2005 年第 4 期。

缘于制度分析范式似乎还处于"前范式"阶段,尚未形成一个统一的"科学共同体",在基本概念和理论架构方面还需要进一步的完善。然而,基于对以上学者观点的梳理,本书认为,制度分析范式至少具备以下几点要义:首先,制度是一个重要的内生变量。应当将制度这一重要内生变量纳入到研究视野中,而不能满足于在其既定框架中进行考察。其次,制度具有多重意义。制度具有政治、经济、文化、伦理等多重意义。对制度的描述性分析并不能作出完全精确的解释,规范性分析在制度研究中同样具有重要价值。再次,制度分析的系统性和整体性。应当将制度嵌入其赖以依存的社会、政治、经济、文化、历史之中作综合考察。最后,制度分析的跨学科性和多视角性。对制度的研究涉及到社会学、政治学、经济学、哲学、伦理学、心理学、人类学等多个学科,只有在多学科的视角下理论才能彰显其充分的解释力。当然,由于不同制度供给产品的属性不尽相同,已有制度分析框架中的理论工具并非完全适用,针对具体制度的分析应当有所取舍。本书主要基于"经济人"、"有限理性"、"机会主义"等行为假设,运用国家理论、公共性理论、制度伦理理论,博弈理论等作为分析工具,通过规范制度分析、历史制度分析、比较制度分析等途径,对公共性职业教育培训供给制度的变迁、绩效及其伦理价值进行综合考察,并对公共性职业教育培训有效供给模型进行理论建构。

四、已有文献综述与本书的创新

(一)对职业教育培训"公共性"的识读

有学者试图从职业教育培训的内在功能出发论证其公共性内涵,认为将"职业"和"培训"这两个词放在一起,往往使得不少人将职业培训简单和通俗地理解为一种以"为人们工作做准备"为主要目标的教育类型。但是,如果对职业培训作进一步的探究,例如,谁提供职业培训、谁进行职业培训、对谁进行职业培训等,首先必须回答以下两个问题:是仅仅将它理解为与合同、工资等相关的就业雇佣活动,还是相对宽泛地将它理解为与志愿工作、独立工作相关的职业活动? 是将它作为一种为胜任某岗位工作的技能准备活动,还是相对宽泛地将它作为一种增进人格、文化和政治发展的社会民主活动? 在国际范围内,职业培训的概念已不仅仅是指那些帮助人们获取职业资格的技能培训活动,而是指帮助人们正确理解工作和社会的关系并进而在二者之间顺利转换的培育社会公民的活动。因而,不能把职业培训孤立地理解为企业、个人或者政府的责任,它需要全社会的共同面对和共同分担:企业为了保持核心竞争力必须对员工进行培训;从业者为了提升职业技能需要积极地参与培训;政府应当提供充足的资金支持使得所有从业者和企业的培训成为可能。[1]

职业教育培训所具有的外部性特征及其供给中的"市场失灵"客观上使得政府提供公共性职业教育培训成为必要。首先,职业培训与社会生产、生活联系最为密切,它在提高劳动生产率、增强企业竞争力、减少失业、提升就业能力、反对劳动市场排斥等方面发挥着举足轻重的作用。[2] 发展中国家要想成功完成经济和技术变革,必须在经济发展中提高自身的生产力水平,这不仅需要物质资本的投入,而且需要大量能够灵活适应职业转换中新的工

---

[1] Fernando Casanova, *Vocational Training and Labour Relations*, Montevideo: CINTERFOR/ILO, 2003.

[2] CINTERFOR/ILO, *Quality, Relevance and Equity: An integrated approach to vocational training*, Montevideo: CINTERFOR/ILO, 2006.

作岗位对于新技术的需求的劳动力,因此,技能型劳动力的培养对于经济发展和社会转型具有重要意义。培训所具有的这种社会效益外溢性特点使得它仅仅依靠企业和个人投资远远不够,政府应当在满足经济发展对于技术的需求和维护社会公平方面发挥重要作用,特别是要帮助小企业员工和社会弱势群体接受教育培训。①其次,由于劳动力市场的不完备,个人对于职业培训的投资并不必然带来全额或者高额回报,企业对于员工普通技能的培训也往往是给其未来的雇佣者带来收益,这种"有限理性"和"不完全信息"的存在增加了培训收益的不确定性,无论个人还是企业对于职业培训投资均无法达到最优,从而导致职业培训的供给常常处于有效率的水平之下,即较少的社会投入和较少的社会收益并存。因此,政府必须通过政策设计使职业培训供给增长至市场自发水平之上,这不仅会影响到职业培训的供给,而且还会通过培训的供给进而影响到人们对培训的需求。②

美国经济学家萨缪尔森(Paul A.Samuelson)认为,公共产品具有非竞争性和非排他性的特点,即一个人对于公共产品消费的增加不会使其他人对该产品的消费减少,同时也不可能将那些未付费的人排除在该产品消费领域之外。③ 依据公共产品的这一经典定义,职业教育培训并不是真正意义上的公共产品。但是,任何产品或者服务都可以理解为公共产品,这不取决于它的物理性质,其

①　John Middleton and Others, *Vocational and Technical Education and Training: A World Bank Policy Paper*, Washington, DC: World Bank, 1991.

②　Giorgio Brunello, Maria De Paola, *Market Failure and the Under-Provision of Training*, Brussels: EC-OECD Seminar on Human Capital and Labour Market Performance, 2004.

③　Paul A.Samuelson, "The Pure Theory of Public Expenditure", *The Review of Economics and Statistics*, Vol.36, No.4, 1954, pp.387-389.

意义在于政治集团提供产品服务的制度安排。① 在国际范围内，职业教育的公共性受到普遍重视,有些国家甚至将其划为义务教育的范围,实行免费教育。② 随着经济社会的转型和政府职能的转变,近年来,公共性职业教育培训日益纳入我国政府公共管理的范围。目前我国的公共性职业教育培训主要包括针对下岗职工的再就业培训计划、针对农村剩余劳动力的农村劳动力转移培训阳光工程以及各地针对待业大学生的培训等。③ 从实施对象及内容来看,主要是对就业有困难者进行的职业技能和就业能力培训;从实施主体来看,主要由政府公共财政支持,是一项公共就业服务。为特定人群服务、以帮助实现就业为目的、由政府承担三重特性构成公共职业培训的基本内涵与特点,公益性是其本质特征。④

（二）对公共产品供给效率机制的探讨

对公共产品问题的研究最早出现在政治学、伦理学的一些著作里,随着经济学、管理学、社会学等学科对于这一问题的持续关注,公共产品理论获得不断深化,从而促进了公共经济学理论研究的勃兴。⑤ 随着公共产品理论的发展,学者们已经不再局限于对

---

① ［美］詹姆斯・M.布坎南:《公共物品的需求与供给》,马珺译,上海人民出版社 2009 年版,第 48 页。
② 李延平:《职业教育公平问题研究》,博士学位论文,陕西师范大学,2008 年,第 48 页。
③ 何筠、汤新发:《论我国公共职业培训机制的选择和创新》,《中国职业技术教育》2005 年第 33 期。
④ 孙琳:《公共职业培训另一种路径的选择与拓展》,《职业技术教育》2006 年第 12 期。
⑤ 岳军:《公共投资与公共产品有效供给研究》,上海三联书店 2009 年版,第 39 页。

公共产品概念、特征的研究,而逐渐将关注的重点更多地投入到公共产品的供给问题之上。对公共产品供给问题的研究先后经历了三个阶段:第一个阶段,人们认识到公共产品的供给存在着"市场失灵",必须发挥政府供给公共产品的职能来弥补这种"市场失灵"。第二个阶段,政府对公共社会生活各个领域的介入并没有很好地解决公共产品的供给问题,"政府失灵"现象的出现使得人们再次将部分公共产品交由私人部门供给,公共产品既可以由政府供给也可以由市场供给。第三个阶段,在公共产品"市场失灵"和"政府失灵"同时存在的情况下,以第三部门为供给主体的自愿供给在公共产品的供给中发挥着越来越重要的作用,但是自愿供给同样存在着"自愿失灵"问题。①

　　公共产品由谁供给,在多大程度上供给才能达到供给的均衡一直是一个困扰人们的理论难题。事实上,公共产品的政府供给或者市场供给都存在帕累托效率解,但由于公共产品供给的政府效率解和市场效率解都必须满足一系列假定条件,而现实中公共产品的供给比私人产品的供给更加复杂,因而公共产品供给中的"帕累托最优"很难真正实现,人们只能尽可能多地发现或者创造"帕累托改进"的机会。② 公共产品的供给主体包括政府、市场和第三部门,尽管单一供给主体、两主体、三主体供给公共产品均无法实现真正的供需均衡,但在一定条件下,两主体供给和三主体供给公共产品可以有效改善公共产品的供给状况和

---

① 王磊:《公共产品供给主体选择与变迁的制度经济学分析——一个理论分析框架及在中国的应用》,经济科学出版社 2009 年版,第 1—2 页。
② 岳军:《公共投资与公共产品有效供给研究》,上海三联书店 2009 年版,第 62—63 页。

供给效率。① 公共产品和私人产品的产品属性并不能作为划分该产品由政府提供还是由市场提供,由公共部门提供还是由私人部门的理由,究竟采用何种供给方式取决于各自对效率条件的满足程度。公共产品的"公共"程度不尽相同,应当根据不同公共产品的具体经济属性决定究竟采取政府供给行为的市场调整,还是市场供给行为的政府调整的混合供给模式。此外,公共提供也不等同于公共生产,为了最大限度地实现产出效率,生产公共产品的公共部门应该借助于与其他产业部门的分工,通过专业化机构协作进行,而不能由公共部门垄断公共产品的所有生产环节。②

(三)对公共性职业教育培训实践的反思

由于认识到自由放任的宏观经济政策无益于解决持续存在的高失业现象,不少国家的政府当局纷纷推行积极的劳动市场政策,采取了一些加强本国职业教育培训的措施。然而,政府提供的这些职业培训并不总是表现为有效的。有学者对 1989—1993 年间比利时南部地区政府开展的失业人员职业培训项目的就业转化情况进行了实证研究,发现职业培训参与人员的平均就业转化率反而降低了一定的比例,而在培训后仍未就业的失业群体当中,这一转化率更低。他们认为,尽管该项研究只是对培训当前效果的分析而未将培训可能带来的长期效应考虑在内,但是通过所建立的就业模型可以发现,培训所导致的求职人数的增加和由此所引发的雇主对岗位薪酬的保守使得包括未参与培训人员在内的整个失

---

① 王磊:《公共产品供给主体选择与变迁的制度经济学分析——一个理论分析框架及在中国的应用》,经济科学出版社 2009 年版,第 1—2 页。
② 卢洪友、张军:《中国公共品供给制度变迁与制度创新》,《财政研究》2003 年第 3 期。

业群体的平均就业转化率趋于降低。① 还有学者对统一后的原东德地区为使劳动力适应市场经济转型而开展的公共职业培训效果进行了实证研究。结果发现,尽管培训部门初始的基础设施投入效用可能需要较长时间才能显现出来,给培训者带来的影响也应当着眼于其未来收益,但是至少就短期来看,这些职业培训虽规模巨大但收效甚微,参与者的个人收入和就业状况并未因此而发生积极变化。② 其实,职业教育培训只是为增加就业、提高收入、经济发展等提供一种可能,其职能的充分释放一方面存在着某种程度上的时滞,另一方面也会受到来自其他方面的因素制约。

　　20 世纪 90 年代以来,适应经济发展方式转变和产品结构调整对技能型劳动力的需求以及下岗失业人员再就业和农村劳动力转移就业的需要,我国政府开展了大规模的公共性职业教育培训。应当说,这些公共性职业教育培训在提高劳动者技能、增加就业、维护社会稳定等方面发挥了积极作用。但是,我国公共性职业教育培训在获得一定成绩的同时也暴露出不少不容忽视的问题。仅就农村劳动力转移培训来说就存在以下一些问题:(1)农民本人以及一些地方和部门缺乏人力资本投资的战略意识。(2)农民工转移培训政策缺乏、培训项目规模总量偏小。(3)培训结构不合理,培训工种与市场需求不适应,与用人单位生产实际脱节。(4)资金投入不足,农民工转移培训缺乏稳定的经费来源,未能形

---

① Bart Cockx, Isabelle Bardoulat, *Vocational Training：Does it speed up the Transition Rate out of Unemployment?* http://sites. uclouvain. be/econ/DP/IRES/9932.pdf.2009－11－2.

② Martin Eichler, Michael Lechner, *Public Sector Sponsored Continuous Vocational Training in East Germany：Institutional Arrangements,Participants,and Results of Empirical Evaluation.* http://www. alexandria. unisg. ch/EXPORT/DL/Michael_Lechner/15769.pdf.2009－11－2.

成合理的成本分担机制。(5)教育培训资源不能有效整合,培训设施、设备不能满足培训实践需要。(6)对培训单位、用人单位、农民缺乏有效的激励政策。① (7)尽管已经引入了政府购买培训和发放培训券等模式,但不少地方仍以政府培训机构直接培训模式为主。② 这些问题同样存在于下岗失业人员再就业培训之中,反映出了我国公共性职业教育培训普遍存在的一些共同问题。

(四)对公共性职业教育培训有效供给的建议

公共性职业教育培训是一种公共产品,它既具有一般公共产品的基本特征,同时又有着不同于其他公共产品的特殊性。无论采用何种供给方式,政府的职业培训政策必须体现质量、适切和公平这三个基本原则,三者相互依存,相互规约。在职业培训的质量和数量之间始终存在着一种张力。在提高职业培训覆盖范围的同时,还要保证整个培训过程和培训结果的质量,这往往涉及到培训机构的管理、培训者的培训、培训资源的整合、培训课程的设计等方面,而培训内容能否被充分理解和接受取决于培训在经济意义和社会意义上是否做到了有用和适时。因此,职业培训政策及其制度安排应当确保职业培训及其他相关服务的提供过程和职业培训结果的效率和质量。应当以需求为导向增强职业培训内容、培训方式的适切性,这就需要正确理解需求的内涵,以发展的视角看

---

① 劳动和社会保障部调研组:《农民工就业服务和培训问题研究报告》,教育部调研组:《教育系统开展农民工培训工作报告》,农业部调研组:《农村劳动力转移培训问题研究》,载国务院研究室编:《中国农民工调研报告》,中国言实出版 2006 年版,第 145—177 页。
② 何筠、汤新发:《论我国公共职业培训机制的选择和创新》,《中国职业技术教育》2005 年第 33 期。

待它,同时选用适合的识别工具和手段。① 具体来讲,政府的公共
职业培训政策应当具备以下基本要素:(1)强化基础教育和中等
教育。适应新技术变革对于理论知识和基本能力的需求,增加普
通教育中初等和中等教育阶段的公共财政投入。(2)鼓励私人部
门培训。为私人部门的职业培训提供激励的政策环境,消除私人
部门进入培训市场的制度障碍。(3)增加公共职业培训的效率和
效用。包括选择公共职业培训介入的适宜领域和范围、以市场为
导向制订公共职业培训供给规划、提升培训机构对于劳动市场技
术需求的应变能力、高效地使用公共职业培训资源、提高公共职
业培训政策的执行力、促使公共职业培训经费来源多样化等。
(4)将公共职业培训作为维护社会公正的策略和途径。加强对农
村地区、城市非正规部门非正式就业人员和妇女、少数民族群体的
职业培训等。②

　　针对我国公共性职业教育培训实践中出现的一些问题,学者
们提出了不少相应的改进策略,概括起来有以下几点:(1)统筹规
划,加强部门间协调沟通,建立政府牵头、部门配合、各方参与的工
作机制。(2)整合教育培训资源,创新培训方式,提高培训质量,
加强对培训项目的监督。(3)增加对教育培训的投入,将培训经
费纳入公共财政预算。③ (4)引入政府、雇主和工会组织以及同其

---

① CINTERFOR/ILO, *Quality, Relevance and Equity: An integrated approach to vocational training*, Montevideo: CINTERFOR/ILO, 2006.

② John Middleton and Others, *Vocational and Technical Education and Training: A World Bank Policy Paper*, Washington, DC: World Bank, 1991.

③ 劳动和社会保障部调研组:《农民工就业服务和培训问题研究报告》,教育部调研组:《教育系统开展农民工培训工作报告》,农业部调研组:《农村劳动力转移培训问题研究》,载国务院研究室编:《中国农民工调研报告》,中国言实出版 2006 年版,第 145—177 页。

他社会伙伴的合作机制。① （5）发挥职业院校的重要作用,构建以县级职业学校为龙头,乡镇农民文化技术学校、普通中小学校、农业技术推广机构共同组成的公共职业培训网络。② （6）引入市场机制,委托民间办理和实施职业培训券,同时注重政府的适当干预,如进行整体规划,建立协调机制,健全委托办理的评选程序、委托流程和评价体系,提升培训券的法律效力等。③ 在我国,公共性职业教育培训尚处于起步阶段,其有效供给机制还没有真正形成,通过政策引领和制度创新,推动公共性职业教育培训的规范、有序和长效开展,变得十分必要。

(五)已有研究的不足及本书的创新

通过对国内外相关文献的梳理可以发现,就我国而言,尽管公共性职业教育培训问题已逐渐走进学者的视线,引起学界的日益关注,但是,从制度分析的角度对职业教育培训的公共性及其有效供给进行的直接研究并不多见。已有的一些研究文献,在研究问题上,对各类公共性职业教育培训的分散研究较多,将其作为独立的问题域而进行的整体研究较少,将其作为一项公共产品的制度供给而进行的系统研究更少;在研究层面上,对各类公共性职业教育培训的经验性研究较多,将其视为一个学术问题而进行的理论性研究较少,将其置于公共性和制度伦理层面作深层次探究的学

---

① 何筠、汤新发:《论我国公共职业培训机制的选择和创新》,《中国职业技术教育》2005 年第 33 期。另可参见何筠:《我国公共就业培训问题研究》,博士学位论文,南昌大学,2007 年。
② 孙琳:《公共职业培训另一种路径的选择与拓展》,《职业技术教育》2006 年第 12 期。
③ 辛炳隆:《台湾职业训练制度之研究——公共职训委托民间办理》,硕士学位论文,台湾政治大学劳工研究所,1990 年。

理性研究更少。在国外的相关研究中，虽然不少研究已经触及到公共性职业教育培训的有效供给层面，所蕴含的理论思想不乏真知灼见，所采纳的分析框架也足可借鉴，但是，缘于西方社会思想传统之中的福利国家与自由市场、保守主义与自由主义之间的张力，使得我们很难将其研究结论简单移植过来为我所用。

本书即是针对已有研究中存在的以上不足而提出来。其创新之处在于，在研究问题上，将政府为弥补"市场失灵"缺陷和维护社会公平正义而针对新型农业经营主体、农村剩余劳动力、农民工、贫困人口、下岗失业人员、大学生、退役士兵以及城乡新增劳动力等群体开展的各类基础性职业教育培训视为"公共性职业教育培训"进行整体考量，增加了研究的理论内涵和普适意义；在研究起点上，截取能够触及问题深层的"有效供给"作为论证解析的逻辑原点，增加了研究的理论解释度和预测力；在研究视角上，借鉴制度分析的研究范式，运用国家理论、公共性理论、制度伦理理论、博弈理论等作为分析工具，通过规范制度分析、历史制度分析、比较制度分析等途径，对公共性职业教育培训供给制度的变迁、绩效及伦理价值进行综合考察，增加了研究的理论厚重和学术意蕴；在具体的研究方法上，运用理论演绎、历史研究、文献分析、比较研究相结合的研究方法，增加了研究的信度和效度；在理论构架上，创设了公共性职业教育培训有效供给的理论模型和制度框架，增加了研究的实践情怀和政策价值。

五、采用的研究方法与技术路线

(一)本书所遵循的研究思路

本书正文分为五章。第一章，运用国家理论和公共性理论，通过对职业教育培训"公共性"的历时梳理和理性检视,追寻职业教育培训"公共性"复归的逻辑理路,为公共性职业教育培训存在的合理性进行理论论证。第二章,运用公共产品理论,通过有效供给和公共产品有效供给效率边界的经济学体认,对公共性职业教育培训有效供给的内涵进行理论阐释。第三章,运用制度伦理理论,通过对制度及其伦理内涵的理论解读,揭示公共性职业教育培训有效供给的伦理价值。第四章,运用制度变迁理论,通过历史制度分析和比较制度分析,对我国公共性职业教育培训供给制度的历时演进和有效性进行理性反思。第五章,运用多中心治理理论、博弈理论,通过对公共性职业教育培训供给制度的规范分析,对公共性职业教育培训有效供给的理想范型进行理论建构。

(二)本书所采用的研究方法

本书基于制度分析研究范式的分析框架,综合运用理论演绎、历史研究、文献分析、比较研究等不同的研究方法。各种研究方法之间是相辅相成的,分别拥有不同的适用范围和求证路径,服务于不同的研究目的。通过借鉴相关学科的成熟理论进行理论演绎,可以拓展研究问题的学术视阈;基于已有文献和统计资料的文本分析可以为理论演绎提供有力的佐证或者有益的补充;通过历史研究和比较研究可以把握研究对象的演进脉络和发展趋向。至少在人文社会科学领域,绝对的价值中立和纯粹的客观性是不可能的,因而,也许只有通过各种研究方法综合运用所达到的"交互效度",才可以使我们更加接近事件的真实。

（三）本书所沿袭的技术路线

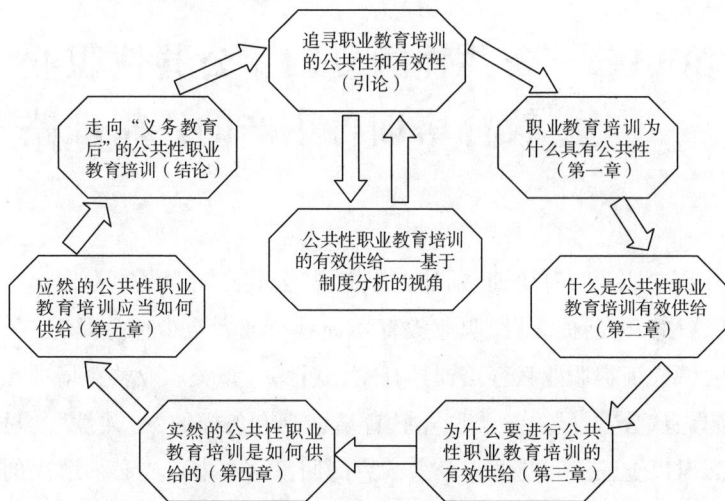

图 0—1　本书所沿袭的技术路线

第一章 公共性的复归：公共性职业教育培训再生产的逻辑理路

在"职业教育培训"前加上修饰词"公共性"，命题本身即蕴含着这样一个前提假设：职业教育培训具有或者至少部分具有"公共性"。何类职业教育培训具有"公共性"？该类职业教育培训缘何具有"公共性"？该类职业教育培训具有怎样的"公共性"？显然，对以上三个问题做一令人满意的回答是本书首先必须解决的问题。因此，本章先从"公共性"的内涵论起，而后在对职业教育培训"公共性"演进的历时态梳理的基础上，尝试对职业教育培训"公共性"的边界及其存在的合理性给予论证。

一、"公共性"的滥觞及其发展

现代社会的发展是伴随着经济全球化、政治多极化和价值多元化而持续展开的，然而，人类在享受它们所带来的文明进步的同时，也深切地体会到由此而引发的现代性危机。公共政治、公共伦理、公共精神等公共性问题便是其中的一部分。对现实问题的思考为理论研究提供了思维源泉，在西方，对公共性的研究遍及社会科学各个领域。在我国，伴随着国外哲学社会科学学术著作译介的增多，以及经济社会转型和政府职能转变的持续推进，"公共"或者"公共性"也逐渐成为近年来人们使用日益频繁的词汇之一。

例如,作为学术研究领域的公共哲学、公共经济学、公共管理学、公共行政学等;作为人们日常生活谈资的公共教育、公共卫生、公共交通、公共服务等。当然,对于"公共"或者"公共性"的关注并非始于当代,在人类社会的发展史上,它始终是一个历久而弥新的话题。

(一)"公共性"的词源学考察

许慎《说文解字注》中对"公"的解释为:"公,平分也。从八从厶。八犹背也。韩非曰:'背厶为公'"。可见,在古代,"公私之向背","公"的最初含义即是和"私"相对立的。该书对"共"的解释为"共,同也",①也就是说,"共"的意思是"相同"。在我国的古代典籍中,很早就有"公共"一词的使用记录,它主要有以下一些含义:(1)公有的;公用的。如《史记·张释之冯唐列传》:"释之曰:'法者天子所与天下公共也。今法如此而更重之,是法不信于民也。'"(2)公众。如罗隐《谗书·丹商非不肖》:"盖陶唐欲推大器于公共,故先以不肖之名废之。"(3)共同。如苏辙《论御试策题札子》之二:"臣愿陛下明诏,臣等公共商议,见其可而后行,审其失而后罢。"②《辞海》对于"公"的释义是:(1)公平;公正。与"私"相对。如《新书·道术》:"兼覆无私谓之公,反公为私。"(2)属于国家或集体的。如王谠《唐语林·补遗一》:"海州南有沟水,上通楚、淮,公私漕运之路也。"(3)公务。如《诗·召南·采蘩》:"夙夜在公。"(4)公共;共同。如《礼记·礼运》:"大道之行也,天下为公。"对"共"的解释有两种:(1)共同;一样。如《孟子·滕文公

---

① 许慎:《说文解字注》,上海古籍出版社1988年版,第49、105页。
② 汉典:"公共"。

上》："夏曰校,殷曰序,周曰庠,学则三代共之。"(2)共有,共同使用或承受。如《论语·公冶长》："愿车马、衣轻裘,与朋友共,敝之而无憾。"①《现代汉语词典》对"公共"的解释是,"属于社会的,公有公用的。"②。可见,除了作名词"公众"解之词义已退出现代语境外,古今语义中的"公共"并无太大差异。"公"表示"公有的、公用的",与"私人的"相对;而"共"则表示"共同使用、共同承担",与"个人的"相对。"公共"的对立面是"个人的"、"私人的"、"营利的"和"企业的"。

在中国历史典籍中,对于"公共"或者"公共性"的直接论述并不多,但与之意思接近的"公"却是中国传统文化中的一个重要词汇。在我国古代,"公"是一个涉及政治秩序、社会规范、伦理道德、价值取向等方面的重要观念,经过漫长时间的分化、演变和历代文人阐释,衍生出了丰富的社会、政治和伦理意涵。有学者对中国历史上"公"的内涵进行了详细考证,认为它主要有五种类型:③其一,作为一个政治社会概念,"公"的最原始的含义是"朝廷"、"政府"或者"国家",衍申开来也有"公众事务"的意思,如《左传·昭公三年》中有"公事有公利"。这主要渊源于"公"在甲骨文中的"祖先"、"尊长"、"国君"等义。其二,作为一个规范性的观念,"公"的意义是"普遍"或"全体",意指国家、天下或者人间的普遍福祉或者关怀,如《礼记·礼运》中就有"大道之行也,天下为

---

① 辞海编辑委员会编:《辞海(1999年缩印本)》,上海辞书出版社2002年版,第540、548页。

② 中国社会科学院语言研究所词典编辑室编:《现代汉语词典(第5版)》,商务印书馆2005年版,第472页。

③ 陈弱水:《中国历史上"公"的观念及其现代变形——一个类型的与整体的考察》,载陈弱水:《公共意识与中国文化》,新星出版社2006年版,第70—117页。

公"。其三,从类型二演变而来,在宋明理学中,"公"直接代表着"道"、"义"、"天理"等儒家倡导的一切德行,如《朱子语类》中有"人心之公,每为私欲所蔽"。其四,与类型二、三密切关联,但却是对这两种类型的反动,这一类型的"公"仍然具有"普遍"、"全体"的含义,但它承认"私"的正当性,认为"公"应当基于"私"的合理实现,如《亭林文集·郡县论五》中有"用天下之私,已成一人之公而天下治","故天下之私,天子之公也"。这个类型的"公"源于明末清初重视"私"、"情"、"人欲"的思潮,至清代盛世即趋于沉寂。其五,"公"的基本意涵是"共",包括"共向"、"共有"、"众人"等义,指称政治、宗族、社会生活等场域的集体事务或行动,如"公论"、"公议"、"公堂"、"公祠"等。

英语语境中的"公共"(public)一词的古典含义有两个:其一是来自希腊语中的"pubes"或"maturity"(成熟),表示一个人在身体上、情感上或智力上已经成熟,从只关心自我,只注重自我利益的发展,到超越自我,能够理解他人的利益。其二是来自希腊语中的"koinon",与英语中的"common"(共同)一词同源。而"koinon"来源于希腊语中的另外一个词语"kom-ois",意思是"关心"。把"common"(共同的)和"care with"(关心)这两个词与"maturity"(成熟)加在一起就使得"public"这个词既可以指一件事情,如公共决策;也可以用来指一种能力,如能够发挥公共作用,能够与他人相处,与他人合作共事,能够理解个人行为对他人产生的后果。① "公共"的古典含义源于古希腊的民主政治理念,城邦是所有成年公民都可以参与的政治共同体,人们通过参与、共处与合

① [美]乔治·弗雷德里克森:《公共行政的精神》,张成福等译,中国人民大学出版社2003年版,第18—19页。

作,为这一公共领域设立普遍遵守的惯例和规范,以维护全体公民的最大利益。哈贝马斯详细考察了"公共性"一词在西方世界的历史演变过程后认为,在英国,"公共"(public)一词从17世纪中期才开始使用,此前人们一般用"世界"或者"人类"来表达相似的含义。在法语中,"公共"(Le public)一词最早是用来描绘格林字典中所说的"公众",而"公众"一词是18世纪在德国柏林流传开来的,之前,人们一般称之为"阅读世界"或者"世界"。那时候,人们围绕演说家、表演家或者从事阅读而形成"公众",这种基于"公众"范围的"判断"就具有"公共性"。17世纪末期,法语中的"publicite"一词被借用到英语中,形成"publicity"。而德语中的"公众舆论"(Öffentliche Meinung)是模仿法语"opinion publique"在18世纪下半期才出现的,英语中的"public opinion"大致也是这个时期出现的,不过此前已有"general opinion"的说法。①

现代英语中,"公共"一词既保留了其本身所具有的古典寓意,也赋予了一些新的时代内涵。《牛津高阶英汉双解辞典》对"public"的解释有:(1)平民的,大众的,公众的。(2)公共的,公立的。(3)政府的,有关政府所提供服务的。(4)人人皆知的,公开的,等。② 可见,现代语境中,"政府的或者由政府提供的"这一特征是"公共"行为的主要表现形式,因为,现代政府治理理念认为,提供公共服务是政府的主要职能。但是,现实生活中,人们常常据此将"公共"误解为"政治"或"政府"的同义词,则是不准确的。有学者对政府与公共的联系与区别进行了解释,认为"政府是公

---

① [德]哈贝马斯:《公共领域的结构转型》,曹卫东等译,学林出版社1999年版,第24—25页。

② [英]霍恩比:《牛津高阶英汉双解词典(第6版)》,石孝殊等译,商务印书馆2004年版,第1388页。

众集体行动的工具。政府是公共的财产。公共与政府的不同之处在于,公众之间的政治关系是横向的(人与人之间的关系),而在政府,这种政治关系则通常是一种垂直关系(从权威到下级的关系)。"①也就是说,"公共"是基于公众基础之上的,政府只是公众表达集体行动即"公共"行动的一种有效工具。

(二)"公共性"的多语境叙事

公共性问题涉及现实生活中的每一个人,也涉及到社会生活的各个领域,因而,化解公共性危机,重建社会公共性成为社会科学领域不少学科的学者们共同关注的对象。在西方,对"公共性"进行系统阐释的学者首推阿伦特(Hannah Arendt)和哈贝马斯(Juergrn Habermas)。阿伦特认为,在古希腊时期,作为自然组织的家庭属于私人领域,在家庭领域里从事劳动的是奴隶和妇女,没有参加公共政治生活的权利。强制和暴力是家庭领域的基本特征,但是受需要和欲求驱动,人们共同生活在其中。以血缘关系作为纽带的氏族的解体使得城邦得以兴起,这意味着人们获得了除了私人领域以外的第二种生活。城邦政治生活是一个自由的公共领域,在这里,人们克服了自身生存内在需要的困扰,可以充分施展自己的才华和个性。此时的家庭领域和政治领域,或者说私人领域和公共领域,是作为两个不同的领域而分别存在的。然而,伴随着家政及其活动、问题和组织手段的出现,社会领域从家庭领域步入公共领域,模糊了私人领域和公共领域的古老界限,也改变了这两个词汇的含义及其对个人和公民的意义。劳动的组织化和机

---

① [美]乔治·弗雷德里克森:《公共行政的精神》,张成福等译,中国人民大学出版社 2003 年版,第 17 页。

械化使得物质获得了非自然的发展,劳动生产率不断提高,但是,人们的行动和语言能力失去了先前的特性,共同体内的社会成员之间趋于平均化和同质化。面对这种公共领域的现代衰微,阿伦特力图重构一种希腊古典城邦形式的公共领域。在阿伦特看来,"公共"具有两个密切联系但却完全不同的内涵:首先,它意味着"在公共领域中展现的任何东西都可为人所见、所闻,具有可能最广泛的公共性。对于我们来说,展现——即可为我们、亦可为他人所见所闻之物——构成了存在。"其次,"公共"还表明了作为一个共有的世界本身,"共同生活在这个世界,这在本质上意味着一个物质世界处于共同拥有它的人群之中,就像一张桌子放在那些坐在它周围的人群之中一样。这一世界就像一件中间物品一样,在把人们联系起来的同时,又将其分割开来。"①

　　阿伦特对于古希腊城邦政治生活的阐释奠定了公共领域研究的基础,循着这一思路,哈贝马斯对资产阶级公共领域的发展和演化进行了全面梳理。哈贝马斯认为,在古希腊城邦,公民所共有的公共领域和个人所特有的私人领域之间的界限是泾渭分明的,公共领域建立在讨论、诉讼以及竞技甚至战争等公共实践活动基础之上。在之后的中世纪封建社会里,不存在这种古典意义上的公共领域和私人领域的对立模式,因为,在中世纪的文学里"所有权"和"公共性"是一个意思,公有即意味着领主占有。到了18世纪末,这种代表型公共领域所依赖的封建势力、教会、诸侯和贵族阶层发生了公私分化,统治阶层从等级制度中走了出来,发展成为公共权力,劳动阶层发展成为市民社会,从而出现了市民社会和国

————————

① [美]汉娜·阿伦特:《人的条件》,竺乾威等译,上海人民出版社1999年版,第38、40页。

家的对立,形成了早期的资产阶级公共领域。这种早期的资产阶级公共领域主要表现为文学公共领域,而后扩大到政治领域对专制主义的批判,形成了现代的资产阶级公共领域。然而,随着 19世纪末国家干预主义的出现,公共权力介入到私人交往领域,试图调和其中产生的各种冲突,导致国家的社会化和社会的国家化,公共领域和私人领域出现了融合的趋势,公众随之逐渐丧失了原有的批判意识。在最后重建资产阶级公共领域的尝试中,哈贝马斯区别了非正式交往领域和正式交往领域两个政治交往领域,认为依赖公众舆论而不是公众交往只能形成"操纵的公共性",只有通过两个交往领域之间的"批判的公共性",才可能产生真正的公众舆论,而衡量这种公众舆论的标准取决于"是否从公众组织内部的公共领域中产生;以及组织内部的公共领域与组织外部的公共领域的交往程度,而组织外部的公共领域是在传播过程中,通过大众传媒在社会组织和国家机构之间形成的"。①

在我国当下的学术界,"公共性"被广泛运用到政治学、哲学、经济学、法学等各个领域。但是,基于不同学科之间逻辑起点、研究机理、话语体系等方面存在着某种程度上的不可通约性,对于"公共性"这一基本概念的理解也存在着较大差异。其一,作为一种社会基本属性的"公共性"。人是一种社会动物,必须组成社会并生活在社会之中,社会由个人组成但又必须超越个体私人性而具有社会公共性,这种社会的"公共性"是指"一种公有性而非私有性,一种共享性而非排他性,一种共同性而非差异性",具体说来,"在社会公共性领域内活动的主体不是纯粹的私人主体,还有

---

① ［德］哈贝马斯:《公共领域的结构转型》,曹卫东等译,学林出版社 1999 年版,第 295 页。

公共主体;运作的权力(利)不是纯粹的私人权力(利),还有公共权力;所作的决策不是纯粹的私人自治,还有公共决策;生产的物品不是纯粹的私人物品,还有公共物品。"① 其二,作为一种社会关系的"公共性"。公共性是相对于个体性而言的,"公共性从根本上讲,是人的平等问题,是同样的人共同生活在共同的世界上,共同面对和解决公共的问题,建设共有的家园"。这种公共性在人与人之间具体体现为:(1)共在性,共处性,共和性。(2)公有性,公用性,公利性。(3)共通性,共谋性,共识性。(4)公意性,公义性,公理性。(5)公开性,公平性,公正性。② 其三,作为一种存在状态和自我理解的"公共性"。人们必须在承认他人,成就他人中确证自我、成就自我。公共性是这样一种存在状态,"它能够使众多个人在共同活动中展示其自我形象,实现其生存的权利和发展的机会,并产生出超越个人生存需要和生存期限的共同财富";公共性是人的这样一种自我理解,"它能够使人们在相互交往特别是在话语交流中生成、确证和表达自我同一性,包括自我身份和自我追求,承认他人的自我同一性,从而获得面对他人、尊重他人以及相互塑造的条件,并因此而形成共同意识及其相应的表达方式"。③ 其四,作为一种公共行政精神的"公共性"。公共精神为公共行政的存在和权威提供了合法化依据,政府的合法性来源于行政精神与公民社会的基本价值之间的趋同程度。现代公共行政的公共精神应当包括民主的精神、法的精神、公正的精神和公共服

① 王保树、邱本:《经济法与社会公共性论纲》,《西北政法学院学报》2000 年第 3 期。
② 郭湛、王维国:《公共性的样态和内涵》,《哲学研究》2009 年第 8 期。
③ 郭湛:《社会公共性研究》,人民出版社 2009 年版,第 69 页。

务的精神四个方面。① 其五,作为一种政治伦理的"公共性"。不能把"公共性"简地单理解为公开、透明、共同、分享,公共性首先是一个政治问题,进而言之,它是一个政治伦理问题,从根本上讲是一个政治哲学的问题。"人民对于公共性的政治期待不仅仅是形式的、规则的公共秩序,更根本的是实质性价值的公共分享和责任分担,因而,任何关于政治及其公共性的理解也必定不仅是政治的,还必须是政治伦理的。惟其如此,一种新的政治及其公共性的理论与实践才可以合理期待。"②

(三)"公共性"的理论重释

"概念的形成规律,无论它们具有什么样的普遍性,都不是被置于历史或在厚重的整体习惯中沉积由个体进行运作的结果。它们没有构建某种模糊研究的枯燥图表,在这种研究中,概念由于错觉、偏见、谬误、传统而被揭示出来。前概念范围使话语的规律性和局限性显现出来,这些规律性和局限性又使概念的异质多样性成为可能,随后超出当人们写观念史时自愿针对的这些丰富多彩的主题、信仰和表象。"③通过以上对"公共性"一词的词源学考辨和多语境分析,可以看出,作为一个历史范畴,"公共性"的概念有一个产生、发展和变化的过程,在不同的历史阶段其理论内涵不尽相同;同时,作为一个规范性范畴,置于不同的社会时空和相异的文化背景下,"公共性"的理论内涵又表现出相当复杂的多义性。

---

① 张成福:《论公共行政的公共精神——兼对主流公共行政理论及其实践的反思》,《中国行政管理》1995 年第 5 期。
② 万俊人:《公共性的政治伦理理解》,《读书》2009 年第 12 期。
③ [法]米歇尔·福柯:《知识考古学》,谢强、马月译,生活·读书·新知三联书店 2003 年版,第 68 页。

事实上,无论是阿伦特对于私人领域和公共领域的区分以及对于
"共同世界"自由、平等精神的称颂,还是哈贝马斯对于古典公共
领域、代表型公共领域的历史梳理以及对于资产阶级公共领域的
批判和重构,其终极理论旨趣均诉诸于公共政治领域这一公共空
间中公众舆论的自由表达。在阿伦特和哈贝马斯那里,公共性直
接表现为一个与私人领域相对立的公共领域或者公众舆论领域,
在这一领域,每个人都有平等表达其个人倾向、愿望和信念的机
会,这些个人意见通过公众批判而转变为公众舆论,公共性因此而
实现。可见,公共性是公共领域或者政治领域的一项民主原则或
者精神追求,而绝非公共领域或者政治领域本身。

在国内,不同学科的学者对于"公共性"的共同关注诚然在某
种程度上拓展了其诠释空间,但是,作为一个基本分析单位和理论
构件,"公共性"的多义性和歧义性也给不同领域学者之间的对话
与沟通带来了障碍,这势必影响到实践中公共性问题的求解以及
公共性理论的建构,因为,尽管科学研究的理论边界因其不断拓展
和扩散可以是模糊的,但作为理论研究逻辑起点的理论内核必须
是相对完备而清晰的。现实中,对于"公共性"理论含义的理解同
时存在着一定程度上的泛化、窄化、偏离其本真内涵的理论取径。
例如,将"公共性"理解为与个体性相对立的一种社会关系或者个
体基于自我理解和自我认同基础之上的一种生存状态,其实质则
是将"公共性"泛化为一种社会性;而将"公共性"理解为公共精神
或者公共伦理则在一定程度上将其窄化为一种价值或者伦理关
怀,事实上这只是截取了其应有内涵的一部分。

因而,我们应当借鉴现象学还原的方法,悬置各种成见,通过
本质直观,回到事物本身。从词源学的角度来看,中国古代的
"公"和西方世界的"public"最初含义不尽相同,中国古代的"公"

更多地强调"国家"、"国君"和"政府"，具有较强的规范性意义，而西方语境下的"public"则更多地强调"公众"、"共同"之意，只具有一般地描述性意义。但是，就这两个词汇的引申意义来看，现代语境下的"公共"和"public"在基本内涵和语用功能上，并没有太大区别，例如，它们均有"公众"、"共同"、"公有"、"公开"等含义；均可放在名词前构成一些专有名词，表示具有一定"公共性"的机构、事务或者事物等，如公共图书馆（public library）、公共教育（public education）、公共行政（public administration）等。不过，需要指出的是，国内学者一般将中文语境下的"公共性"和"publicity"一词作对等处理，通过"publicity"的中文含义"（媒体的）关注，宣传，报道"可知，①这其实沿袭了阿伦特和哈贝马斯对于公共舆论领域的公共性理解。依据现代汉语构词法，在名词、动词或形容词之后加上"性"作为后缀构成抽象名词或者属性词，表示事物的某种性质或性能，以此推之，"公共性"应当是事物所具有的"公共"性质或者性能。相应地，依据现代英语构词法，中文语境下"公共性"的对应词应为"publicness"。本着构建本土化理论体系的想法，本书尝试将"公共性"作如下理解：公共性是指公共机构、公共领域、公共事务或者公共物品等所具有的一种基本属性，它具体表现为"公权"、"公众"、"共同"、"公开"、"公益"、"公正"等方面。换言之，公共性是指公共机构、公共领域、公共事务或者公共物品等所具有的运用公共权力和公共资源、基于全体公众共同参与、公开接受社会舆论监督、以实现公众利益和维护社会公正为目的等方面的基本属性。

---

① ［英］霍恩比：《牛津高阶英汉双解词典（第6版）》，石孝殊等译，商务印书馆2004年版，第1389页。

二、职业教育培训"公共性"的历时演进

对于职业教育培训"公共性"历时演进的考察,有着两条不同的思维路径:一是从职业教育培训自身属性的发展变化来看,它从最初的氏族或者家庭内部的生产经验和制作技能的传授活动,行会内部的学徒雇佣制度,发展成为一种社会教育制度,在这一社会化和制度化过程中,其"公共性"获得不断强化;二是由于不同国家和地区的社会制度不同,以及不同国家和地区不同发展阶段执政理念和关注重心的差异,职业教育培训在不同国家和地区及其不同发展阶段表现出了不同程度的"公共性"。如果说前一条路径作为一种历史事实清晰可见的话,那么,后一条路径在复杂的社会背景下就显得有些迂回曲折了。当然,在历史发展的进程中,两条路径是相互交织、相互强化的。对这一演进脉络作一梳理,有助于我们对职业教育培训"公共性"内涵的整体把握。

(一)工业化生产下职业教育培训公共性的肇始

现代职业教育培训的最初形态是发生在早期同业行会中的学徒制度。一般认为,学徒制度是起源于欧洲中世纪行会组织的一种教育形式。其实,追寻人类社会发展的轨迹,我们可以在更早时期人类的生产、生活活动中找到它的踪影。在原始社会,人们在长期的生产劳动中积累了一些制作生产工具、日常器具的技能以及生产、生活经验,在当时语言文字尚不发达的情况下,这些技能和经验只能通过年幼者对年长者的下意识模仿一代代地传递下来。当然,这种下意识的模仿只是人类自我保存和发展的一种本能,还不能称得上真正意义上的学徒制度。随着生产的发展和社会分工

的出现,手工业和商业从农业生产中分离出来,出现了专门从事手工业生产的手工业者,出于职业世袭和保存技艺的目的,他们往往把自己积累的手工技艺精心传授给自己的儿子,这种家庭范围内有意识的技能授受活动便是学徒制度的早期形态。而后,随着商业和贸易的进一步发展,手工业生产的规模不断扩大,仅靠家庭成员内部无法满足生产的需要,职业技艺的传授逐渐超出家庭范围,扩展到其他非家庭成员,从而使得基于父子关系的早期学徒制度演变为制度化的定期服务学徒制度。

中世纪欧洲的行会组织开始创建于 11 世纪末。随着贸易的发展,市场日益扩大,城市手工业获得了进一步的发展。为了加强内部团结,扩充自己的实力,同商业行会组织一样,手工业者也开始建立自己的行会组织。这些手工业行会组织分别制定本行业的经营规则,对生产手段、劳动条件、产品质量以及防止内部竞争等问题作出了详细的规定。这些规则和规定,一方面使得行会内部成员拥有均等的发展机会,避免了经营规模的巨大差异;另一方面也加强了本行业的对外垄断,维护了本行业手工业者的共同利益。随着这些同业行会的成立,学徒制度也逐渐置于其完全控制之下,行会对学徒人数、学徒期限、学满结业、劳动时间、学徒义务以及师徒合同等进行了统一规定,学徒制度由最初的私人自发行为逐渐具有了某种程度上的社会性质。"从 13 世纪中期到 15 世纪中期,学徒制度逐渐从私人性质的制度过渡为公共性质的制度"。① 中世纪行会组织在产生之初曾经对当时手工业技能的提升、商业秩序的稳定等方面发挥了积极作用,但是,"这种行会很快就显示

---

① [日]细谷俊夫编著:《技术教育概论》,肇永和、王立精译,清华大学出版社1984 年版,第 19 页。

出,它们自己也具有自私、排他、甚至是维护陈腐例规的精神,这些在最后鼓舞着所有的特权组织。它们把垄断和管制推广到极端,增加了各个竞争行业之间的诉讼,因怀恨而迫害一切独立的劳工,过分夸张了他们规章的繁文缛节。"①随着海外市场的扩大和商业贸易的进一步发展,中世纪的这种行会组织日益成为资本主义发展的障碍,因而一步步走向崩溃的边缘。但是,行会中发展起来的学徒制度并没有随之趋于消亡,相反,不少国家看到了它存续下去的积极意义,代替原来的行会组织规定,纷纷采取了一些规范、监督政策或者法律,学徒制度逐渐走进不少国家的成文法之中,从而开启了职业教育培训国家干预的先河。16世纪60年代,英国伊丽莎白女王颁布了《工匠法》(*Statute of Artificers and Apprentices*),对学徒的年限、学徒和工匠的数量、师傅和学徒的权利等方面进行了规定。在此后的17世纪初,伊丽莎白女王又颁布了《济贫法》(*Pool Law*),规定贫困儿童必须接受学徒教育,并将其作为一项监护人的义务。在德国,自16世纪开始,行会的衰退也逐渐影响到学徒制度,政府先后颁布了一系列法令,对学徒的资格与年限、师傅的义务、师徒之间的雇佣关系等问题进行规定,实施学徒制度的国家统一管理。

从18世纪60年代到19世纪30年代,英国率先进行了工业革命,继其之后,美国、法国、德国等西方主要资本主义国家也相继完成了工业革命,资本主义生产从工场手工业过渡到机器大工业,从而对劳动者的技能和数量提出了新的要求,肇始于中世纪的学徒制度开始走向瓦解,以传授现代生产技术为主要特征的专门技

---

① [法]P.布瓦松纳:《中世纪欧洲生活和劳动(五至十五世纪)》,潘源来译,商务印书馆1985年版,第308页。

能培训和学校职业教育逐渐取而代之。19世纪30年代,英国、美国迅速掀起"工人讲习所运动"(The Mechanics Institutes Movement),向工人讲授与生产过程相关的各种科学知识,使工人了解机械操作的基本原理,工人讲习所一度成为当时向工人普及科学知识的主要教育场所。1889年,英国颁布了《技术教育法》(Technical Instruction Act),规定地方当局有权征税,专门用于职业技术教育,从而加强了职业技术教育的国家干预。1919年法国颁布了被誉为法国技术教育宪章的《阿斯蒂埃法》(Loi Astier),该法将职业教育讲座作为一项针对青年工人进行的免费义务教育予以制度保障,职业技术教育作为国民教育的一部分,统一纳入国家的监督和领导之中。早在20世纪初,德意志联邦的大多数城市就通过地方法规实行进修学校的义务教育,并按照经济发展的需要在全国范围发展了一批按职业划分的专门进修学校。1919年,魏玛宪法规定了普及进修学校义务教育至18岁的原则,此后,随着1938年帝国学校义务教育法生效,全国范围内的职业学校义务教育在很大程度上得以实现,职业学校成为法定的义务教育场所。1862年,美国颁布了《莫雷尔法》(Morrill Act),规定由联邦政府拨给土地辅助各州兴办农业和机械工艺学院,培养工农业专门人才,标志着政府干预职业教育的开始。1917,美国又颁布了《史密斯-休斯法》(Smith-Hughes Act),规定由联邦政府每年拨专款资助各州发展农业、工业和家政等职业教育。该法的颁布确立了联邦政府在职业教育发展中的领导地位,标志着美国职业教育制度的基本确立。

(二)市场逻辑下职业教育培训公共性的旁落

伴随着西方近代工业革命的发生和发展,作为国民教育体系一部分的职业教育培训制度在欧洲各国逐渐建立和完善起来,但是,建立国民教育体系的思想并不是近代工业革命的结果,它有一个相当长的孕育期。早在 16 世纪的宗教改革运动中,以马丁·路德(Martin Luther)为首的德国新教派,以宗教启蒙为目的,强调教育不仅有助人们正确理解教义,而且有利于世俗社会和精神社会的福利和稳定,呼吁各邦诸侯和城市统治者担当起教育组织者的职责,实行初等教育普及制度。宗教改革运动将教育推向政治舞台,促使王室对学校教育进行广泛干预。宗教改革运动以后,欧洲不少国家开始了对教育的普遍干预,具体表现为,颁布教育法令,实行强制性和免费性的初等教育;中等教育逐步走出范围狭小的精英教育的藩篱,改革课程和教学,使之更符合现代社会的要求;适应工业化发展的新需求,促进职业和技术教育发展等。到 19 世纪后半期,欧洲各国已经普遍建立起了全国性的国民教育体系,教育不再是家庭和学徒制度的附属品,而成为一种拥有专门机构的社会事务。"专门的教育体制的建立和正规教育及职业培训的垄断地位的确立,标志着教育概念和形式的一次变革,也意味着学校教育、社会和国家三种关系的一次变革",从此,正规的、系统的学校教育成为教育的同义词,而学校教育也成为了国家的一个基本特征,"国民教育体系成为了教育发展史上的一个分水岭。它标志着大众教育时代的到来和扫盲事业的发展,同时也成为了'国家办学'的源头——这一体系逐渐在 20 世纪各个现代国家教育发展中取得主导地位。"①

20 世纪 30 年代,资本主义世界爆发了严重的经济危机,经济萧条,失业与其他社会问题加剧,这对一向信奉自由竞争的新古典

---

① 〔英〕安迪·格林:《教育与国家形成:英、法、美教育体系起源之比较》,王春华等译,教育科学出版社 2004 年版,第 7—9 页。

主义经济学说提出了挑战。在此背景下,英国经济学家凯恩斯
(John M.Keynes)认为,资本主义社会不能实现充分就业的根本原
因是社会需求不足,因而必须采取政策扩大需求、增加投资。传统
的自由放任的经济政策已经不能适应资本主义发展的需要,必须
加强政府对经济和社会政策的强有力干预。凯恩斯主义为资本主
义国家实行政府干预政策提供了理论基础,对资本主义世界的经
济和社会政策产生了重要影响。第二次世界大战以后,西方资本
主义国家社会保障制度的建立以及福利国家的发展,均受到了凯
恩斯国家干预主义的直接影响。这一思想在教育领域表现为,欧
美各国不断强化对包括职业教育培训在内的教育系统的政府责
任。1944 年,英国颁布教育法,将公共教育体系分为初等教育、中
等教育和继续教育三个相互衔接的阶段。该法规定:第一,为超过
义务教育年龄的人提供全日制和部分时间制教育;第二,为那些受
完义务教育愿意进一步接受教育的人,通过文化训练和娱乐活动,
提供适合于他们需要的闲暇教育。继续教育的内容分职业性课
程、非职业性课程、社会和娱乐活动三大类,其中职业技术教育是
主体。①《1944 年教育法》(Education Act,1944)的颁布,标志着职
业技术教育正式纳入英国公共教育体系。1964 年,英国政府又颁
布了《工业训练法》(Industrial Training Act),推行了一系列新的职
业技术教育政策。第一,国家干预工业训练,不仅为那些经过雇主
批准参加学习的青年提供课程,而且还对工业部门承担培训的法
律义务作出规定。第二,强调所有就业者都需要接受训练,而不只
限于高技术行业的雇员。第三,承认为工作作准备是一种教育活

---

① 王承绪、徐辉主编:《战后英国教育研究》,江西教育出版社 1992 年版,第
190 页。

动,教育工作者必须承担一定的组织和管理工作。第四,确保培训受益企业分担部分培训费用。《工业训练法》对英国职业技术教育和培训影响深远,它承认国家具有为青年提供进一步教育的义务。"把工业训练的部分职责从雇主转移给政府,并力求把继续教育机构里实施的职业技术教育与工业训练结合起来"。① 1963年,美国颁布了《职业教育法》(Vocational Education Act of 1963),对传统的职业教育体系进行一系列改革。首先,该法宣布联邦对各州拨款的目的在于建立一个完备的职业教育系统,促使州内所有社区中各年龄组的人都可以通过灵活的方法接受高质量的、实用的、适合个人需要、兴趣及接受能力的职业培训或再培训。其次,该法扩大了职业教育对象的范围,将职业教育的对象划分为四类:(1)中学在校生。(2)想接受职业教育的中学毕业生或肄业生。(3)已经进入劳务市场,无论处于就业、待业或者失业之中,为了保持、改善现有工作或者为了寻找合适的职位而需要继续培训者。(4)因学术、社会、经济或其他方面的缺陷而难以在常规教育中获得成功者。再次,该法还批准联邦对职业教育的巨额拨款,并首次对职业教育研究进行资助。最后,该法还扩大了农业职业教育的概念,将与农业有关的知识和技能培训也纳入其中。② 《1963年职业教育法》使得美国联邦政府更加直接地参与到职业教育的规划与管理之中。

出于解决就业问题、缓解社会矛盾、挽救经济困顿的目的,欧美各国对职业教育培训采取了一系列政府干预政策,然而,这些政

---

① 王承绪、徐辉主编:《战后英国教育研究》,江西教育出版社1992年版,第203—204页。

② 马骥雄主编:《战后美国教育研究》,江西教育出版社1991年版,第128—130页。

府干预政策在取得一定成效的同时,受各种因素的制约,在实际执行过程中也暴露出不少问题,它们并没有从根本上解决资本主义发展过程中难以克服的社会、经济矛盾,因而,欧美各国对职业教育培训的政府干预过程始终伴随着社会各界特别是来自其他政党的批评。20 世纪 70 年代末 80 年代初,信奉新保守主义①的撒切尔(Margaret H.Thatcher)和里根(Ronald W.Reagan)分别主政英国和美国,西方国家的职业教育培训政策出现了明显转折,政府纷纷大幅度削减用于职业教育培训方面的财政投入,中止多年来实施的一些福利性的职业教育培训计划,转而强化私人企业在职业教育培训中的职责和作用,欧美不少国家的职业教育培训政策进入一个投入减少、自由放任的时期。1982 年,撒切尔宣布实施职业技术教育试点(The Technical and Vocational Education Initiative,TVEI),对英国的职业技术教育进行全面改革实验。这次职业技术教育试点工作主要由人力训练和就业委员会承担,目的是为了改变教育和科学部原来那种有组织的、官僚主义的职业技术教育管理模式。"它沿袭企业或商业的模式,在现行的做法证明是无效的情况下,对资源作新的'排列'。它的中心目标是改善对特定顾客的服务,它不寻求改善对那些已受到太多优待的顾客的服务。"②

---

① 保守主义是产生于 18 世纪末和 19 世纪初的欧洲的一种政治思潮,它抵制自由主义、社会主义和民族主义,反对社会变革,极力为传统社会秩序辩护。新保守主义思潮是 70 年代后期在对新自由主义理论和福利国家危机反思的基础上形成的,它吸收了部分自由主义思想,把古典自由主义同保守主义结合在一起,强调最大限度的经济自由和最低限度的政府控制,其实质是对古典自由主义基本主张的重新论证与复归。参见[英]安德鲁·海伍德:《政治学核心概念》,吴勇译,天津人民出版社 2008 年版,第 64—66 页。
② 王承绪、徐辉主编:《战后英国教育研究》,江西教育出版社 1992 年版,第 251 页。

通过这一时期的职业技术教育试点及其他职业技术训练计划,英国政府加强了职业技术教育和产业界的联系,突出了企业在职业技术教育培训经费、设备提供等方面的责任。1988 年,英国颁布了《教育改革法》(*Education Reform Act* 1988),对教育管理体制和权限进行了一系列调整。该法是继《1944 年教育法》之后影响最为深远的一项教育立法,它扩大了学生、家长以及社区成员的教育选择权以及学校的办学自主权,在学校之间引入了市场竞争机制,从而迈出了教育市场化改革的重要一步。1982 年,美国颁布了《岗位培训伙伴关系法》(*Job Training Partnership Act*),该法案的一个突出特征是在联邦、州和地方政府之间以及政府与私人企业之间建立起了一种伙伴关系。依据该法案,联邦政府除了负责提供必要的资金支持以外,主要职责是解释法案、制定各类计划的实施标准、提供咨询、监督各地的资金使用、对各类计划的实施效果进行评价等。可见,联邦政府的职能较以前明显减弱,与此相反,私人企业在各项培训计划中的作用却明显增强,在该法案中,“代表企业利益的‘私有工业委员会’在联邦人力培训与就业政策机制中,尤其是在劳工培训的技术构成和类型等方面,发挥了不可替代的作用。”①

“尽管人们大都认为是罗纳德·里根发动了新自由主义战斗,而实际上,自由主义早在里根上台之前就差不多已经在经济理论和政治学的战斗中取得了完全的胜利。”②20 世纪 70 年代,西方资本主义国家先后进入经济发展的滞涨时期,生产发展滞缓,通货

---

① 梁茂信:《美国人力培训与就业政策》,人民出版社 2006 年版,第 291 页。

② [美]阿兰·G. 纳塞尔:《资本主义的发展趋势与新自由主义的私有化浪潮》,徐洋译,载李其庆主编:《全球化与新自由主义》,广西师范大学出版社 2003 年版,第 65—78 页。

膨胀严重,然而,作为当时西方主导经济思想的凯恩斯主义却不能提供一个充分的解释框架和有效的解决办法,这为新自由主义①经济学家批评政府的全面干预政策,倡导私有化改革提供了口实。新自由主义者的一个典型特征是,他们"狂热地对社会所有的(socially-owned)资产和服务进行私有化。将公共部门生产的商品和服务转化成私人部门生产的商品和服务,其目的就是要逐步淘汰各种公共项目,逐渐摒弃政府对社会福利的责任。"②作为新自由主义者的代表人物,哈耶克(Friedrich A. V. Hayek)从维护西方传统的个人自由思想出发,对当时占统治地位的福利国家运动和国家干预主义提出了挑战。哈耶克自由主义理论的出发点是市场竞争中的个人,他认为,保护个人免受市场竞争的损害或者对竞争施加违反市场规律的限制,即使出于维护公平的善良动机,其结果通常也是灾难性的。社会正义原则本身并无任何意义。市场对货物和劳务的分配无所谓公平不公平,其结果并非有意造成的,它对所

---

① 国内学术界将 New Liberalism 和 Neo-Liberalism 都翻译为"新自由主义",致使不少误用和误解。它们分属两种不同的理论派别,有着截然不同的理论诉求。New Liberalism"新自由主义",也被称作"现代自由主义"或"社会自由主义",倡导政府对经济的广泛干预,是 20 世纪的自由主义者对 19 世纪古典自由主义的回应。Neo-Liberalism"新自由主义",是形成于 20 世纪 70 年代,并在 80 年代逐渐取得主导地位的一种政治、经济思潮,它反对政府对经济的直接干涉,鼓励自由竞争,是对 New Liberalism"新自由主义"的反叛。西方自由主义的发展路径先后经历了古典自由主义、主张国家干预的新自由主义(New Liberalism)、主张回复古典自由主义的新自由主义(Neo-Liberalism)三个理论派别。参见李小科:《澄清被混用的"新自由主义"——兼谈对 New Liberalism 和 Neo-Liberalism 的翻译》,《复旦学报(社会科学版)》2006 年第 1 期。
② [美]阿兰·G. 纳塞尔:《资本主义的发展趋势与新自由主义的私有化浪潮》,徐洋译,载李其庆主编:《全球化与新自由主义》,广西师范大学出版社2003 年版,第 65—78 页。

有人开放,主要取决于大量的机遇,这是迄今为止所能发现的唯一程序。他对这种亚当·斯密式的游戏规则宠爱有加,认为它可以使分散的信息为所有的人有效利用,是一种建立在伦理基础之上而值得追求的个人自由。一以贯之,在教育领域,哈耶克同样秉持一种基于自发秩序的个人自由主义主张。他认为,由国家支配的高度集权化的公共教育制度存在着控制人的心智自由的危险,公共教育制度的目标在于实现一种机械式的平等,而这种平等无疑会剥夺那些只能由某些人享有而不能提供给所有的人的利益。那种力图根除偶然因素影响的"社会正义"欲求,在教育领域中,就像其他领域一样,"只有通过根除所有那些不受计划控制的机会方能实现",但是,文明的发展在很大程度上依赖于两项条件,"一是个人能够最充分地利用他们所遭遇的一切偶发因素;二是个人能够最充分地利用一种知识在新的环境中所能赋予他们的那些基本上不可预测的有利条件。"①新自由主义者的另一代表人物弗里德曼(Milton Friedman)认为,目前,人们把政府机关或者一些非营利性机构向学校教育提供经费,对学校教育进行管理认为是理所当然的事情,这导致了政府职责无原则地扩大。政府对教育进行干预的理由有两个:一是相当多的"邻近影响"的存在,即一个人的行动迫使其他人为之付出相当大的代价,而又无法使前者对后者作出赔偿,或者个人的行动对其他人产生相当大的好处,而又无法使后者对前者提供回报,也就是说,自愿交易不可能发生;二是对孩子和其他对自己行动不负责任的个人进行家庭主义关怀。与此同时,他将教育分为公民一般教育和专业职业教育,认为邻近影

---

① ［英］弗里德利希·冯·哈耶克:《自由秩序原理》下册,邓正来译,生活·读书·新知三联书店 1997 年版,第 171 页。

响和家长主义关怀在这两个领域具有不同的含义，政府干预的理由也有很大程度上的不同。对大多数公民进行文化、知识和共同价值准则的教育对于社会稳定和民主社会具有重要意义，因而这种特殊的邻近影响要求每一个儿童必须接受最低数量的学校教育。如果这种学校教育所需经济负担能够为社会大多数家庭承受，就可以要求家长来承担这笔费用，政府的职责是对该类学校教育提供津贴，并且向贫穷家庭提供特殊的补贴。弗里德曼认为，由于职业教育仅增加学生在经济上的生产能力，而不对学生进行公民教育或者领导能力的教育，因而这种政府干预并不适合职业教育。"那些运气好到足以能拿到补助金来进行训练的人们将取得投资的全部报酬，而费用则被一般的纳税人所负担——是一个完全任意决定和几乎肯定是毫无道理的一次收入的再分配。"①

（三）国家观念下职业教育培训公共性的重塑

针对凯恩斯主义的终结，"政府决定自由化和私有化"，但是，"推行自由化后，政府却发现它们创造了一些难以控制的市场，它们并不遵循某种因果性的原发形式。"②20 世纪 80 年代，西方欧美国家推行的新自由主义经济政策，虽然在一定程度上缓解了国内的经济矛盾，市场化改革也使得经济绩效得到较大幅度的提高，但是它们并没有从根本上解决失业严重、通货膨胀等问题，反而引发了社会排斥、社会不公等一系列新的社会问题。同时，随着经济和政治全球化进程的加速，西方欧美国家也面临着来自经济、政治、

---

① ［美］米尔顿·弗里德曼：《资本主义与自由》，张瑞玉译，商务印书馆 1986 年版，第 102 页。

② ［英］安东尼·吉登斯：《第三条道路——社会民主主义的复兴》，郑戈译，北京大学出版社 2000 年版，第 184 页。

文化等诸多领域全方位的新挑战。失业、贫困、社会排斥、社会不公等问题的解决要求政府发挥其公共职能,有所作为,然而面对日益激烈的国际竞争,它又必须坚守资本主义的自由竞争法则以保持经济活力,因此,这些问题的解决既不能采用传统的政府全面干预的凯恩斯主义,也不能按照新自由主义的市场逻辑听之任之。1992 年,美国民主党人克林顿(William J.Clinton)入主白宫,深知民众对民主党自由派的传统自由主义和共和党保守派的新自由主义早已不感兴趣的他,转而提出介于二者之间的温和"中间路线"。1997 年,英国工党领袖布莱尔(Tony Blair)担任首相,效仿美国,布莱尔也打出了"第三条道路"的旗帜。一时间,改革和探索新的发展道路的浪潮此起彼伏,"第三条道路"成为西方国家政治首脑争相效仿的政治向标。

"第三条道路"不仅作为"一个新的政治概念或政治策略而突显在当代政治领域",是"欧美政治界对国家政治和国际政治所产生的一种新的现代性反应或选择",而且"有其强大的理论支持,形成了'政治权力与学术话语'之间的时代性对接。"①"第三条道路"理论的当代积极倡导者吉登斯(Anthony Giddens)认为,新自由主义者存在着对市场力量的盲信,非常明显地表现出对不平等现象的漠视甚至积极的支持,他们反对福利国家,把福利理解为市场自发创造的经济增长最大化以及由此带来的总体财富。然而,市场的动力机制削弱了传统的权威结构并瓦解了地方共同体,它忽视了市场本身的社会基础,制造了新的风险和新的不确定性。针对社会的过度个人化状态,吉登斯提出应当建立起合作包容型

① 万俊人:《之间或之外:关于"第三条道路"——读〈"第三条道路"与新的理论〉》,《马克思主义与现实》2000 年第 3 期。

的新的社会关系,使每个人和每个团体都参与到社会之中,培养共同体精神。包容性"意味着一个社会的所有成员不仅在形式上,而且在其生活的现实中所拥有的民事权利、政治权利以及相应的义务。它还意味着机会以及在公共空间中的参与。在一个工作对于维持自尊和生活水准而言处于至关重要地位的社会中,获得工作的可能性就是'机会'的一项重要含义。教育是另一种重要的机会——即使在教育对于获得工作来说不是那么重要的情况下,仍然是这样。"①吉登斯认为,新自由主义者对政府在政治、经济生活中的角色颇为反感,但是,政府在一些领域所发挥的独到作用,是市场、社会运动和其他形式的非政府组织所不能做到的。他认为,政府存在的目的有以下几点:(1)创设一个民主、开放的公共领域。(2)提供包括集体安全、福利在内的各种形式的公共产品。(3)基于公共利益而对市场进行规治。(4)通过暴力手段和警察机构维护社会安定。(5)发挥在教育制度中的核心作用,促进人力资源的积极开发。(6)维持有效的法律制度。(7)在宏观和微观经济干预、基础设施提供中发挥直接作用。(8)塑造普遍认同的规范和价值。(9)推动区域性和国际性合作。② 在寻找个人和社会、权利和义务的新型关系中,吉登斯阐述了"第三条道路"的两项政治原则:一是"无责任即无权利",权利扩张的同时,义务也应当延伸。政府对于其公民负有一系列责任,包括对弱者的保护,包括福利受益者在内的每一个人同样适用于这一原则;二是"无民主即无权威",无论是在国家、政府、家庭,还是在其他一些机构

---

① [英]安东尼·吉登斯:《第三条道路——社会民主主义的复兴》,郑戈译,北京大学出版社2000年版,第107页。
② [英]安东尼·吉登斯:《第三条道路——社会民主主义的复兴》,郑戈译,北京大学出版社2000年版,第50—51页。

中,民主是权威正当化的主要手段。"民主制度的民主化首先意味着权力的非中心化过程(decentralization),但这一过程并不是单向性的。全球化为权力下放提供了强大的动力和逻辑,但它同时也为权力的向上移交提供了同样的东西。这一双向性的运动——一条双向民主化的道路——与其说是弱化了民族—国家的权威,倒不如说是重塑了这种权威的条件。"①吉登斯认为,应当建立政府与市民社会之间的合作互动关系,协调和促进政府、市民和社会组织之间的伙伴关系。"少一些管理,多一些治理"。政府管理向治理的转变具体体现在四个方面:②第一,建立政府与市民社会之间的合作互动关系。培养公民精神,鼓励公民对政治生活的积极参与,发挥民间组织的主动性,使它们承担起更多的适合的职能。政府则要向更加透明、法治、高效、负责的方向转变,成为公众可以信赖的公共机构。第二,改革中央与地方的关系。向地方放权,发挥地方的积极性、主动性和创造性。第三,协调政府各机构之间的关系,建立"整体型政府",即政府内部的各个部门和机构要实现相互之间的合作而不是彼此对立绊脚。在社会福利方面,吉登斯认为,福利制度需要进行巨大的改革,但不是为削减而削减,而是使它适应我们生活的新环境。要把"消极福利观"(negative welfare)转变为"积极福利观"(positive welfare),把改革的重点放在培养个人对自己负责的精神和独立意识,发挥社会各种组织和机构的作用,使它们对福利制度有更积极的贡献上。他认为,与其说消极的福利制度创造了依赖性的文化氛围,倒不如说是人们理

---

① 〔英〕安东尼·吉登斯:《第三条道路——社会民主主义的复兴》,郑戈译,北京大学出版社 2000 年版,第 76 页。

② 杨雪冬:《第三条道路:新路还是旧途》,载杨雪冬、薛晓源主编:《"第三条道路"与新的理论》,社会科学文献出版社 2000 年版,第 1—21 页。

性地利用了福利制度为他们提供的机会。因此，直接提供经济资助不如在人力资本上加大投资。取代福利国家，他提出"社会投资国家"（social investment state）的概念，认为社会投资国家应当把这些福利支出主要引向人力资本的投资上。"一个积极改革的福利国家——积极福利社会中的社会投资国家——应当是什么样的呢？被理解为'积极福利'的福利开支将不再是完全由政府来创造和分配，而是由政府与其他机构（包括企业）一起通过合作来提供。这里的福利社会不仅是国家，它还延伸到国家之上和国家之下。"①

"市场机制是制造和出售汉堡包、汽车以及多种商品的有效方式"，但它决不能"提供一种有效的和合理的教育制度。"②秉持"第三条道路"的执政理念，上任伊始，英国工党政府先后颁布了一系列教育政策文件和政府立法，对自由主义的经济、政治政策进行一定程度上的修正，把改革教育管理体制，增加对教育的投入、提高教育的质量和水平、改变传统的精英教育模式作为教育政策和立法的首要目标，将教育放在了建设包容性社会和社会投资型国家以及提高国家的国际竞争力的战略高度。1998 年，英国政府发表了题为《学习的时代》（*The Learning Age*）的绿皮书，次年又发表了题为《学会成功》（*Learning to Succeed*）白皮书，为了实现两份政府文件的教育计划，2000 年，英国政府颁布了《学习与技能法》（*Learning and Skills Act*）。在以上政策法规的推动下，英国政府决

---

① ［英］安东尼·吉登斯：《第三条道路——社会民主主义的复兴》，郑戈译，北京大学出版社 2000 年版，第 132 页。
② ［英］劳顿：《1988 年教育改革法前后英格兰和威尔士的教育与培训》，王维臣、崔允漷译，载瞿葆奎主编：《教育学文集·英国教育改革》，人民教育出版社 1989 年版，第 780—792 页。

定实施满足公民个性化学习和终身学习需求的个人学习账户,建立起一个全国和地方互动的教育计划、组织和投资体制,实现学习费用由政府、雇主和个人共同分担,同时,设立学习和技能委员会(Learning and Skills Council for England),负责提供和资助 16 岁后的教育培训。2001 年,工党政府将教育与就业部(Department for Education and Employment)更名为教育与技能部(Department for Education and Skills),改变了原来将教育和就业相对宽泛地联系在一起的理念,将与学习者的工作、生活紧密联系的"技能"放在了和"教育"同等重要的地位。2002 年,英国颁布教育法(Education Act 2002),该法案规定,通过继续教育机构使任何适龄人群都能接受一定的教育,政府为他们提供基本的维持学习的费用。2003 年,教育与技能部公布了《14—19 岁:机会与卓越》(The 14—19 Opportunity and Excellence),对中等教育和职业教育进行改革,增加学习的个性化、灵活性和多样性。2005 年,英国教育与技能部又公布了《14—19 岁教育和技能白皮书》(14—19 Education and Skills White Paper),强调为每个青年创造机会,使他们在完成中等教育后能够继续学习。在美国,1998 年,克林顿政府颁布了《劳工投资法》(Workforce Investment Act of 1998),在总结经验的基础上对 1982 年《岗位培训伙伴关系法》进行改革。在管理体制上,《劳工投资法》将职业教育培训的联邦政府宏观管理、各州分散化管理以及各地相对集中管理有机结合起来,既通过政府的干预作用保证联邦政府资助的各类计划充分发挥服务功能和社会效益,同时又充分调动了地方政府和社会各界的积极性和主动性。在服务对象上,《劳工投资法》将职业教育培训的对象划分为成年人、失业者和青年三类,改变以往对培训对象严格规定的做法,该法案采取"所有谋求职业的劳工都有资格申请和参加联邦政府资助的活动"①的开放式政策,进一步扩大了职业教育培训对象的范围。《劳工投资法》确立了美国职业教育培训的经常性机制,为美国职业教育培训的战略决策和制度化发展铺平了道路。

三、职业教育培训的"公共性"检视

对于职业教育与职业培训的内涵与外延,学界一直存在着不少分歧,这种分歧不仅导致两个概念在使用上的混乱性,并衍生出一些相关概念,而且也因此掩盖了它们的本真内涵,以至于人们往往将职业教育和职业培训排除在公共教育系统之外。"科学概念建构的任务在于尽可能准确地确定概念的内容。它是明确作出一项有关某一对象是否属于某个概念的决定的必要前提。"②通过对职业教育与职业培训概念的条分缕析,我们可以依据根本属性和基本职能的不同将其归类于四个不同领域,其中,作为政府基本公共服务一部分的公共性职业教育培训是一种具有较强公共性的公共产品。

(一)职业教育培训的"四个领域"

"培训"(train)可以说是一个人们耳熟能详的词语。然而,对于"培训"一词的含义,不同的学者有着不同的理解。《教育大辞典》认为,"培训"即"培养训练",指"在职、在业人员的专门训练或短期再教育。"③现代人力资源理论从创造智力资本,提升组织

---

① 梁茂信:《美国人力培训与就业政策》,人民出版社2006年版,第578页。
② [德]沃尔夫冈·布列钦卡:《教育科学的基本概念:分析、批判和建议》,胡劲松译,华东师范大学出版社2001年版,第15页。
③ 顾明远主编:《教育大辞典》下册,上海教育出版社、上海科技出版社1998版,第1173页。

核心竞争力的角度,把培训理解为"有计划地实施有助于雇员学习与工作相关的胜任能力的活动。"[1]由于培训活动往往与职业、技术、企业、行业或者特定的对象相联系,因此,在现实生活中,常常有"职业培训"、"技术培训"、"企业培训"、"建筑业人员培训"、"农民工培训"、"再就业培训"、"创业培训"等名目繁多的称谓。《教育大辞典》同时列有"职业技能训练"(professional skill training)和"职业技术培训"(vocational and technical training)两词,分别解释为:"使受训人员熟练掌握完成某种职务所需要的一系列活动方式而进行的训练"和"使从业人员获取某种职业所需专业知识或技能而进行的培训工作","一般学习时间较短,不以取得学历资格为目的。培训结束经考核合格者,可按国家规定发给相应的培训合格证书和技术等级证书。"[2]可见,前者强调的是对特定工作岗位所应具备的操作技能或行为方式的训练,属于职业培训的一种形式。而后者实质上是作为职业培训的同义词使用的,与其含义并无二致。有学者试图从广义和狭义两个层面对"职业培训"一词进行规整与界定,认为广义的职业培训是指"为适应社会职业的需要,按着一定的标准,对要求就业和在职的劳动者所进行的,旨在培养和提高其素质和职业能力的教育与训练活动。"狭义的职业培训是指"按照职业岗位对劳动者提出的要求所进行的培养和训练,旨在把一般人培养训练成为具有一定道德品质和技术业务素质的合格的劳动者,以适应职业岗位

---

① [美]雷蒙德·A.诺伊:《雇员培训与开发》,徐芳译,中国人民大学出版社2007年版,第4页。

② 顾明远主编:《教育大辞典》下册,上海教育出版社、上海科技出版社1998版,第2030、2031页。

的需要"。① 这一观点将广义的职业培训宽泛地理解为对职业领域或职业群所要求的知识和技能的培训,因所需时间较长,一般通过职业学校来完成,故而认为在该层含义上应当与职业教育属于同一范畴;而狭义的职业培训是针对单一岗位或工种的培养和训练,属于职业教育的组成部分。尽管近代职业培训是现代职业教育的渊源,但是,将职业培训与职业教育同义对待的解释似乎有悖学理,也必然会带来现实中概念使用的混乱,是不可取的。除此以外,还有不少学者提出了对于"职业培训"一词的不同理解。例如,有学者认为职业培训"是按照职业岗位对劳动者提出的要求所进行的培养和训练,旨在把一般的人培养训练成为具有一定政治文化和技术业务素质的合格的劳动者,以适应职业岗位的需要。"②有学者认为职业培训是国民教育和培训体系的重要组成部分,"是指按照社会的需要,对劳动者在不同水平的普通教育的基础上,所给予的不同水平的专业知识和技能培训,通过开发劳动者智力及培养人的职业兴趣和训练职业能力等社会活动,培养能够掌握特定劳动部门的基础知识、实用知识和技能技巧型人才的一种教育方式。"③尽管表述不尽相同,但是这些观点均强调了职业培训是按照社会和岗位需要而对劳动者进行的特定知识和技能的培养与训练。

与上述学者着眼于从概念内涵上对"职业培训"进行解读不同,人力资源和社会保障部对其含义的官方解释主要从外延上进行界定。"职业培训的种类包括初中高级职业培训、劳动预备制

① 李向东、卢双盈主编:《职业教育学新编》,高等教育出版社2005年版,第283—284页。
② 关裕泰主编:《职业培训概论》,中国劳动出版社1991年版,第1页。
③ 李怀康等主编:《职业培训》,法律出版社1996年版,第25页。

度培训、再就业培训和企业职工培训,依据职业技能标准,培训的层次分为初级、中级、高级职业培训和其他适应性培训。"对于各种职业培训的实施主体、培训对象,其进一步说明如下:(1)初中高级培训主要由技工学校、就业训练中心和社会力量办学等职业培训机构承担。技工学校重点培养技术技能型人才,招生对象主要是初中毕业生;就业训练中心是培训失业人员的重要基地,培训对象主要是失业青年和失业职工,重点开展以实用技术和适应性培训为主的就业前训练和转业训练;社会力量办学是企业组织、社会团体及其他社会组织和公民个人利用非国家财政性教育经费面向社会举办的培训,主要实施职业资格培训、技术等级培训和劳动就业职业技能培训等。(2)为帮助下岗职工转变就业观念、提高职业技能,尽快实现再就业,实行在政府指导和扶持下,个人自学、企业组织和社会帮助相结合的方式,大力开展多种形式的再就业培训。(3)为鼓励引导下岗职工和失业人员积极开展创业活动,提高下岗职工和失业人员从事个体、私营经济或创办小企业的能力,组织开展培训指导、政策咨询和跟踪服务。这种对职业培训指称范围的说明文字当然不能等同于对其概念的规范性描述,但是,它从培训的类别、层次、机构、对象等几个方面描绘了现阶段我国职业培训体系的整体构成,可以作为理解职业培训内涵的一种参照。

由于对概念内涵的理解不尽相同,职业教育的称谓也一直存在着不少差异,如"职业教育"、"职业技能教育"、"职业技术教育"、"技术与职业教育"等,不一而足。《教育大辞典》将"职业教育"(vocational education)界定为:"传授某种职业或生产劳动知识和技能的教育。"它还对"职业技术教育"(vocational and technical education)作了解释,认为它是指"进行科学、技术学科理论和相关技能学习的教育以及着重职业技能训练和相关理论学习的教育。"同时,"与其他类型教育比较,偏重理论的应用和实践技能、实际工作能力的培养。大都处于高级中学阶段和高等专科阶段,也有的处于初级中学阶段。培养目标为各层次的技术人员、管理人员、技术工人和其他城乡劳动者。"①对于职业教育的历史演进与概念发展,其进一步解释为,职业教育产生于18世纪末的欧洲,最初表现为学徒制形式。19世纪,随着工业的发展,一些欧洲国家开始采用学校教育形式,一般设立中学教育阶段的职业学校和职业补习学校。二战后,由于新技术的发展,世界各国职业教育实施形式有了很大的变化,除设立单独的职业中学和综合中学内设职业科外,还出现了企业内培训和公共职业训练等形式。因此,对职业教育的含义也产生了不同的理解:(1)仅指培养技术工人类的职业技能教育。(2)泛指为谋取或保持职业而准备、养成或增加从业者的知识、技能、态度的教育和训练,不仅包括技能性的,还包括技术性的,与职业技术教育同义。② 可见,"职业教育"是一个处于不断发展中的概念,伴随着近代工业技术的进步,其内涵和外延均得以不断拓展,即由最初的学徒制形式发展到制度化的学校教育,进而又形成职业学校教育、普通学校的职业教育、企业职业培训和公共职业训练并行的现代职业教育体系。

对于职业教育与职业培训的关系,学者们也一直存有不少争议。"在'教育'与'培训'的概念之间始终存在着一种张力。某些人认为两者之间有明显的区别;另一些学者则认为,从广域的教育

---

① 顾明远主编:《教育大辞典》下册,上海教育出版社、上海科技出版社1998版,第2030页。

② 顾明远主编:《教育大辞典》下册,上海教育出版社、上海科技出版社1998版,第2032页。

到狭域的专门技能开发,是一个连续体。"①《中华人民共和国职业教育法》将职业教育分为职业学校教育和职业培训,"职业学校教育分为初等、中等、高等职业学校教育。初等、中等职业学校教育分别由初等、中等职业学校实施;高等职业学校教育根据需要和条件由高等职业学校实施,或者由普通高等学校实施。其他学校按照教育行政部门的统筹规划,可以实施同层次的职业学校教育。"而"职业培训包括从业前培训、转业培训、学徒培训、在岗培训、转岗培训及其他职业性培训,可以根据实际情况分为初级、中级、高级职业培训。职业培训分别由相应的职业培训机构、职业学校实施。其他学校或者教育机构可以根据办学能力,开展面向社会的、多种形式的职业培训。"其实,对于通常所说的"职业教育"的理解,我们可以参照教育学中对教育的定义方式。众所周知,教育有广义和狭义之分,广义的教育是一切培养人的社会活动的总称,"凡是有目的地增进人的知识技能,影响人的思想品德,增强人的体质的活动,不论是有组织的或是无组织的,系统的或是零碎的,都是教育"。而狭义的教育指专门组织的学校教育形态,是"有目的、有计划、有组织地引导受教育者获得知识技能、陶冶思想品德、发展智力和体力的一种活动"。② 职业教育亦可作类似理解:广义的职业教育泛指一切旨在增进人们与职业相关的知识、技能、理解力及其态度改变的培养和训练活动,包括普通学校开展的职业基础教育,职业学校开展的职业技术教育、企业、学校及社会机构开展的职业培训等,与国际语境下的技术与职业教育和培训同义;狭

---

① 石伟平:《能力本位职业教育与培训:背景与特征》,《外国教育资料》1997年第6期。

② 王道俊、王汉澜主编:《教育学》,人民教育出版社1989年版,第41页。

义的职业教育指专门的职业学校教育,可以理解为"职业学校"的"教育"和"职业"的"学校教育"两层含义,包括职业学校开展的职业技术教育和普通教育系统开展的职业基础教育,与企业、行业、社会团体等机构开展的技术或技能培训属于同位概念。

其实,区分职业教育和职业培训只是为了满足学术研究对于概念确定性的追求,从国际范围的实践看,适应国际社会、经济及技术发展的新趋势,联合国教科文组织早已提出了"全民终身技术与职业教育和培训"的新思想,试图将世界各国之间对技术与职业教育和培训的分歧统一起来,并在终身教育的框架内架构起与其他教育形态间的沟通与衔接,赋予当前技术与职业教育和培训以新的内涵。"技术与职业教育"(technical and vocational education,TVE)一词多见于联合国教科文组织的相关文件中。早在1962年,联合国教科文组织各成员国就一致通过了一份名为《关于技术与职业教育的建议》的文件,对技术与职业教育的范围、定义、发展战略及其具体策略作了系统介绍。此后,该文件一再得以修订和重申。1999年,在韩国汉城召开的第2届国际技术与职业教育大会上通过了工作文件《终身教育与培训:通向未来的桥梁》,其引言中写道:本届大会"是为了给联合国教科文组织(UNESCO)的成员国提供一个重新界定技术与职业教育(TVE)(注:在本届大会的语境中,技术与职业教育这一术语也包括职业培训)政策的论坛,以迎接21世纪初期遇到的就业以及其他社会经济问题的挑战。"①在大会形成的《致联合国教科文组织总干事的建议》中,提出要拓展技术与职业教育概念,在各类教育与培训

---

① 刘来泉选译:《世界技术与职业教育纵览——来自联合国教科文组织的报告》,高等教育出版社2002年版,第99页。

之间建立起新的联系,并建议联合国教科文组织总干事与国际劳
工组织密切合作,形成"技术与职业教育和培训"(TVET)的通用
概念。2001 年,在联合国教科文组织《修订的关于技术与职业教
育的建议》中,将技术与职业教育的范围解释为,"具有技术与职
业性质的,旨在确保所有公民均有终身学习机会的教育的各种形
式和各个方面,不论它是在政府直接主管的教育机构之内,或是在
教育机构管理之下提供,还是由私立机构或通过其他形式的有组
织的教育提供。"认为"'技术与职业教育'是作为一个综合术语来
使用的,它所指的教育过程除涉及普通教育之外,还涉及学习与经
济和社会生活的各部门的职业有关的技术及各门科学,以及获得
相关的实际技能、态度、理解能力和知识。技术与职业教育还进一
步被理解为:(1)普通教育的一个组成部分。(2)准备进入某一就
业领域以及有效加入职业界的一种手段。(3)终身学习的一个方
面以及成为负责任的公民的一种准备。(4)有利于环境的可持续
发展的一种手段。(5)促进消除贫困的一种方法。"①

　　基于以上融通职业教育和职业培训的思想,本书使用了职业
教育培训这一概念,并将其定位为,依据社会发展需要和职业岗位
需求,由各级各类教育培训机构实施的,针对各级各类学校毕业
生、不同行业在职员工、各类转业或失业人员、城乡新生劳动力以
及其他求职人员开展的,旨在提升其从业或创业知识和技能的培
养与训练活动。鉴于不同的分类标准,职业教育培训可以划分为
不同的类别。例如,依据不同的实施主体,职业教育培训可以分为
企业职业教育培训、行业职业教育培训、政府主导的职业教育培

① 刘来泉选译:《世界技术与职业教育纵览——来自联合国教科文组织的报告》,高等教育出版社 2002 年版,第 68 页。

训、社会力量举办的职业教育培训等;依据不同的培训目的,职业教育培训可以分为就业培训、在岗培训、转岗培训、转业培训、创业培训等;依据不同的培训层次,职业教育培训可以分为从业资格培训、初级、中级、高级、技师、高级技师培训等;依据不同的培训对象,职业教育培训可以分为农民培训、企业职工培训、公务员培训、教师培训等。可见,由于与社会、经济、政治以及生产、生活和职业发展密切联系,职业教育培训已经成为一个内涵丰富、外延庞杂的概念体系。服务于本文的研究目的,从职业教育培训的根本属性和基本职能出发,本书拟选取供给主体这一角度对其予以考察。职业教育培训的提供主要来自四个方面,即企业利用自身资源或者委托其他培训机构进行的员工培训;社会培训机构提供的受训者个人付费的营利性质的技能培训;公益性组织利用某些社会资源提供的非营利性职业培训;政府公共机构利用公共权力与公共资源提供的公共性职业教育培训。判断一种职业教育培训的性质,关键在于其提供主体、受益群体及其使用的权力与资源。员工培训是企业为了提高工作绩效和经济效益而针对组织内各类人员进行的培训;营利性技能培训是个人为了提高技能进而提升在劳动力市场的竞争力和薪酬收益而进行的私人教育投资;公益性职业教育培训是社会公益组织通过捐赠、志愿服务等渠道筹集社会善意资源而针对特定群体进行的培训;公共性职业教育培训是由国家、地方政府等公共机构利用公共权力和公共资源向社会成员直接或间接提供的各种职业技能培训。

(二)公共性职业教育培训的"多重视界"

　　现代公共管理理论认为,政府的主要职能是满足社会公共需求,为全体社会成员提供充足、优质的公共产品和公共服务,政府的管理职能是公共的、有限的和服务的。政府公共服务的分类方式很多,如依据公共服务的领域,可以分为维护性公共服务、经济型公共服务、社会性公共服务;依据公共服务的性质,可以分为基本公共服务、混合公共服务、政府管理私人部门所产生的管制性公共服务等。① 此外,公共服务还有狭义和广义之分。广义的公共服务包括政府所从事的行政管理、经济调节、市场监管、社会管理等公共行政行为;狭义的公共服务是指政府为保障经济社会健康稳定,维持社会公平正义,满足社会成员基本生存权和发展权等直接需求而提供的基本公共服务。基本公共服务具有基础性、广泛性、迫切性和可行性的特点,"所谓基础性,是指那些对人类发展有着重要影响的公共服务,它们的缺失将严重影响人类发展。所谓广泛性,是指那些影响到全社会每一个家庭和个人的公共服务供给。所谓迫切性,是指事关广大社会最直接、最现实、最迫切利益的公共服务。所谓可行性,是指公共服务的提供要与一定的经济发展水平和公共财政能力相适应。"②基本公共服务是一个不断变化着的概念,随着经济社会的发展和人民生活水平的提高,其内涵也会逐步扩展。学者们对于基本公共服务的范围有着不同的理解,但是,有三点是可以初步达成共识的,"一是保障人类的基本生存权(或生存的基本需要),为了实现这个目标,需要政府及社会为每个人都提供基本就业保障、基本养老保障、基本生活保障等;二是满足基本尊严(或体面)和基本能力的需要,需要政府及社会为每个人都提供基本的教育和文化服务;三是满足基本健康的需要,需要政府及社会为每个人提供基本的

---

① 李军鹏:《公共服务型政府》,北京大学出版社 2004 年版,第 25、5—6 页。

② 中国(海南)改革发展研究院编:《基本公共服务与中国人类发展》,中国经济出版社 2008 年版,第 12 页。

健康保障。"①

　　加强服务型政府建设,更好地发挥社会管理和公共服务的职能,是政府职能转变的主要目标之一。《中共中央关于构建社会主义和谐社会若干重大问题的决定》指出,要"以发展社会事业和解决民生问题为重点,优化公共资源配置,注重向农村、基层、欠发达地区倾斜,逐步形成惠及全民的基本公共服务体系",为此,要"把更多财政资金投向公共服务领域,加大财政在教育、卫生、文化、就业再就业服务、社会保障、生态环境、公共基础设施、社会治安等方面的投入。"根据以上说法,我国政府公共服务的领域主要集中在与社会事业和民生密切相关的教育、卫生、文化、就业再就业服务、社会保障等方面。而依据"基础性、广泛性、迫切性和可行性"的基本公共服务原则,维护全体社会成员基本生存权和发展权所必需的义务教育、公共卫生和基本医疗、公共就业服务、基本社会保障等则应当是我国现阶段基本公共服务的主要内容。我国政府多次强调指出,要逐步实现基本公共服务均等化,即让全体社会成员享有水平相当的基本公共服务,这既是缩小城乡、区域经济社会发展水平差别以及不同群体之间的收入差别的基本途径,也是维护社会公平公正的应有之义。从我国的现实国情出发,实现基本公共服务均等化应当包括以下基本内涵:首先,基本公共服务均等化并不意味着公共服务的平均化,而是要在基本公共服务的提供方面具有全国性的制度设计和制度安排;其次,基本公共服务均等化意味着全体社会成员都能充分享受到机会均等、结果公平的基本公共服务,并尊重每个社会成员的自由选择权;再次,基

————————

① 中国(海南)改革发展研究院编:《基本公共服务与中国人类发展》,中国经济出版社 2008 年版,第 12 页。

本公共服务均等化意味着要将社会不同群体间所享有的基本公共服务的差距控制在最小的范围内,以促进社会的公平正义,维护社会的和谐稳定;最后,基本公共服务均等化重点关注的对象是社会困难群体。要在保证全体社会成员共同享有一定水平的基本公共服务的前提下,重点关注社会困难群体的生存权和发展权,因为只有困难群体的情况得到改善,才能够更为有效地提高社会的整体福利。①

公共就业服务是基本公共服务的重要组成部分,是政府履行公共服务职能的主要内容之一。为社会基层劳动者提供公共就业服务,实现社会成员的充分就业,不仅具有重要经济意义,同样具有不容忽视的社会意义,因为,就业不仅是劳动者获得经济收入的主要谋生手段,而且也是获得体面生活、谋求个人尊严的基本方式。为了应对经济结构调整、生产方式转变以及就业方式变化所带来的就业问题,自 20 世纪 90 年代以来,我国政府先后颁发了一系列促进就业的政策法规,经过积极探索和实践总结,逐步形成了体现积极就业政策的公共就业服务体系。2005 年,国务院颁布的《关于进一步加强就业再就业工作的通知》规定,我国今后就业再就业工作的主要任务是"基本解决体制转轨遗留的下岗失业问题,重点做好国有企业下岗失业人员、集体企业下岗职工、国有企业关闭破产需要安置人员的再就业工作",同时,"努力做好城镇新增劳动力的就业工作,积极推动高校毕业生就业工作",并将"统筹做好下岗失业人员再就业与城镇新成长劳动者的就业工作,认真落实高校毕业生和复员转业退役军人就业的有关政策,加

---

① 中国(海南)改革发展研究院编:《百姓·民生——共享基本公共服务 100 题》,中国经济出版社 2008 年版,第 80—81 页。

强相关的就业服务和职业培训"作为健全公共就业服务体系的基本原则和主要内容。2006年,《中共中央关于构建社会主义和谐社会若干重大问题的决定》指出,要"实施积极的就业政策","健全面向全体劳动者的职业技能培训制度","统筹做好城镇新增劳动力就业、农村富余劳动力转移就业、下岗失业人员再就业工作,加强大学毕业生、退役军人就业指导和服务",并"着力帮助零就业家庭和就业困难人员就业"。2007年颁布的《中华人民共和国就业促进法》规定,各级政府要统筹做好城镇新增劳动力就业、农业富余劳动力转移就业和失业人员就业工作,建立健全公共就业服务体系,为劳动者免费提供就业政策法规咨询、职业供求信息和职业培训信息发布、职业指导和职业介绍、就业困难人员就业援助、就业和失业登记等服务。公共性职业教育培训是公共就业服务的基本组成部分,是实施积极就业政策的主要内容,对于解决就业问题具有重要意义。

(三)公共性职业教育培训的"公共性"解读

美国学者伍尔夫(B.L.Wolfe)认为,人们"对教育收益的标准估计仅占教育总体收益的一部分。在这类估计中,产生于教育的其他两种形式的经济收益往往被省略掉:非市场化个体收益和外部非市场化(或公共)收益。"[①]因此,他将教育的收益分为市场化个体收益、非市场化个体收益和外部收益三部分。市场化个体收益是指与个体受教育年限相关的收入差异,如随着受教育年限的增加,个人的收入一般会得到显著提高;非市场化个体收益是指个

---

① [美] B.L.伍尔夫:《教育的外部收益》,载[美]M.卡诺依编著:《教育经济学国际百科全书》,闵维方等译,高等教育出版社2000年版,第198页。

体接受教育对其自身及其直系亲属的积极影响,如父母教育程度
的提高会对家庭成员的健康产生积极的影响;外部收益是指个体
接受教育给其他社会成员带来的公共收益,如教育的普及可能会
带来社会的民主进步、平等的增进、犯罪率的减少、凝聚力的增强、
技术变革的加速、劳动生产率的提高以及收入分配的变化等。[①]
如图 1—1 所示,纵轴表示教育的收益和成本,横轴表示受教育的
数量。D_p 为反映了个体市场化和非市场化教育收益的需求曲线,
D_e 则表示反映了教育外部收益的需求曲线,个体教育需求和基于
外部因素的社会教育需求之和表示为 D_t,$D_t = D_p + D_e$。S 为教育
的供给曲线,它表示教育的边际成本随着所提供教育的增加而增

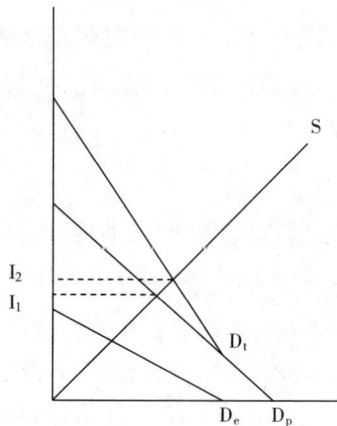

图 1—1 教育供求关系图

注:由于外部因素可以是积极的或消极的,从理论上讲 I2 亦可以大于、小于或等于 I1。

---

① [美] B. L. 伍尔夫:《教育的外部收益》,载[美] M. 卡诺依编著:《教育经济
 学国际百科全书》,闵维方等译,高等教育出版社 2000 年版,第 198—
 202 页。

长。假设提供的资金仅仅取决于个体需求,则教育的资源量为 D_p 与 S 的相交处 I_1,而反映了个体需求和基于外部因素的总需求的教育资源量位于 Dt 与 S 的交汇点 I_2 处。由于人们在决定接受教育年限时往往只考虑个体收益,而不会将教育的外部收益考虑在内,因而仅仅依靠个体的投入会造成教育资源的不足。教育外部效益及其溢出效应的存在,为政府公共部门介入教育资源的投入提供了必要的理由。

伍尔夫对教育的市场化个体收益、非市场化个体收益和外部收益的划分为人们全面认识教育的功能提供了有益的分析框架,它在提醒人们,不要仅仅将教育视为一种个人人力资本投资,个体接受教育对社会同样具有重要意义,教育是一种具有很强正向外部性的公共产品。外部性最初是一个经济学概念,由英国剑桥学派的奠基者西季威克(Henry Sidngick)和马歇尔(Alfred Marshall)率先提出。经济学家庇古(Arthur C.Pigou)从社会资源最优配置的角度出发,应用边际分析的方法,提出了边际社会净产值和边际私人净产值的概念,进一步完善了外部性理论。庇古认为,在经济活动中,如果某厂商给其他厂商或整个社会造成不须付出代价的损失,厂商的边际私人成本小于边际社会成本,即产生了外部不经济。在边际私人收益与边际社会收益、边际私人成本与边际社会成本相背离的情况下,仅仅依靠市场自由竞争不可能达到社会福利最大化,因而需要政府对其进行适当干预,即存在外部不经济效应时,对边际私人成本小于边际社会成本的部门实施征税;存在外部经济效应时,对边际私人收益小于边际社会收益的部门实行奖励和津贴。这一理论提出后招致一些学者的质疑。经济学家科斯(Ronald H.Coase)认为,福利经济学的这种对私人产品与社会产品的分类,使人们的注意力集中在对市场缺陷的分析进而寄希望于政府干预上,这只是从外部性的表象上而非从整个社会总产品或总效应的角度来解决问题,事实上,信息的不完备性使得政府无法准确获悉实现帕累托最优的有关信息。因此,应当把外部性问题转变成产权问题,继而讨论什么样的财产权能达到效率。而经济学家张五常则认为,私有产权也不是完全和绝对有效的,在产权的边界处总会存在一块公共区域,也就是某种外部效应。外部性问题的实质是节省界定产权的外生交易费用与节省因产权界定不清而引起的外部性之间的两难冲突问题,因而应从交易费用和合约结构着手,研究私人和社会成本背离的问题。① 事实上,尽管产权或者契约能够为市场解决外部性问题提供有益的途径,但是,并非所有的外部性问题都能够通过这种市场途径予以解决,正如物理学中的无摩擦假设根本不存在一样,市场缺陷、信息不完全和契约不完备常常使得外部性的市场交易成本比较大,当这种交易成本足够大,进而超过外部性本身时,或者由于产品的特殊性而无法从技术上对产权和契约进行界定时,外部性问题的有效解决还要诉诸于政府的适当干预。

依据萨缪尔森对公共产品和私人产品的经典定义,即以产品的消费是否具有排他性和竞争性为标准,职业教育培训似乎并非严格意义上的公共产品。然而,对社会基层劳动者和社会弱势群体进行的公共性职业教育培训的特殊性质决定了它的外部收益远远大于其个体收益,正因如此,仅仅依仗市场手段来解决必然是无效率或者低效率的;而且,这种外溢效用对经济发展、社会公平维护和基本权利保障具有的特殊意义,决定了依据产权或者契约对之界定也缺乏技术上的可能性和可行性,因此,公共性职业教育培

---

① 徐桂华、杨定华:《外部性理论的演变与发展》,《社会科学》2004 年第 3 期。

训的有效率供给必须依赖政府公共部门的适当干预。况且,公共产品的经典定义具有高度的限定性,"现代公共物品理论因此而遭受批评不足为奇。严格说来,没有哪种物品或服务在真正的描述性意义上符合这一极端定义。现实财政制度中由公共融资的物品和服务,绝少表现出这里的纯公共性",因此,"如果根据来自现实世界的观察与这种纯公共性假设是否一致来判定公共物品理论成立与否,整个理论将受到严重限制"。① 事实上,"任何物品或服务均可被视为纯公共物品,只要它是通过某种具有极端公共性特征的组织结构而实现供给的。"②由此可见,判断一种物品是否属于公共产品,并不能完全取决于该物品是否具有排他性和竞争性的物理特征,它还受到政治集团提供物品和服务的制度安排的影响和制约。一旦政治集团出于无论公共利益还是执政理念的驱使,对面向某些特殊群体开展的职业教育培训采取公共供给的提供方式,它也就必然成为了一种公共产品。

---

① ［美］詹姆斯·M.布坎南:《公共物品的需求与供给》,马珺译,上海人民出版社 2009 年版,第 47 页。
② ［美］詹姆斯·M.布坎南:《公共物品的需求与供给》,马珺译,上海人民出版社 2009 年版,第 34 页。

第二章 有效供给：公共性职业教育培训供给制度的经济绩效

公共性职业教育培训是一种公共产品，这就决定了它不可能像一般商品那样仅仅依赖市场机制的调节就可以达到供给和需求的自发均衡，进而实现商品的有效供给，而有着自身独特的矛盾运动规律。本章首先对经济学中的有效供给理论进行梳理，然后在对公共产品有效供给理论进行论述后，对公共性职业教育培训有效供给的理论内涵及其构成要素进行阐述。

一、有效供给理论的经济学体认

有效供给是一个经济学范畴，与其对应的另一个经济学范畴是有效需求。经济学理论认为，供给和需求的矛盾运动决定着商品的生产、交换、消费和分配，市场上商品的价值和使用价值的最终实现有赖于商品有效供给的增加和有效需求的推动。围绕供给和需求、有效供给和有效需求这些范畴，在经济学发展史上，形成了不同的经济思想和理论流派。

（一）经济学中的"供给"和"需求"

供给和需求是经济学特别是微观经济学中的一对重要范畴。微观经济学是和宏观经济学相对而言的，它主要研究单个经济体如单个家庭、单个企业和单个市场的经济行为以及相应的经济变量。微观经济学从资源稀缺这个基本假设出发,认为所有个体的行为准则均在于谋求稀缺资源的最优配置,即如何将既定的经济资源有效率地分配到各种不同的用途上,以实现有限资源的最大化收益。在市场经济中,众多的生产者生产着种类繁多的商品,商品的价格引导着资源配置的方向,而商品价格是由供求这对基本力量的此消彼长关系决定的,因而供给和需求便成为微观经济学一般理论分析的逻辑起点。

市场价格决定下的供给和需求观念最早可以追溯到希腊哲学家的经济著作里,在此之前,一些学者曾经使用"买者或卖者的数量比例"、"出售的数量比例"等类似的方式来表述这一含义。斯图亚特(James Steuart)在价格决定和竞争分析中把供给和需求结合起来,将这对范畴第一次正式提出。斯图亚特认为,"需求的本性是促进产业;当需求有规律地产生时,这种促进的作用就产生了,即是说,大部分物品的供应是与其需求成比例的,因而需求就很容易实现了"。① 此后,这一术语经由斯密(Adam Smith)、马尔萨斯(Malthus)、桑顿(Thornton)、穆勒(James Mill)、霍纳(Horner)等学者得以广泛使用。斯密指出:"在一个政治修明的社会里,造成普及到最下层人民的那种普遍富裕情况的,是各行各业的产量由于分工而大增。各劳动者,除自身所需要的以外,还有大量产物可以出卖;同时,因为一切其他劳动者的处境相同,各个人都能以自身生产的大量产物,换得其他劳动者生产的大量产物,换言之,都能换得其他劳动者大量产物的价格。别人所需的物品,他能与

---

① ［英］约翰·伊特韦尔等编:《新帕尔格雷夫经济学大辞典》第四卷,陈岱孙等编译,经济科学出版社 1996 年版,第 597—598 页。

以充分供给;他自身所需的,别人亦能与以充分供给。"①正是在这个意义上,他认为一切人都要依赖交换生活,从某种程度上而言,一切人都成为商人,而整个社会也成为商业社会。

　　供给和需求是市场经济运行中互相影响、互相制约的两个方面。然而,两者在经济发展中的作用孰轻孰重,是"供给创造需求"还是"需求创造供给",在经济学理论发展中却一直存在着不少争议。法国经济学家萨伊(Jean-Baptiste Say)提出了被称之为"萨伊定律"的"供给自行创造需求"学说。萨伊认为,在商品交换过程中,货币只是起到瞬间的中介作用,商品供给者得到货币后又会马上购买其他商品,供给者同时也是需求者,一种商品的供给会为其他商品的需求创造条件。因而,商品市场的过剩只是局部的、暂时的,劳动市场的失业也只是摩擦失业或自愿失业,它们只是其他商品或劳务生产不足的一种表现,可以通过增加生产来解决。②20世纪30年代,世界性的资本主义经济危机爆发,几乎所有的资本主义国家都出现了购买力不足和供给严重过剩的现象,"萨伊定律"不攻自破。针对资本主义世界的经济矛盾,美国经济学家凯恩斯提出了"不是供给自动创造需求,而是需求能产生出自己的供给"的"凯恩斯定律"。他认为,社会就业量取决于总需求和总供给的均衡状态,如果在短期内生产技术、资本设备的数量和质量、劳动力的数量和技巧等因素为既定,即总供给不变,那么经济调节的重点就应该置于总需求上。当总需求小于总供给时,需求不足就会产生萧条和失业,对此政府应刺激和扩大总需求;当总需

---

①　[英]亚当·斯密:《国民财富的性质和原因的研究》上册,郭大力、王亚南译,商务印书馆1972年版,第11页。
②　李琼主编:《世界经济百科辞典》,经济科学出版社1994年版,第268页。

求大于总供给时,过度需求会导致通货膨胀,此时政府就应该抑制和减少总需求。① 在"凯恩斯定律"的影响下,一些主要资本主义国家纷纷推行国家经济调节,将实现充分就业作为制定经济政策的依据。

尽管对资本主义的经济危机和大规模失业起了一定的缓解作用,但是,"凯恩斯定律"并未能真正解决资本主义社会的根本矛盾。20世纪70年代以来,奉行凯恩斯主义的许多资本主义国家出现了生产增长缓慢、失业人数增多、通货膨胀严重的"滞胀"局面,这是凯恩斯理论所无法解释和解决的。"在这种情况下,一些西方经济学家开始思考宏观经济问题在供给方面的原因,拓展了宏观经济理论的供给分析方法,并从供给管理方面提出一整套的政策建议,形成了供给经济学流派。"②供给经济学派认为,经济学的主要任务是弄清楚什么是影响供给的因素,怎样消除妨碍生产增长的因素,进而如何促进生产增长等。他们重新肯定"供给自动创造需求"的"萨伊定律"的价值,认为应当让市场自动调节经济,政府不能过多地干预经济生活。供给经济学派把个人和企业视为构成经济的基本单位而统称为经济行为体,认为经济行为体会思考、计算和预期未来,对各种经济刺激和诱因有着合理的反映。他们强调政策对经济行为体的生产活动的供给效应,认为政府的任务在于使用税收、社会支出、货币政策、管理体制、管理制度等因素改变、影响和激励人们的经济行为。③ 其实,作为经济运行的共同决定性因素,供给和需求恰似一枚硬币的两面,它们既互相影响、互相制约,同时又相互依存、相互规定。"在要素市场、商品

---

① 李琼主编:《世界经济百科辞典》,经济科学出版社1994年版,第533页。
② 周天勇:《效率与供给经济学》,经济科学出版社1997年版,第11页。
③ 周天勇:《效率与供给经济学》,经济科学出版社1997年版,第12—18页。

市场、货币与金融市场,甚至还有形形色色的衍生证券市场,供给与需求在共同决定着价格,并经由价格机制和其派生机制而进行着稀缺性经济资源的配置。"①

(二)经济学对"有效供给"的理论阐释

正如针对供给与需求存在着"供给创造需求"和"需求创造供给"两种不同的观点一样,市场经济的兴衰缘于"有效供给"还是"有效需求",也是古今经济学学者们颇为争议的话题。斯密认为,在市场上供给的商品存在两种价格,一种是自然价格,另一种是实际价格,即商品的价值和市场价格。他以商品能否按自然价格被需求者接受而划分为有效需求与绝对需求,"愿支付商品的自然价格的人,可称为有效需求者,而他们的需求,可称为有效需求。因为,这种需求也许使商品的出售得以实现。"②而绝对需求是指具有得到某种商品的愿望而无实际购买力的需求。商品的市场价格的高低受供需比例关系支配,主要存在以下三种情况:(1)供给数量不够满足它的有效需求,竞争在需求者中间发生,市场价格高于自然价格。(2)供给数量超过它的有效需求,竞争在供给者中间发生,市场价格下降到自然价格之下。(3)供给数量恰好等于有效需求,市场价格等于或大致等于自然价格。因而,供给者应当主动调节产品的供给量,以适应市场上的有效需求。③ 而凯恩斯则将有效需求不足作为供给过剩现象的主要致因,认为它表现为消费需求不足和投资需求不足这两个相互联系的方面。影响

---

① 尹伯成、华桂宏:《供给学派》,武汉出版社 1996 年版,第 38 页。
② [英]亚当·斯密:《国民财富的性质和原因的研究》上册,郭大力、王亚南译,商务印书馆 1972 年版,第 50 页。
③ 胡培兆:《有效供给论》,经济科学出版社 2004 年版,第 72 页。

消费倾向下降的因素是多方面的,它主要包括可支配收入的大小、意外风险、储蓄利率和税收的变动等客观因素和消费者的心理、对未来收益的预期等主观因素;而消费品市场的有效需求不足会直接导致投资者对资本预期收益缺乏信心,这正是投资需求不足的主要原因。① 供给学派经济学家拉弗(Arthur Laffer)的“拉弗曲线”对增加有效供给的政策途径及其效用给予了一种可能的解释。它基于这样一种理论假设,即政府所征收的税费总额并非总是随着税率的增加而增加,事实上,现实中总是存在着导致政府同样收益的两种税率。当税率为100%时,所有劳动成果都被政府征收,人们便不愿从事商品生产。由于没有什么可供征税,政府的收益便成为零。税率从0增至100%,税收总额相应地从零回归至零。其中,存在一个转折点,在该税率之下,政府的税收随着税率的增加而增加,而一旦越过这一转折点,政府的税收将随着税率的增加而减少。这一关系同样可以用来解释税率与产量之间的关系,高税率达到一定程度后将使产量不断收缩,而低税率则可以使产量不断增加。②

在马克思的经济学说中,尽管未出现过“有效供给”概念,但其对于商品流通过程“W-G-W”的分析中,早已触及这个概念的内涵。马克思指出,商品的第一形态变化“W-G”,即由商品到货币的卖的过程是困难而且有风险的。因为,社会分工使得劳动产品转化为商品,每个生产者只有在市场上才知晓自己的产品是否是社会分工的必要组成部分。某一商品要想为社会所承认,在市场上成为有效供给,至少符合两个条件,即商品必须具有社会所需

---

① 胡培兆:《有效供给论》,经济科学出版社2004年版,第130—133页。
② 尹伯成、华桂宏:《供给学派》,武汉出版社1996年版,第34—37页。

要的使用价值,是货币所有者愿意购买的商品;同时,耗费在商品生产上的劳动量只能限定在社会必要劳动时间之内。① 匈牙利经济学家科尔内(Janos Kornai)认为,传统公有制经济中普遍存在的短缺现象,是由于社会总需求大于总供给所致。由于国家对企业的父爱主义、企业的软预算约束、投资决策对价格无反应等原因,造成社会总需求趋向于无限大,"在资源约束型体制下,短缺不是取决于供给方面,而是取决于需求方面。如果需求总是表现为趋向无穷大,供给可以是任意规模的。如果企业预算并不足够的硬,并且如果又没有经济的力量约束需求的话,就会有这种情况产生。"②科尔内对短缺现象的讨论引发了不少国内学者的思考,有学者认为,"短缺的最终原因不是存在于需求方面,而是存在于供给方面,存在于生产过程之中。"③传统体制下动力机制的不合理,使得企业的内在潜力不能普遍持久地充分激发出来,劳动效率和供给效率提高缓慢甚至停滞不前,因而导致产品和劳动的潜在供给与实际供给之间存在着显著的差异。与此供给主导论相同,有学者提出了"生产决定消费、供给衍生需求、需求依赖供给"的供给理论,认为应当对有效供给范畴作动态、广义的理解,它包括资源配置效率的改进、技术创新与技术资源供给、制度创新与制度资源供给、组织机构、企业家才能以及合理而高效的产

---

① 胡培兆:《有效供给论》,经济科学出版社 2004 年版,第 164—167 页。
② [匈]亚诺什·科尔内:《短缺经济学》,张晓光等译,经济科学出版社 1986 年版,第 56 页。参见周建明:《有效供给不足——对传统公有制经济体制的考察》,上海社会科学院出版社 1992 年版,第 10 页。科尔内将"软预算约束"这个词定义为"成本外部化",即企业希望其他机构来承担其成本;而"硬预算约束"即每一个企业都必须自负盈亏。
③ 胡汝银:《短缺归因论》,《经济研究》1987 年第 7 期。

业结构等。①

　　前已述之,供给和需求是市场经济中互相制约又互相依存的两个方面,有效供给必须是满足有效需求的供给,有效需求也必须是适应有效供给的需求。市场经济的繁荣发展,离不开不断增长的有效供给和有效需求,以及两者在积极发展中的均衡。在需求和供给两种力量的相互作用下,市场上会出现均衡的价格和均衡的数量。"市场均衡发生在供给和需求力量达到平衡的价格与数量的点上。在该点,买者所愿意购买的数量正好等于卖者所愿意出售的数量。"②需求曲线和供给曲线的交点所对应的价格和产量分别为均衡价格和均衡产量,此时,生产者愿意卖出的价格和消费者愿意支付的价格以及生产者愿意供给的数量和消费者愿意买进的数量恰好相等,市场上不存在短缺和过剩。当价格高于均衡点时,供给者愿意出售的商品数量高于需求者愿意购买的商品数量,就会出现供给过剩。反之,当价格低于均衡点时,商品的需求量超过了供给量,就会出现供给不足。当然,静态的均衡价格和均衡产量只是一种理想状态。现实中,生产成本、技术水平、相关物品价格、收入水平等因素的变化会引起需求和供给的变动,从而导致均衡价格和均衡数量发生相应变化。需求变动引起均衡价格与均衡数量同方向变动,而供给变动引起均衡价格反方向变动,均衡数量同方向变动。市场均衡表达了供给和需求在市场经济条件下的自发均衡状态。然而,相对于需求,资源总是稀缺的,技术条件也总是受限的,一个经济体必须对生产什么、如何生产、为谁生产等问

---

① 华桂宏:《有效供给与经济发展》,南京师范大学出版社 2000 年版,第 76—82 页。

② [美]保罗·萨缪尔森、威廉·诺德豪斯:《经济学(第 18 版)》,萧琛等译,人民邮电出版社 2008 年版,第 46 页。

题作出抉择,这关涉到资源的优化配置、生产效率和社会的公平公正。经济学引入了生产可能性边界的概念,它是指"在技术知识和可投入品数量既定的条件下,一个经济体所能得到的最大产量。"①生产可能性边界表示社会对不同物品生产比例可能作出的各种选择,它遵循着帕累托效率或帕累托最优的原则。生产可能性边界之外是不可能达到的,而边界内的各点则表明经济尚未达到有效率的生产。生产可能性边界假设技术状况和投入为既定,事实上,随着投入的增加和技术的改进,生产可能性边界也会发生外移。

二、公共产品有效供给的效率边界

公共产品是与私人产品相对应的一个经济学概念,它属于公共经济学的研究范畴。随着工业化和城市化水平的提高,以及人们收入的增加和生活水平的改善,人们不仅要求物质产品的生产极大丰富,而且对教育、文化、医疗保健、社会福利、基础设施等公共产品的需求也不断增加。并且,随着经济全球化的持续推进,经济活动中的市场关系日益复杂化,外部性问题逐渐凸显。因此,公共产品及其有效供给问题逐渐成为经济学特别是公共经济学的一个重要研究视域。

(一)公共产品理论的发展

公共产品思想的萌芽,最早可以追溯到西方一些古典的政治学和经济学著作里。霍布斯(Thomas Hobbes)将国家定义为"一大

① [美]保罗·萨缪尔森、威廉·诺德豪斯:《经济学(第18版)》,萧琛等译,人民邮电出版社2008年版,第9页。

群人相互订立信约、每个人都对它的行为授权,以便使它能按其认为有利于大家的和平与共同防卫的方式运用全体的力量和手段的一个人格"。① 认为这种建立在社会契约基础之上的国家可以防止外敌入侵、维护社会稳定,从而保障人们通过合法的生产劳动致富。休谟(David Hume)认为,人类是被利益所支配的,具有自利的天性。人性的这一弱点决定了他们往往只考虑到眼前利益,忽视长远利益,或者为了维护个人利益而不惜损害社会普遍利益,因而只有依靠执行正义的政府才能克服个人利益和普遍利益的矛盾,出于公共利益考虑提供公共产品。"政府虽然也是由人类所有的缺点所支配的一些人所组成的,可是它却借着最精微的、最巧妙的一种发明,成为在某种程度上免去了所有这些缺点的一个组织。"②斯密所推崇的自由放任经济思想常为后人称道,然而,人们却很少注意到他对君主或者政府必须履行的公共职责的强调。斯密认为,君主或者政府必须承担的职责主要有:(1)"保护本国社会的安全,使之不受其他独立社会的暴行与侵略"。(2)"保护人民不使社会中任何人受其他人的欺侮或压迫,换言之,就是设立一个严正的司法行政机构"。(3)"建立并维持某些公共机关和公共工程"。他认为,公共机关和公共工程"对于一个大社会当然是有很大利益的,但就其性质说,设由个人或少数人办理,那所得利润决不能偿其所费。所以这种事业,不能期望个人或少数人出来创办或维持。"③他认为,除了国防及司法行政两方面所必需的公共

① [英]霍布斯:《利维坦》,黎思复、黎廷弼译,商务印书馆1986年版,第132页。

② [英]休谟:《人性论》下册,关文运译,商务印书馆1980年版,第579页。

③ [英]亚当·斯密:《国民财富的性质和原因的研究》下册,郭大力、王亚南译,商务印书馆1972年版,第254—284页。

设施和公共工程外,公共设施和公共工程还应当包括与其性质相同的便利社会商业、促进人民教育等其他设施和工程,其中,教育上的设施主要有两种类型:一是关于青年教育的设施,二是关于一切年龄人民的教育的设施,凡此种种公共设施和公共工程所需的费用,应该按照公平和效率的原则,通过政府或者私人妥善地支付。穆勒(John Mill)认为,无论在政治理论中还是实际政治中,人们争论最多的一个问题是,政府的职能和作用的适当界限在哪里。"在试图列举必要的政府职能时,我们发现,必要的政府职能要比大多数人最初想象的多得多,不能像人们一般谈论这一问题那样,用很明确的分界线划定其范围。"政府承担责任和行使职能有助于增进普遍的便利,普遍认可的政府职能具有很广的范围,它主要以增进普遍的便利为目的,"不可能用任何普遍适用的准则来限制政府的干预,能限制政府干预的只有这样一条简单而笼统的准则,即除非政府干预能带来很大便利,否则便决不允许政府进行干预。"政府的存在是为了增加国民的福祉,它应当承担那些私人不愿做或人民无力做的事情,"政府干预实际上并非无论如何不能超出其固有的适用范围。在某一时期或某一国家的特殊情况下,那些真正关系到全体利益的事情,只要私人不愿意做(而并非不能高效率地做),就应该而且也必须由政府来做。"①综上所述,古典的政治学和经济学思想家们从国家或者政府所应当承担的公共职责的角度,对公共产品的供给类型、供给范围和供给方式等方面进行了经典论述,他们认为,为了维护社会的公平正义和正常秩序,基于社会契约基础上建立起来的国家或者政府理应承担起那

①　[英]约翰·穆勒:《政治经济学原理——及其在社会哲学上的若干应用》,胡企林、朱泱译,商务印书馆1991年版,第367、371—372、570页。

些私人不愿提供，但又能够增加整个社会普遍利益的公共产品或者公共服务。古典的政治学和经济学思想家们对于公共产品的这些初始论述反映了早期人们对于公共产品的关注，其中所蕴含的一些思想今天看起来仍不乏借鉴意义。

19世纪80年代，奥地利和意大利的一些经济学者把公共产品的分析建立在边际效用价值论基础之上，①将公共产品思想发展成为一种系统的理论体系。奥地利和意大利的经济学者们认为，公共产品和私人产品在消费和交易上具有不同的特征，但是，无论是私人产品还是公共产品均适合用边际效用理论加以分析。国家与私人之间发生在公共产品的生产和消费上的关系与私人产品的交换关系并没有本质区别，因为，国家提供公共产品同样要面临资源的约束，同样要追求边际效用的最大化。因此，他们将私人产品的市场交易原则运用到对公共产品生产和消费的分析上，试图以此提高社会公共产品的配置效率。针对公共产品需求的隐蔽性以及个人价值标准的不同，他们假定所有的社会成员均是公共产品的消费者，并且个人对公共产品的需求与个人的收入水平成

---

① 19世纪70年代，边际效用学派的出现被认为是经济学爆发的一场革命，因而称之为边际革命。边际革命使经济学从古典经济学所强调的生产、供给和成本，转向现代经济学所关注的消费、需求和效用。边际革命包含两项重要内容，即边际效用价值论和边际分析方法。边际效用价值论认为，价值是由物品的最终效用决定的，而效用则是用以满足人们欲望的程度。它强调以物的最终效用去衡量价值，强调物对人的满足程度。边际分析方法实际上是一种数学分析方法，它认为，财富的增长和人类福利的增进源于经济资源的最优配置，并非一切增量投入都是可取的，只有把增量投入与增量产出联系起来分析才是可取的。在这种理论的影响下，经济学家相继提出了边际生产力、边际成本、边际收益、边际替代率、边际消费倾向等范畴，极大地丰富了经济学研究的内容。参见百度百科："边际革命"，2010年10月31日，见 http://baike.baidu.com/view/1381676.htm。

正比,认为应当通过推测消费者实际消费的数量和效用征收累进税。同样,针对每个人的价值标准的不同,他们还提出了按照每个人的价值标准采用比例所得税的原则,即在尊重公众的共同意愿的基础上,由集体评价并通过集体同意确定税赋的水平。① 在此理论基础上,瑞典经济学者威克塞尔(John.C.K.Wicksell)和林达尔(Erik Robert Lindahl)基于这种个人效用最大化的赋税原则,提出了著名的威克塞尔近似一致同意原则和林达尔模型。威克塞尔认为,国家提供给个人的公共服务的边际正效用应与个人纳税所带来的财富损失的边际负效用相等,国家应当依据利益赋税的原则,按照个人的主观效用评价征税。政治程序的介入能够反映公共产品的真实偏好,这对公共产品的有效提供具有较大作用,理想的政治程序应当是由消费者对若干由预算支出和税收份额组成的选择方案进行投票,政府按照获得一致同意的方案提供公共产品。然而,这种全体一致同意的投票结果的理想状态在现实中是很难达到的,因而他提出了近似一致的原则,即多数同意原则,这一原则为后来的公共选择学者继承和发展。林达尔继承了威克塞尔的思想,并在其基础上使之模型化,建立了所谓的林达尔模型。林达尔模型主要用以分析两个政治上平等的消费者共同分担公共产品成本的问题。在这一模型中,林达尔假定有两个消费者 A 和 B,它们分别代表具有不同偏好的两组选民,消费者 A 和 B 都有一个愿意得到的公共产品数量和愿意承担的税收份额的比例组合。对于同一公共产品而言,消费者 A 承担的公共产品税收份额越多,消费者 B 需要承担的税收份额就越少。为了实现各自对公共产品

---

① 许彬:《公共经济学导论——以公共产品为中心的一种研究》,黑龙江人民出版社 2003 年版,第 13—14 页。

的需求,在考虑到对方利益和意愿的基础上,消费者 A 和 B 会达成一个新的公共产品税收份额承担比例和公共产品产出水平,即公共产品供应的均衡数量以及 A 和 B 各自的均衡税收份额发生在消费者 A 和 B 的两条需求曲线的交点上。① 林达尔模型表明了公共产品供给和需求均衡的存在以及基于公共产品成本分担的差别税率自愿交易的实现,从而论证了从理论上求得公共产品供给效率解的可能性。

首次给出公共产品经典定义并对其进行规范分析的学者是美国经济学家萨缪尔森(Paul A. Samuelson)。萨缪尔森认为,公共产品在消费上具有非竞争性和非排他性,一个人对于公共产品消费的增加不会使其他人对该产品消费的减少,即其效用扩展到其他人的边际成本为零;同时,也不可能将那些未付费的人们排除在公共产品消费领域之外,即付费与否在享有公共产品效用上几乎是无差异的。② 在对公共产品进行定义之后,萨缪尔森还对公共产品的局部均衡和包括所有产品市场在内的一般均衡问题作了分析。而公共选择学派的奠基人布坎南(James M. Buchanan)则认为,萨缪尔森定义的公共产品是"纯公共产品",与其相对的是完全由市场来决定的"纯私人产品"。然而"纯公共产品"毕竟是有限的,现实生活中大量存在的是或者具有非排他性或者具有非竞争性即介于公共产品和私人产品之间的准公共产品。③ "公共物品的这一特性——可以称之为(消费上的)极端非排他性——究

---

① 蒙丽珍主编:《财政学》,中国财政经济出版社 2007 年版,第 47—48 页。

② Paul A. Samuelson, "The Pure Theory of Public Expenditure", *The Review of Economics and Statistics*, Vol. 36, No. 4, 1954, pp. 387−389.

③ James M. Buchanan, *An Economic Theory of Clubs*. Economica, New Series, Vol. 32, Issue 125, 1965, pp. 1−14.

竟是否如此重要，我们对此仍然存有疑问"，事实上，"要使理论分析贴近现实世界中财政制度运转的真实状况，不一定非得要求公共物品的生产或消费具备上述技术特征"。[①] 布坎南将社会产品分为公共产品、俱乐部产品和私人产品三类。依据有无竞争性和排他性，国内外学者一般将社会产品分为纯公共产品、俱乐部产品、私人产品和公共资源四类。

竞争性

	有	无
有 排他性	私人产品	俱乐部产品
无	公共资源	纯公共产品

图 2—1　社会产品依据有无竞争性和排他性的分类

第一类是纯公共产品，它同时具有非竞争性和非排他性。非竞争性是指，在一定范围内的任何人对该类产品的消费都不会影响其他人，新增其他人消费的边际成本为零；非排他性意味着，把其他消费者排除在外，在技术上是无法实现的，或者即使可行成本也异常昂贵，不符合效率原则，如国防安全、环境保护、基础科学、公共行政等。第二类是俱乐部产品，它具有非竞争性，但可以做到轻易排他。这类产品一旦生产或者建设起来，增加一个消费者的

[①] ［美］詹姆斯·M. 布坎南：《公共物品的需求与供给》，马珺译，上海人民出版社 2009 年版，第 34 页。

边际成本几乎等于零,但可以通过技术手段或者收费将不付费的消费者排除在外,如公共桥梁、公共电影院、网络通信服务等。第三类是公共资源。它在消费上具有竞争性但却无法做到有效排他。这些产品的数量一般是既定或者有限的,某些人消费的增加会引起其他人消费的减少,如公共渔场、公共牧场等。俱乐部产品和公共资源产品一般被统称为准公共产品,这类产品往往具有"拥挤性"的特点,即当消费者的数目超过既定范围所许可的量值以后,就会出现边际成本为正的情况,增加消费将会引起原有消费者效用的减少。第四类是私人产品,它兼具排他性和竞争性。对于该类产品,消费者一旦拥有便可以独自享用其效用,其他人不可能同时对它进行消费,如果新增其他人消费就要支付相应的边际成本。市场上销售的各种商品均属此类。

(二)公共产品的有效供给

与一般的私人产品不同,公共产品既不具有竞争性,同时又缺乏排他的技术装置,或者即便具有排他的可能,也不符合效率原则,这就意味着公共产品的提供者无法根据使用者是否付费来决定他是否具有消费的权利而只能免费提供。这样,由于人们普遍相信无论付费与否均能够同样享用该类产品的服务,便会出现某些个人或集团只愿意获得产品收益而不愿意为产品出资的"搭便车"(free ride)问题。由于市场价格机制的失效,追求利润最大化的生产者便失去了产品供给的动机,也就必然导致社会对该类产品供给的不足或者低效。"如果不对非竞争性产品收费,那么该产品的供给就缺少激励。这种情况下,低效率表现为供给不足。"相反,如果对该类产品收费则会阻止一些人享用,但由于其"边际收益为正,边际成本为零",即增加消费并不会增加边际成本,"对非竞争性产品收费反而因消费不足带来低效率"。因此,"与公共物品相关的市场失灵有两种基本形式:消费不足和供给不足。对于非竞争性产品,排他不可取,因为它导致消费不足。但是如果没有排他,供给不足问题又会出现。"①"市场失灵"是相对于一般商品基于市场和价格的自由竞争而形成的资源自发优化配置而言的。"要理解'市场失灵'的最好办法是先理解'市场成功'——即聚集理想化的竞争市场使资源均衡配置达到帕累托最优状态的能力","当情况不符合此项定律的结论时,即市场在资源配置方面是低效率的时候,就出现了市场失灵"。② 除了在公共产品提供方面以外,还存在以下导致"市场失灵"的因素:(1)不完全竞争。帕累托效率只有在完全竞争的市场中才能够实现,然而,现实中的市场总是不完全的,各种垄断力量的存在使得价格及资源配置偏离均衡状态。(2)外部性。正的外部性是私人收益率低于社会收益率;负的外部性是私人成本低于社会成本,有一部分成本转嫁给了社会或别人。外部性的存在使得市场主体在决策时只考虑私人成

---

① [美]约瑟夫·E.斯蒂格利茨:《公共部门经济学》,郭庆旺等译,中国人民大学出版社 2005 年版,第 111 页。"市场失灵"(Market Failure),1958 年,由美国经济学家弗朗西斯·M.巴托(Francis M.Bator)提出。斯蒂格利茨把市场失灵区分为两种:"新的市场失效是以不完全信息、信息的有偿性以及不完备的市场为基础的;而原始的市场失效是与诸如公共物品、污染的外部性等因素相联系的。这两种市场失效之间主要存在两点差别:原始的市场失效在很大的程度上是容易确定的,其范围也容易控制,它需要明确的政府干预。由于现实中所有的市场都是不完备的,信息总是不完全的、道德风险和逆向选择问题对于所有市场来说是各有特点的,因此经济中的市场失效问题是普遍存在的。"参见[美]约瑟夫·E.斯蒂格利茨:《社会主义向何处去——经济转型的理论与证据》,周立群等译,吉林人民出版社 1998 年版,第 48—49 页。

② [美]彼得·纽曼等编:《新帕尔格雷夫货币金融大辞典》第 2 卷,胡坚等译,经济科学出版社 2000 年版,第 634 页。

本和收益,而不关心社会成本和收益,从而导致整个社会资源配置的失衡。(3)不完全市场。完全市场会提供所有的产品和服务,且成本低于个人的支付意愿。事实上,有些产品或服务如失业保险、医疗保险等以及一些交易成本和经营风险较高的产品是私人市场所不愿意提供的。(4)不完全信息。市场均衡是以完全竞争为基本假设的,其中的一个重要条件是信息充分,但是现实中却普遍存在着信息不完全和不对称。(5)失业和其他宏观经济扰动。经济危机引起的周期性失业和通货膨胀,以及政府对经济活动的政策干预等也会导致市场失灵现象的发生。①

市场失灵现象的发生为政府干预提供了必要的理由。既然仅仅通过市场提供公共产品会发生供给的低效率,那么,私人部门不愿供给的一些产品只能依靠公共部门来提供。但是,"市场导致缺乏效率和不公平的情况并不意味着可以推论政府干预必然导致情况的改善",这种推论就好像"皇帝对两个乐手的比赛作出这样的判决:只听了第一个乐手的演奏(感到不满意)就将奖杯授予第二个乐手。"②政府干预对于纠正市场供给的缺陷并不总是有效的,在某些情况下反而会扭曲正常运行的市场机制,导致无效率供给或者过度供给的产生,或者即便政策目标是成功的,但却产生了一些负的外部性。与"市场失灵"一样,"当国家干预不能提高经济效率或收入再分配存在不公平时",③便会产生新的"政府失

① [美]约瑟夫·E.斯蒂格利茨:《公共部门经济学》,郭庆旺等译,中国人民大学出版社 2005 年版,第 66—73 页。
② [美]阿特金森、[美]斯蒂格利茨:《公共经济学》,蔡江南等译,三联书店上海分店 1992 年版,第 11 页。
③ [美]保罗·萨缪尔森、威廉·诺德豪斯:《经济学(第 18 版)》,萧琛等译,人民邮电出版社 2008 年,第 281 页。

灵"(government failure)现象。"政府失灵"的发生可以归纳为以下原因:(1)不完全信息。不完全信息不仅存在于私人产品市场当中,它同样是公共部门需要面对的问题之一。"政府想要弄清楚公共福利资助是否只提供给了那些真正需要它的人。但是,要将那些值得获得福利资助的人与那些不值得获得福利资助的人区分开,是一件耗费相当大的事。"①公共产品供给数量和结构的均衡仰仗于政府对有效信息的充分占有,而无论信息的搜集还是整理都恰恰是异常困难且需要耗费较多成本的。(2)效率的缺乏。公共部门普遍存在的"竞争机制和约束监督规则的缺失"、"任何亏损都由政府补贴的软预算约束"、"委托—代理设计中激励结构的缺失",以及"为规避风险而遵循按部就班的繁琐程序"等,使得它常常是"X 无效率"的。② 因为,"官僚机构可能是承受竞争压力最小的一种组织,能够免受各种组织所遭受的市场压力",而且,"由于缺乏竞争,我们可以预期,单位成本或价格会远远高于成本最小化所允许的限度"。③ 由于同样是追求自身利益最大化的"经济人",在缺乏明确绩效评估监督制度的情况下,他们便会借用手中的特权进行"寻租"。(3)偏好加总的困境。当政府依据公众对公共产品的个人偏好征税时,理性的消费者将隐瞒或者减少自己

---

① [美]斯蒂格利茨:《经济学》上册,梁小民等译,中国人民大学出版社 2000 年版,第 146 页。

② [美]约瑟夫·E.斯蒂格利茨:《公共部门经济学》,郭庆旺等译,中国人民大学出版社 2005 年版,第 169—173 页。X 无效率,也译为"X 非效率"或"X 低效率",1966 年,由美国经济学家哈维·莱宾斯坦(Harvey Leibenstein)提出,他把并非由资源配置失调引起的低效率称之为"X 低效率",之所以把它称为"X 低效率",是因为当时并不知道这种低效率的真正来源,后研究发现,它实质上是一种与人的动机或者企业结构有关的低效率。

③ [英]简·莱恩:《新公共管理》,赵成根等译,中国青年出版社 2004 年版,第 83 页。

对公共产品的偏好,这往往会由于边际税额不足以等同于边际收益而导致公共产品供给数量不足。相反,如果政府并非出于征税目的,而是为了获取社会对某公共产品的需求量从而决定其供给量而向社会征集公众偏好时,人们就会由于希望得到更多的公共产品收益而夸大其边际偏好,从而导致公共产品供给过多。① 公共部门的集体决策很难做到不同群体之间偏好和利益的平衡。

公共产品所具有的消费上的不可分割性和不可排他性使得生产或者购买公共产品的人无法阻止其他人对该公共产品的消费,这种"搭便车"现象的存在使得人们不愿购买或者提供公共产品,从而导致社会上公共产品的供给不足。而政府对于公共产品的提供也会因为不完全信息的存在、效率的缺乏、偏好加总的困难等原因,导致公共产品供给的过度或者低效。但是,公共产品供给中"市场失灵"和"政府失灵"现象的存在均是基于市场或者政府单一供给主体的理论假设为前提的,它们把市场和政府置于二元对立的立场上,忽视了二者在公共产品供给中可能存在的协调配合。"不要把'市场'与'政府'对峙起来,而应该是在二者之间保持恰到好处的平衡,因为有可能存在许多的中间形态的经济组织(包括那些以地方政府、合作社等为基础的中间形态)。"②美国学者奥斯特罗姆(Elinor Ostrom)认为,应当"把整个体制看成是互动的公共机构构成的体制,而不是由一个人控制的单一的体制。把公共

---

① 洪银兴、刘建平主编:《公共经济学导论》,经济科学出版社 2003 年版,第93 页。
② [美]约瑟夫·E. 斯蒂格利茨:《社会主义向何处去——经济体制转型的理论与证据》,周立群等译,吉林人民出版社 1998 年版,第303 页。

当局看作是一个多元的体制,而不是单一的。"①"多中心"一词是由波兰尼(Michael Polanyi)率先提出的。公共产品"多中心"供给是指由政府部门、私人部门、公益机构等组成的上下互动的供给体制。"'多中心'意味着有许多在形式上相互独立的决策中心",它们"在竞争性关系中相互重视对方的存在,相互签订各种各样的合约,并从事合作性的活动,或者利用核心机制来解决冲突。"②在这种"多中心"供给格局下,政府公共部门内部及其他相关利益主体之间均保持着一种互相调适、既竞争又合作的博弈关系,从而为实现公共产品的有效供给提供了一种可能的效率解。

除了在供给主体上具有不同于私人产品的特殊性以外,公共产品供给与需求之间的有效契合也相异于市场上私人产品基于价格机制的自发均衡。"当(所有人的)边际替代率之和等于边际转换率时,纯公共物品的供给是有效率的。"③边际替代率和边际转换率均是在公共产品和私人产品之间相对而言的,边际替代率意味着每个人为了多得到 1 单元公共产品而愿意放弃的私人产品的数量;边际转换率则是指每个人为了多得到 1 单元公共产品而实际不得不放弃的私人产品数量。由于公共产品一旦提供出来每个人都要消费且消费的数量相同,因而可以通过将个体的支付意愿加总而得出的社会总支付意愿作为社会对公共产品的集体需求,即如果将社会中不同个体对某公共产品的需求表达为若干需求曲

---

① [美]埃莉诺·奥斯特罗姆等:《公共服务的制度建构——都市警察服务的制度结构》,宋全喜、任睿译,上海三联书店 2000 年版,中文版译序,第 5 页。
② [美]埃莉诺·奥斯特罗姆等:《公共服务的制度建构——都市警察服务的制度结构》,宋全喜、任睿译,上海三联书店 2000 年版,中文版序言,第 11—12 页。
③ [美]约瑟夫·E.斯蒂格利茨:《公共部门经济学》,郭庆旺等译,中国人民大学出版社 2005 年版,第 120 页。

线,社会对该公共产品的集体需求曲线就应为每个人需求曲线的垂直相加。公共产品集体需求曲线与供给曲线的交点处的产出水平即是符合帕累托效率的有效供给。当然,这只是一种理想化的理论假设,事实上,"公共物品水平的决策是由政府公共作出的",因而"生产是否在该点进行取决于政治程序的性质"。① 由于公共产品供给的成本损耗必须通过征税的融资方式予以弥补,在负向激励和交易成本客观存在的前提下,现实中人们为了多获得 1 单元公共产品实际需要放弃的私人产品的数量往往超过理想情境下其所应当放弃的数量。因此,社会对于公共产品和私人产品的供给常常表现为位于理论上的生产可能性边界之内的可行性曲线。② 可见,要想实现公共产品的有效供给,就应当尽量减少公共行为所带来的负向激励效应和不必要的交易成本,使得可行性曲线趋于生产可能性边界所表达的水平。

三、公共性职业教育培训供给的"有效"诉求

公共性职业教育培训是一种公共产品,它既像其他公共产品一样,遵循着供给和需求、有效供给和有效需求的矛盾运动规律,同时又有着不同于一般公共产品供给的特殊性。这主要是因为,公共性职业教育培训提供的产品是人以及凝聚在人身上的人力资本,与社会生产、生活有着密切的联系。这不仅决定了公共性职业教育培训供求的复杂性,而且还注定了公共性职业教育培训有效

① [美]约瑟夫·E.斯蒂格利茨:《公共部门经济学》,郭庆旺等译,中国人民大学出版社 2005 年版,第 123 页。
② [美]约瑟夫·E.斯蒂格利茨:《公共部门经济学》,郭庆旺等译,中国人民大学出版社 2005 年版,第 125—126 页。

供给的独特理论内涵、构成要素和判定标准。

（一）公共性职业教育培训的供给和需求

在教育学领域,学者们将经济学中的供给和需求这一对范畴引入到对教育活动的分析中,提高了教育理论的解释力和预测力,但是,学者们对于教育供给和需求的理解并不完全相同。有学者将教育供给理解为教育机构提供教育产品的能力,认为教育供给是指"在一定时期内,一定的单位教育成本下,教育机构所能提供的教育,表现为教育机构培养一定数量、质量、结构劳动者的能力。"①有学者将教育供给理解为一种教育机会的提供,认为教育供给是指"一定社会为了培养各种熟练劳动力和专门人才,促进经济、社会和个体的发展,而由各级各类教育机构在一定时期内提供给学生受教育的机会。它包括'广义'和'狭义'两个方面。狭义的教育供给是指正规教育机构(诸如普通大、中、小学等)提供的教育机会;广义的教育供给还包括许多非正规教育机构(诸如成人教育、职业教育、在职培养等)所提供的教育机会。"②该观点将教育供给的形成理解为教育机会的现实构成,认为从社会劳动总量和国民收入中分割出来的教育投资是教育供给形成的物力和财力保障,而教育机构是教育供给形成的场所。教育投资和教育机构共同构成教育供给即教育机会的形成。有学者认为,当前国内一般倾向于将教育供给和教育需求理解为教育机会的供给和需求,这只是发生在教育过程的起点的教育供求,它忽视了发生在教育过程的终点的教育供求即教育产品供求。与教育过程起点的教

① 王善迈:《教育投入与产出研究》,河北教育出版社 1996 年版,第 321 页。
② 范先佐:《教育经济学》,人民教育出版社 1999 年版,第 141 页。

育机会供给相比较,教育过程终点的教育产品供求与经济社会发展的联系更为直接和密切,只有当教育产品的供给和需求达到基本均衡时,教育才能发挥促进经济社会发展的作用。"无论从理论上还是从实践上看,教育供求都应包括教育机会供求和教育产品供求两个不可或缺的部分。"①该观点将教育机会供给定义为各级各类学校愿意而且能够提供的教育机会的数量。教育机会供给的主体是各级各类学校,教育机会供给的内容为教育机会;而教育产品供给则是指各级各类教育毕业生愿意并且能够提供的人力资本数量。教育产品供给的主体是各级各类教育毕业生,教育产品供给的内容是人力资本。与学者们在教育供给概念的理解上存在着较多分歧不同,国内学者对于教育需求概念的界定基本趋于一致,即认为教育需求是指"国家、社会、企业和个人对教育有支付能力的需要"。② 所不同的是,与前述将教育供给理解为由教育机会供求和教育产品供求两部分组成相一致,该观点同样将教育需求理解为教育机会需求和教育产品需求。教育机会需求指个人愿意而且能够购买的教育机会的数量。教育机会需求的主体是社会和个人,需求的对象为教育机会;教育产品需求指社会上的各用人单位愿意而且能够购买的各级各类教育产品的数量。教育产品需求的主体是社会上的用人单位,教育产品需求的对象是凝聚在各级各类教育毕业生身上的人力资本。③

① 吴克明:《教育供求新探》,《教育与经济》2001 年第 3 期。
② 范先佐:《教育经济学》,人民教育出版社 1999 年版,第 145 页。参见王善迈:《教育投入与产出研究》,河北教育出版社 1996 年版,第 317 页。曲恒昌、曾晓东:《西方教育经济学研究》,北京师范大学出版社 2000 年版,第 52 页。
③ 吴克明:《教育供求新探》,《教育与经济》2001 年第 3 期。

以上学者分别从不同侧面对教育供给和教育需求进行了界定,从一定程度上揭示了教育供给和教育需求的本质内涵。将教育供给界定为"教育机构所能提供的教育"较为全面地概括了教育供给的内容,但是这一定义将教育机构作为教育供给的主体,只考虑到了中观意义上的直接供给主体,而忽视了作为公共产品供给终极主体的国家在教育供给中的主导责任。此外,将教育供给的表现形式概括为"教育机构培养一定数量、质量、结构劳动者的能力"也只是基于教育供给的最终产品形态意义上的一种理解。将教育供给界定为"教育机构提供的受教育机会"的观点考虑到了教育供给是一定社会为了满足人才培养的需要而通过各级各类教育机构向个体提供的教育机会,但是将教育供给仅仅理解为教育机会的供给似乎有失偏颇。将教育供给理解为教育机会供给和教育产品供给的观点虽然在一定程度上较前者更为全面,但是,这一观点将教育产品供给理解为各级各类教育毕业生愿意而且能够提供的人力资本数量,似乎已经超出教育供给的范畴而泛化为一种劳动力供给。同样,对于教育需求作教育机会需求和教育产品需求的划分也似乎没有必要,因为,这主要涉及教育产品需求的层次问题,即教育需求可以分为国家、用人单位、个人教育需求等。学者们将教育需求作为"对教育有支付能力的需要"的界定主要沿袭了经济学对于需求的定义,但是,相对于一般商品,人们对于教育产品需求的表达及其实现机制更为复杂,它不仅表现为"支付能力",还应当涉及"支付意愿"的问题。因此,本书认为,教育供给是指在一定时期内,某一国家或者地区及其范围内的各级各类教育机构向社会或者个人提供的教育形态,它具体表现为宏观意义上的教育制度、政策、法规等,以及微观意义上的教育数量、质量、结构、类型等。而教育需求是指在一定时期内,某一国家、企业或者个人对于教育有支付能力和支付意愿的需要。

公共性职业教育培训的供给是指在一定时期内，为了满足社会经济发展对于技能劳动者的要求，同时为了维护社会的公平正义，一个国家或者地区运用公共权力和公共资源，通过制订有关教育制度、政策、法规等，向社会基层劳动者或者社会弱势群体提供的公共性职业教育培训的数量、质量、结构、类型等。公共性职业教育培训的提供者包括政府部门、企业、私人部门、非营利组织等，其中政府是公共性职业教育培训供给的主体。公共性职业教育培训供给主体的选择及其数量、质量、结构、类型的形成取决于政府部门制订的有关教育制度、政策、法规，最终则受制于一个社会的经济、政治、文化等多种因素。首先，公共性职业教育培训的供给与一个社会的经济发展水平和产业结构类型息息相关。在一个经济发展水平相对较低，生产劳动对技术的依赖程度相对较小的社会，公共性职业教育培训的供给会相对较少，而产业结构的类型则决定着公共性职业教育培训的结构、类型等。其次，公共性职业教育培训的供给还取决于政府、企业、私人部门、个人等教育资源投入的多少。政府投入教育资源的多少取决于政府所拥有的可支配资源的数量及其在各部门间的分配，这与政府财政收入和对教育的重视程度有关。企业、私人部门、个人等对教育资源投入的多少则取决于单位教育成本与教育收益的比较，当单位教育的收益大于教育成本，或者说教育的边际收益率增加时，它们就会增加对教育的投资。再次，公共性职业教育培训的供给还受到国家政治制度和政府执政理念的影响。公共性职业教育培训供给主体的选择、供给制度的形成以及供给的数量、结构、类型等体现着一个国家或者社会的教育选择，而这种教育选择本质上是一种政治选择。国家要为所有社会成员提供均等的教育机会，同时还要满足社会及其成员对教育的多元化需求,尊重个体兴趣和社会文化的多样性,然而,"考虑到财政上的困难,不得不以最佳方式来分配资金,以使数量与针对性、公正与质量相互平衡。由于缺少一种最佳的分配模式,资金的分配尤要明确体现与每个社会为其经济、社会和文化发展而作出的决断相符的集体选择。"①这种集体选择不仅具有经济、社会和文化上的意义,同样具有一定的政治意义,因为,"每个有关教育的重大决策都是一项政治行动——是消除对峙的利益和目的间的紧张形势的权威性措施,是决定一项共同政策以及消除对抗派别间紧张形势必不可少的行动。"②最后,公共性职业教育培训的供给还与一个国家的文化传统特别是教育传统密切相关。在一个特别强调学历的社会中,正规学校系列中的普通教育往往受到人们的重视和青睐,公共性职业教育培训的供给会遭到相对冷遇。

公共性职业教育培训的需求是指在一定时期内,某一国家、企业或者个人对于公共性职业教育培训有支付能力和支付意愿的需要。国家、企业或者个人对于公共性职业教育培训的需要可能是多方面的,但是,这种需要必须同时满足两个条件才能真正形成公共性职业教育需求。一方面,国家、企业或者个人对于所需要的公共性职业教育培训必须具有一定的支付能力。公共性职业教育培训是一种人力资本投资,涉及广大基层劳动者和社会困难群体,无论采用政府公共部门、私人部门还是非营利组织提供的方式,它的有效运行必须建立在充分的经费投入的基础之上。因而,国家、企

---

① 联合国教科文组织编:《教育——财富蕴藏其中》,教育科学出版社 1996 年版,第 150 页。

② [法]雅克·哈拉克:《投资于未来——确定发展中国家教育重点》,尤莉莉、徐贵平译,教育科学出版社 1993 年版,第 73 页。

业或者个人对于公共性职业教育的需求应当是一种基于一定支付能力之上的需要。也就是说，公共性职业教育培训的需求必须与国家、企业或者个人对于公共性职业教育培训的支付能力相适应；另一方面，国家、企业或者个人对于所需要的公共性职业教育培训还必须具有相应的支付意愿。公共性职业教育培训是一种公共产品，具有较强的正向外部性，公共性职业教育培训的这种溢出效应常常使得其投资者并不是唯一的受益者，或者并不能完全收回投资所带来的收益，因而人们往往不愿为之支付。因此，公共性职业教育培训的需求不仅是一种国家、企业或者个人对于公共性职业教育培训有支付能力的需要，而且还必须是一种有支付意愿的需要。从公共性职业教育培训需求的主体上来讲，它主要体现为个人需求、企业需求和国家需求三个层面。

首先，个人出于提高自身在劳动力市场竞争能力、谋求更多就业机会、提高薪酬水平等方面的目的，对公共性职业教育培训产生基于一定支付能力基础之上的支付意愿。影响个人对公共性职业教育培训的需求的因素主要有个人已有的教育程度和技术水平、家庭的经济条件、接受公共性职业教育培训的成本及其预期收益等。一般而言，已有教育程度越高的个体越容易产生对公共性职业教育培训的需求。但是，已有技术水平较低的个体，由于缺乏一技之长，出于谋求就业机会的需要，也往往会对公共性职业教育培训产生较强需求。在公共性职业教育培训不完全免费的情况下，个体的家庭经济条件是影响其公共性职业教育培训需求的主要因素之一，贫困家庭的个体对于公共性职业教育培训的需求会受到一定程度上的制约。此外，个体接受公共性职业教育培训的成本及其预期收益也影响着其对公共性职业教育培训的需求。公共性职业教育培训的成本不仅包括个体投资于公共性职业教育培训之上的直接费用,而且包括由此带来的机会成本、时间成本等间接费用,而公共性职业教育培训最终能够带给个体多大程度上的超出这些成本的教育培训收益是影响个体对于公共性职业教育的需求的直接因素。其次,企业出于雇佣不同层次和种类劳动力、适应不断进行的技术更新以及提高企业生产绩效的需要,对公共性职业教育培训产生基于一定支付能力基础之上的支付意愿。影响企业对公共性职业教育培训的需求的因素主要有市场上劳动力的供求状况、企业的技术更新水平、公共性职业教育培训的边际收益等。当市场上具有一定技术水平的劳动力的供给基本满足企业需求时,在缺乏公共性职业教育培训投资义务刚性约束的情况下,企业一般不会形成对公共性职业教育培训的强烈需求。企业的技术水平也是影响其对公共性职业教育培训需求的重要因素。在技术创新缓慢的情况下,企业多半属于劳动密集型,雇佣一般劳动力即能完成生产任务,便不会对公共性职业教育培训产生强烈需求。此外,企业对于公共性职业教育培训的需求还取决于其投资于公共性职业教育培训所可能带来的边际成本和边际收益的对比,只有在边际收益高于边际成本的情况下,企业才会形成对公共性职业教育培训的较强需求。最后,国家出于社会经济发展、经济结构转型对于各种类型劳动力的需求以及维护社会公平正义的需要而对公共性职业教育培训产生基于一定支付能力之上的支付意愿。影响国家对于公共性职业教育培训的需求的因素主要包括社会经济发展水平、产业结构类型、政府的执政理念等。国家的社会经济发展水平不仅决定为公共性职业教育培训提供财政、资源和人力基础的力度,而且持续的经济发展和不断的技术更新对于各种类型劳动力的需求也刺激着国家对于公共性职业教育培训的强烈需求。而产业结构的类型也影响着国家对于公共性职业教育培训的需求结构,产业结构的变化带来的是社会各行各业对于不同层次和不同类型劳动力的需求。此外,国家对于公共性职业教育培训的需求还受到政治因素的显著影响,因为,国家不能仅仅遵循经济发展的原则,而且还要从维护社会公平正义、保障社会成员的生存权和发展权等方面考虑公共性职业教育培训的需求。

(二)公共性职业教育培训有效供给的构成要素

正如市场上一般商品所遵循的供给和需求的矛盾运动规律一样,教育供给和教育需求也密不可分。一方面,教育供给和教育需求是内在一致的,彼此互为条件。有教育需求就会形成教育供给,教育供给应当满足教育需求;另一方面,教育供给和教育需求也相互制约、相互影响。社会上教育供给和教育需求之间的矛盾,既可能缘于教育有效需求不足或者教育无效需求,也可能缘于教育有效供给不足或者教育无效供给。

首先,教育需求是教育需求主体对于教育有支付能力和支付意愿的需要,这表明教育具有投资和消费双重属性,教育需求可以分为教育的消费需求和教育的投资需求两部分。"所谓教育有效需求,是指教育总供给价格和教育总需求价格达到均衡时的总需求(即教育的消费需求与投资需求的总和)。教育的消费需求是指需求主体出于心理的和精神的,或意识形态和伦理规范等方面的原因而产生的对教育有支付能力的需要;教育的投资需求是指需求主体基于未来职业和未来收入能力,或劳动者职业适应能力的目的而形成的对教育有支付能力的需要。"①教育的消费需求反

---

① 吴超林:《中国教育有效需求不足之经济分析》,《学术研究》1992 年第 3 期。

映的是教育需求主体对于教育有支付意愿的需要,教育的投资需求反映的是教育需求主体对于教育有支付能力的需要。教育有效需求不足既包括教育消费需求不足也包括教育投资需求不足,即它既表现为教育需求主体有支付意愿却无支付能力,也表现为教育需求主体有支付能力而无支付意愿。教育有效需求不足表现为,一方面教育供给的价格超过教育需求主体的支付能力,教育需求主体虽然具有购买意愿却因无力支付而不得不放弃对教育的实际需求;另一方面教育需求主体虽然具有对教育供给价格的支付能力,但是,由于接受教育不仅需要支付一定数量的直接成本而且还要付出一定的机会成本、时间成本等间接成本,缘于教育成本和教育收益的理性核算,教育需求者自行放弃对教育的实际需求。教育的无效需求表现为,教育的供给价格低于教育的需求价格,教育需求者同时具有一定的教育支付能力和支付意愿,但是由于教育需求过度膨胀,超出了教育供给可能承受的合理范围而无法实现。其次,教育有效供给是与经济社会发展相适应,满足了各种教育有效需求的教育供给。与之相反,未能很好地适应经济社会发展对于各类人才的需求,也不能很好地满足社会成员对于各级各类教育的实际需求的教育供给则只能称之为教育有效供给不足或者教育无效供给。教育有效供给不足表现为国家及其各级各类教育机构提供的各种教育机会少于人们的实际教育需求,或者国家及其各级各类教育机构提供的各种人才不能满足经济社会发展对于人才的实际需要,从而形成教育供求矛盾上的教育绝对性供不应求。教育无效供给具体表现为教育供给过剩和教育不良供给两种情况。教育供给过剩表现为国家及其各级各类教育机构提供的各种教育机会超过人们的实际教育需求,或者国家及其各级各类教育机构向社会提供的各种人才超出了经济社会发展对于人才的实际需要,从而形成教育供求矛盾上的绝对性教育供过于求。教育的不良供给表现为,一方面国家及其各级各类教育机构提供的教育机会过剩,另一方面人们的实际教育需求却得不到满足;或者一方面国家及其各级各类教育机构向社会提供的某些人才在社会上无用武之地,另一方面社会上的一些职位却出现人才空缺,从而形成在教育供求矛盾上的相对性教育供给过剩或者不足。① 可见,尽管教育有效供给可以概而言之为与经济社会发展相适应,满足各种教育需求的教育供给,但是,这种适应和满足不是机械或者被动的,而应当是积极和主动的适应、满足和引领经济社会的发展对于各类人才的需要以及人们对于各级各类教育的有效需求,这不仅因为教育具有一定的周期性而应当遵循适度先行原则,而且缘于教育有效供给是以教育有效需求为基础的,教育有效供给的实现不仅意味着教育供给的增加,同时还意味着教育需求的充分激活。同时,教育有效供给对经济社会发展和各种教育需求的适应和满足也不仅仅是一种数量上的适应和满足,由于教育供给和需求的矛盾运动是以凝聚在个体身上的人力资本为中介的,这种人力资本的实现必须通过市场上劳动力的交换活动才能得以完成,并且与特定的职业、岗位以及工资报酬等相联系,因而教育有效供给对经济社会和各种教育需求的适应和满足还表现在教育供给的结构、质量等方面上。此外,作为一种公共产品或者公共服务,有效的教育供给还必须充分体现其在缩小贫富差距、调整利益分配格局、维护社会公平正义等方面的利益调适功能,即教育有效供给还必须兼顾到公平和效率。

公共性职业教育培训的有效供给是指在一定时期内,一个国

---

① 叶忠:《略论教育的有效供给》,《教育评论》2000 年第 3 期。

家或者地区及其各级各类教育机构运用公共权力和公共资源,向社会基层劳动者或者社会特定群体提供的公共性职业教育培训不仅在数量、质量和结构上满足个人、用人单位和社会有支付能力和支付意愿的教育需求,而且同时符合公平和效率原则。公共性职业教育培训的有效供给涉及公共性职业教育培训供给的数量、质量、结构、公平和效率五个方面,那么,如何判断公共性职业教育培训在这些方面供给的有效性便成为一个不容回避的问题。布坎南在阐述公共产品供给和需求研究的方法论时认为,新古典经济学为人们提供了一套分析私人产品供给和需求的理论体系,借助于这些理论人们可以回答应该生产何种产品和服务、资源应当如何配置才能实现生产、最终产品和服务应当如何分配等常见问题。但是,"适用于私人物品经济的效率条件具有规范含义。当然,颇具情感色彩的'效率'和'最优'等语汇的特定用法,本身也强化了这种观念。"实证理论和规范理论之间的界限并非是泾渭分明的,即便在严格的私人产品理论中,企图将两者截然分开的想法有时也难以实现,然而,"一旦引入公共物品的供求,就更加难以维持实证理论与规范理论之间的界限。"①因为,通常的帕累托最优条件是由构成经济理论的一系列假说推导出来的,这些推论本身只是种种推测,本质上属于实证经济理论的研究范畴,但是,这一结果是否与制度设计或者政治意愿相符,却只能是一种规范经济理论的研究范畴或者一种政治选择的结果。可见,对于公共性职业教育培训有效供给的衡量,不仅仅是确立怎样一个科学标准的问题,在某种程度上它同时也依赖于人们作出的价值判断。与公共

性职业教育培训有效供给五个方面的构成要素相适应,公共性职业教育培训有效供给的衡量应当符合数量均衡、质量满意、结构合理、公平优先、兼顾效率五项原则。

第一,数量均衡原则。公共性职业教育培训的供给主体是国家及其各级各类教育培训机构,其需求主体包括国家、企业和个人,但三者对于公共性职业教育培训的需求具有不同的层次性和指向性。国家对于公共性职业教育培训的需求主要体现在个人和企业的需求上,而个人对公共性职业教育培训的需求主要表现为对公共性教育培训机会的需求,企业对公共性职业教育培训的需求则主要表现为对公共性职业教育培训形成的人力资本的需求。因此,公共性职业教育培训有效供给的数量均衡原则包括公共性职业教育培训机会供给数量的均衡和公共性职业教育培训形成的人力资本供给数量的均衡两部分。公共性职业教育培训机会供给数量的均衡是指国家及其各级各类教育培训机构提供的公共性职业教育培训机会在数量上满足了个人对于接受公共性职业教育培训机会的需求。公共性职业教育培训形成的人力资本供给数量的均衡则是指国家及其各级各类教育培训机构通过公共性职业教育培训培养的具有一定技术水平的劳动力在数量上满足了企业对于技能劳动者的需求。

第二,质量满意原则。与数量均衡原则一致,公共性职业教育培训有效供给的质量满意原则既包括个人对于国家及其各级各类教育培训机构提供的公共性职业教育培训服务质量的满意,也包括企业对于国家及其各级各类教育培训机构通过公共性职业教育培训培养的劳动力质量的满意。前者主要表现在公共性职业教育培训的课程设置、教学条件、师资状况、就业服务等方面,后者则主要表现为接受公共性职业教育培训后的劳动者的技能水平、综合素质、工作表现等方面。

第三,结构合理原则。公共性职业教育培训有效供给的形成既要在数量和质量上满足个人、企业对公共性职业教育培训服务和技能劳动者的需要,同时也要满足一个国家或者地区经济社会发展对于不同层次、不同等级和不同类别劳动力和专门人才的需要。公共性职业教育培训结构是否合理既是公共性职业教育培训有效供给的重要标志,也是公共性职业教育培训有效供给形成的主要因素。公共性职业教育培训的结构主要包括类别结构、层次结构、地区结构等。公共性职业教育培训的类别结构是指公共性职业教育培训培养的不同专业类别或者不同职业类别的劳动者的比例关系;层次结构是指公共性职业教育培训培养的包括初、中、高级不同技术水平的劳动者的比例关系;而地区结构则是指公共性职业教育培训在不同地区之间、城乡之间的分布比例。公共性职业教育培训的结构与一个国家或者地区的经济结构、产业结构、技术结构、就业结构等密切相关。合理的公共性职业教育培训结构应当做到在类别结构、层次结构、地区结构等方面与本国或者本地区的经济结构、产业结构、技术结构、就业结构等相适应。

第四,公平优先原则。随着社会民主化进程的持续推进,教育机会均等、教育平等、教育公平逐渐成为人们讨论教育问题时不可回避的关键词。美国学者科尔曼(James Coleman)认为,教育机会均等的观念最初是根据"享受免费的教育"、"进入同样的学校"、"学习同样的课程"的程度来确定的。然而,一方面,免费教育并没有从根本上消灭教育机会不均等的经济根源,因为,它并不意味着教育成本对于来自任何经济水平家庭的受教育者都同样为零,对于一些家庭特别是贫困家庭来说,劳动对于他们的家庭生活来说是一件必不可少的事情;另一方面,普通教育机会的扩大表面上看似增加了人们获得教育的机会,但是,它在为上层阶级打开机会之门的同时,却再次把下层阶级拒之门外,因为这种为上层阶级子女提供升学机会的普通教育阻碍了劳动阶级子女获取职业的机会,因而并没有真正实现教育机会的均等。科尔曼通过对五种类型的教育机会不均等的界定阐述了他的教育机会均等观。第一种类型的教育机会不均等表现为教育投入的差异,如生均费用、校舍、图书馆、教师素质等。依据这一界定,教育机会均等就意味着实现教育资源投入的均等。第二种类型的教育机会不均等表现为学校的种族构成,即由于种族隔离带来的不均等。依据这一界定,教育机会均等就意味着消除种族隔离制度和学校种族构成的差异。第三种类型的教育机会不均等表现为学校中存在的一些无形的教育因素的影响,如教师的德行、教师对学生的期望、学生在学习上的兴趣水平等。依据这一界定,教育机会均等就意味着消除学校中这些导致教育机会不均等的无形因素。第四种类型的教育机会不均等表现为学校中背景相同和能力相同的受教育者教育结果的差异。依据这一界定,教育机会均等就意味着教育结果均等的实现,包括学业成就、学习态度、自我意向和其他变量等不同要素。第五种类型的教育机会不均等表现为学校中具有不同背景和不同能力的受教育者教育结果的差异。依据这一界定,教育机会均等就意味着要使来自不同民族、不同宗教派别的群体获得相同的教育结果。① 瑞典教育学者胡森(Torsten Husen)认为,就个体而言,"平等"具有三个方面的含义,它可以指个体的起点,也可以指中介性的阶段,还可以指最后目标,或者这三方面的内涵兼而有

---

① [美]詹姆斯·科尔曼:《教育机会均等的观念》,何瑾译,载张人杰主编:《国外教育社会学基本文选》,华东师范大学出版社 1989 年版,第 176—192 页。

之。他认为,教育平等首先意味着每个人都有不受任何歧视地开始学习生涯的机会。同时,教育平等还意味着以各种不同但以平等为基础的教育方式对待来自不同种族、具有不同社会和家庭背景的每一个受教育者。此外,教育平等还意味着教育政策的制订和实施不仅应当将获得入学的机会平等而且应当将获得同等学业成就的机会平等作为一项目标或者一组指导原则。这一点尤为重要,因为,在入学和学业成就上的机会平等有助于社会、经济等方面的更广泛范围上的平等,即它们有利于人们在经济收入水平、参与民主决策等方面更大程度上平等的实现。① 可见,教育公平不仅包括教育机会的公平,而且还要包括教育过程和教育结果的公平。公共性职业教育培训是一种公共产品,维护社会的公平正义是其应有内涵,因而只有实现了教育公平的公共性职业教育培训供给才可以称之为有效供给。公共性职业教育培训有效供给的公平优先原则是指,国家及其各级各类教育培训机构提供的公共性职业教育培训在教育培训机会的获取、教育培训过程的参与、教育培训结果的形成等方面,都应当从消除区域和城乡贫富差距、扫除社会困难群体发展障碍、维护社会的公平正义等角度予以优先考虑。公共性职业教育培训有效供给的公平优先原则,实质上涉及的是一个社会教育资源的公平分配问题。一般认为,教育资源分配的公平性原则具有以下五项内涵:一是资源分配均等,它是一项起始性公平原则,主要是保证同一地区的所有学校和受教育者均能获得均等的教育资源。二是财政中立,主要是指用于每一个受教育者的公共教育经费开支差异不能与地区的富裕程度相关,目

---

① [瑞典]托尔斯顿·胡森:《平等——学校和社会政策的目标》,张人杰译,载张人杰主编:《国外教育社会学基本文选》,华东师范大学出版社1989年版,第193—217页。

的是为了克服地区之间、城乡之间的教育不均衡发展。三是调整特殊需要，主要是指对少数民族、偏远和贫困地区、身心发展有障碍的受教育群体等给予更多的关注和财政拨款。四是成本分担和补偿，它是一项纵向性公平原则，主要是指遵循获益者成本分担原则，在非义务教育阶段，对受教育者收取一定的教育费用，并对部分经济困难的受教育者采取"推迟付费"的办法。五是公共资源从富裕流向贫困，主要是指依据公共资源均等化的原则，教育资源分配应当重点向经济处境不利群体倾斜，满足其生存和发展需要。它是判断教育资源是否实现了公平分配的重要标准。[①]

第五，兼顾效率原则。在经济学理论中，效率分为生产效率和资源配置效率两类。生产效率是指一个生产单位的资源投入与产品产出之间的比例，即一定量的资源投入能够得到多少数量的产品产出。依据成本最小化，产出最大化的原则，生产单位总是力求在投入一定的情况下取得尽可能多的产出，或者总是力求在产出一定的情况下进行尽可能少的投入。资源配置效率是用来表示一个生产单位对资源的利用情况的一个经济指标，即生产单位是否充分利用了现有资源，是否存在资源闲置和滥用现象。资源配置效率可以用不同的资源配置方式下产出量的多少和资源闲置量的多少来表示。提高资源配置效率，意味着在现有资源的条件下，尽可能采用最优的资源配置方式，使现有资源尽可能得到充分利用，并使闲置或滥用的资源尽可能减少，实现最大化地满足社会需求的目的。[②] 生产效率和资源配置效率是以企业总是依照生产函数

---

① 翁文艳：《教育公平与学校选择制度》，北京师范大学出版社 2003 年版，第 24—25 页。

② 厉以宁主编：《教育的社会经济效益》，贵州人民出版社 1995 年版，第 29—30 页。

和成本函数进行生产的新古典理论假设为依据的。按照新古典理论的这种假设,在既定的投入和技术水平下,生产单位一定会实现产量的最大化和成本的最小化生产,也即是说,"一旦知道了投入和技术的数量和性质,也就知道了产出的水平。"①这实际上排除了企业内部出现低效率的可能性。事实上,非资源配置因素带来的低效率生产的存在却是一个客观事实。美国学者莱宾斯坦(Harvey Leibenstein)提出了一种"X效率"理论,对新古典理论的这种假设予以修正。"X效率"理论是建立在一系列与其不同的基本假设的基础之上的。第一,只有个人才有思想和行动,因而恰当的研究单位应该是个人,而不是由个人组成的生产单位。研究应当从个人入手,而后由个人行为拓展到集体行为。第二,个人行为既包括理性因素,也包括非理性因素。个人并不总是表现为完全理性。在一般情况下,个人只具有选择理性,而不是完全理性。第三,企业主的利益与其代理人的利益并不总是一致的。第四,个体的行为并不总是对环境的变化作出相应的反应,相反,个体的行为具有深受习惯影响的惰性特征。个体一旦进入工作的惰性区域,就会抵制改变其努力水平的各种影响。第五,劳动合同是不完全的。在劳动合同中,只能规定雇员的工作时间和报酬标准,而不能事先规定雇员的努力水平。出于劳动合同不完全,雇员在一定程度上具有选择努力水平的自由。因而雇员的努力程度不是既定的常量,而是一个任意的变量,它一方面取决于雇员的个性,另一方面也受到企业内部的人际关系和激励机制的影响。最后,"X效率"最不适合不完全市场。垄断不仅会导致较低的配置效率,而

---

① [美]罗杰·弗朗茨:《X效率:理论、论据和应用》,费方域等译,上海译文出版社1993年版,第3页。

且还会导致缺乏动机的"X低效率"。① 在公共性职业教育培训的供给中，同样存在着上述三种形式的效率，即生产效率、资源配置效率和"X效率"。公共性职业教育培训供给中的生产效率是指国家及其各级各类教育培训机构在公共性职业教育培训上的投入与产出之间的比例；公共性职业教育培训供给中的资源配置效率是指国家及其各级各类教育培训机构在公共性职业教育培训方面的资源配置状况和资源利用程度；公共性职业教育培训供给中的"X效率"是指在公共性职业教育培训的供给过程中，与资源配置状况无关的一些其他因素对公共性职业教育培训供给效率的影响。公共性职业教育培训有效供给的兼顾效率原则，就是应当使公共性职业教育培训供给过程中的生产效率、资源配置效率和"X效率"均保持在效率最大化的水准之上，也就是说，应当在现有的投入水平、资源存量下，通过提高公共性职业教育培训生产效率、优化公共性职业教育培训资源配置、保持公共性职业教育培训"X高效率"，最大化地满足人们对于公共性职业教育培训的需求。

① ［美］罗杰·弗朗茨：《X效率：理论、论据和应用》，费方域等译，上海译文出版社1993年版，第69页。

第三章 制度伦理：公共性职业教育培训有效供给的价值向度

在人类社会的发展及其思想演进的过程中,制度一直是政治家和思想家们思考和求索的对象。但是,在西方制度主义兴起之前,人们一般将制度作为一个既定因素,满足于在其既定框架下思考问题;或者将其作为一种理论预设,满足于在其既定假设下相关问题的推衍。制度主义的勃兴,将制度从"圣坛"拉回"人间",它启示人们,制度不是一个既定变量或者一种理论预设,而是政治、经济、文化、社会发展中的一个内生变量,对政治、经济、文化、社会中诸问题的研究,不可绕开对制度这一重要变量的考量,制度不仅具有政治意义,同样具有经济意义、文化意义、伦理意义和社会意义。本章在对制度及其伦理内涵进行解析的基础上,先行探讨了制度伦理的价值取向,而后对公共性职业教育培训有效供给的制度伦理进行阐释。

一、制度及其伦理意蕴

从制度的现实存在样态来看,在人类社会的历史演变过程中,不同的国家或者地区以及不同国家或者地区的不同发展阶段,衍生出了不可计数或相近或相异的制度形态。从制度这一概念的外延来看,它是一个涵盖范围十分广泛的概念,包括政治制度、经济制度、文化制度、社会制度等。但是,究竟什么是制度,它又具有哪些本质内涵,却是一个仁者见仁、智者见智的问题。为了分析脉络清晰起见,本书首先从制度一词的语义论起。

(一)"制度"的语义学溯源

从词源上来看,我国古代语义中的"制度"一词兼有名词和动词两种用法。《说文》对"制"的解释为"裁也。从刀,从末。"《韩非子·难二》中"管仲善制割",其中"制割"意为"裁剪切割",引申为制作、制定规则或律令之意。韩愈的《原性》中有"上之性,就学而愈明;下之性,畏威而寡罪;是故上者可教,而下者可制也",其中"制"作"约束"、"法度"解。"度"是古代计算长短的标准和器具。《说文》中对"度"的解释为"法制也"。"制"与"度"合用,则有规范,法度和制定法度、规定的含义。《礼记·礼运》中曾有记载:"故天子有田以处其子孙,诸侯有国以处其子孙,大夫有采以处其子孙,是谓制度"。"考制度,别仁义,所以治政安君也。""夫政必本于天,淆以降命。命降于社之谓淆地,降于祖庙之谓仁义,降于山川之谓兴作,降于五祀之谓制度"。《商君书·壹言》中有:"凡将立国,制度不可不察也,法治不可不慎也,国务不可不谨也,事本不可不抟也。制度时,则国俗可化而民从制;治法明,则官无邪;国务壹,则民应用;事本抟,则民喜农而乐哉。"①《辞源》对"制度"一词的解释为:(1)法令礼俗的总称,如"汉家自有制度,本以霸王道杂之,奈何纯任德教,用周政乎?"(《汉书·元帝纪》)(2)指规定、用法,如"末云:桂花性温,当归活血,怎生制度?"(《西

---

① 郭广银、杨明主编:《应用伦理的热点探索》,江苏人民出版社 2004 年版,第99—100 页。

厢记》三本四折)①在《辞海》中,"制度"一词有以下三种用法:
(1)要求成员共同遵守的、按一定程序办事的规程或行动准则,如
工作制度、学习制度。(2)在一定的历史条件下形成的政治、经
济、文化等各方面的体系,如社会主义制度。(3)旧指政治上的规
模法度,如"汉家自有制度,本以霸王道杂之"(《汉书·元帝
纪》)②。在《现代汉语词典》中,"制度"一词有两层意思:(1)要
求大家共同遵守的办事规程或行动准则,如工作制度、财政制
度。(2)在一定历史条件下形成的政治、经济、文化等方面的体
系,如社会主义制度、封建宗法制度。③ 通过以上对"制度"一词用
法和词义的历史流变的梳理可知,它由古时动词、名词词性兼具转
变为现代单一名词词性,其词义亦由古代语义中比较泛化的"礼
俗"、"法度"、"规范"、"用法"转化为现代语境中微观意义上的
"规则"、"准则"和宏观意义上的"政治、经济、文化等方面的体
系"两层含义。

"制度"一词的英文译法,或者说英文语境中的对应词,是
"system"还是"institution",学界一直存在着不少分歧。有学者认
为,"social institution"作为社会学的一个术语,应当译为"社会设
置"。英文"institution"来源于拉丁文"institutio",原意为风俗、习
惯、教导、指示等,它的英文含义包括三个方面:(1)机构、组织。
(2)习俗、风俗。(3)创立规则、创建社会。社会学最初引入这个
词并把它译为"社会制度"时,是取古汉语中"制定法度"之意。但

---

① 广东、广西、湖南、河南辞源修订组,商务印书馆编辑部编:《辞源》,商务印
书馆1979年版,第353页。
② 辞海编辑委员会编:《辞海》,上海辞书出版社1999年版,第509页。
③ 中国社会科学院语言研究所词典编辑室编:《现代汉语词典(第5版)》,商
务印书馆2005年版,第1756页。

是,"制度"一词在后来的使用过程中有了更广泛的指称,有时成为意识形态和政治学的专门术语,然而这些问题应该说已经超出了社会学研究的传统视域,因此,为了避免理解上的困难,将其译为"社会设置"较妥。① 在《布莱克维尔政治百科全书》中,"institution"译为"制度",既具有"机构"的含义,也表示规范化、定型化了的行为方式,两种含义相互交织。②《布莱克法律词典》对"system"的解释是:(1)一个整体的组成部分或要素的有秩序的组合,尤其是那些根据合理的原则所形成的组合。(2)对组成部分的有条理的设置。(3)方法、方式、模式。该词典对"institution"的解释是:(1)事物的肇始或开创。(2)法律、规则、惯例等的初创。(3)稳定建立的习惯、体系、组织等。(4)广泛并重复地适用的惯例、法律或规则的体系或载体,在该体系或载体内部有一种机制,这种机制影响着它的独立的行为、存续,并且影响着它的进一步发展;该体系或载体的目标是产生、影响、规范或认可一系列行为和交易。人们同样习惯于把单独的一部法律或一个惯例称为"制度"(institution),如果它们非常重要而且适用范围广泛,并且它们的存续高度独立于任何干预力量。③ 可见,英文语境中的"system"和"institution"并非可以随便换用,两词汇无论内涵还是外延均有诸多差异。在"制度"这一义项上,"institution"主要指"具有较强普适性的、相对稳定的惯例、规则或者行为方式",属于相对微观层面。而"system"更强调"各组成要素合秩序、合规范的

---

① 郑杭生主编:《社会学概论新修》,中国人民大学出版社 1998 年版,第 334—335 页。

② [英]戴维·米勒、韦农·波格丹诺编:《布莱克维尔政治学百科全书》,邓正来译,中国政法大学出版社 1992 年版,第 359 页。

③ 参见李文华、李相波:《经济分析法学评介》,《河北法学》2000 年第 1 期。

设计、安排方法或者模式",意义较为宏观。

可见,中西语境中的"制度"一词在微观和宏观两个层面上具有某种程度上的不谋而合。但是,本书并不想在两者之间刻意寻求一种一一对应的契合,或在两者之中择而取其一。因为,本书认为,"制度"的完整内涵应当是集两者于一身的,片面强调一方必然导致形而上学的偏执。然而,鉴于日益成为显学的新制度主义对于"规则"、"规范"、"契约"的厚爱,在梳理了更多文献后,本书决定选用"institution"作为"制度"一词的英文对应词。当然,需要说明的是,这或许只是为了符合当前学术研究的需要所做的技术性处理,在其所理应囊括的完整内涵上,本文并未作出相应的取舍。

(二)"制度"的多学科视角

政治学对制度的关注有着悠久的历史。早在古希腊时期,被誉为"政治学之父"的亚里士多德(Aristotle)就曾经对当时各种典型的政体类型进行分析批评,并阐述了政体变更的原因、方式及理想的城邦制度等,首开政治学制度研究的先河。[①] 此后,政治制度一直是政治学关注的主要对象。近代以降,政治学对于制度研究进一步扩展到国家宪法、政党制度、选举制度、中央与地方政权之间的关系等领域。由于传统政治学对于正式制度的建构、解释与

---

① 亚里士多德的《政治学》是政治学的开创之作,此前的政治家,如梭伦、伯利克里等,都没有留下政治论著。苏格拉底虽然有过片段的政治见解,但却不能称其为政治论著。柏拉图虽然有《理想国》那样的著作,但与其说它是一部政治论著不如说是哲学、伦理学、教育学和政治学的杂糅之作,其《政治家》和《法律篇》就其结构和内容来说,也难以称得上是政治学体系之作。参见[古希腊]亚里士多德:《政治学》,吴寿彭译,商务印书馆1965年版,第i-ii页。

设计过分关注,而忽略了对现实中各种非正式政治行为,如个人或政治集团的文化、心理和信仰等问题的研究,并且它更多地遵循着一种逻辑推演和价值判断的规范性研究方式,第二次世界大战后,行为主义政治学在美国迅猛发展起来,并一度成为西方政治学研究的主要范式。行为主义者借用自然科学的量化研究方法搜集、分析资料,试图通过大量的调查、试验或案例研究建立起一门价值中立的"政治科学"。但是,尽管行为主义政治学无论在理论研究还是在方法论建构方面都极大地促进了政治学研究的发展,现实中存在的各种问题还是迫使学者们不断对其进行彻底的反思。"行为主义理论主要用个人的态度和行为来解释政治结果,可是却无法解释这些政治行为者的态度、行为、偏好为什么不同;仅仅关注社会对政治系统的影响而忽略了相反的过程;过分强调价值中立以及实证方法,使行为主义政治学者局限于说明社会事实,而无法规范现实,从而在重大的社会现实问题面前无能为力"。① 20世纪 80 年代,伴随着行为主义研究的淡出,"制度"作为政治学的一个重要变量又重新回归到学者们的研究视域之中。尽管新制度主义政治学研究者们十分重视制度在政治学研究中的重要地位,然而他们并没有在一些基本问题上达成一致,围绕"制度"这一理论内核,形成了意蕴迥异的不同流派。霍尔(Peter A.Hall)和泰勒(Rosemary C.R.Taylor)将新近出现的新制度主义划分为历史制度主义、理性选择制度主义和社会学制度主义三大流派,从某种程度上来说,是当前学界较为普遍接受的一种划分方式。鉴于社会学制度主义严格说来应当属于制度主义社会学范畴,本文下面有专

---

① 　魏姝:《政治学中的新制度主义》,《南京大学学报(哲学·人文科学·社会科学)》2002 年第 1 期。

门论述,故此处只对前两种新制度主义流派予以介绍。历史制度主义注重从国家政治制度出发考察历史,旨在从各国历史发展进程的比较中寻求制度变迁的不同进程和制度安排下的政策变化,以及政治制度与政治观念的互动作用。他们对制度概念的理解较为宽泛,认为制度"是扎根于政体的组织结构或政治经济中的正式或非正式的程序、惯例、规范",包括"宪法规则、官僚标准的执行程序等",①同时倾向于在相对广泛的意义上来界定制度与个体行动之间的相互关系,认为制度来源于人们的"观念转化",即"当观念被人们接受,并被转化为一种结构形式时,制度就产生了"。②历史制度主义注重对政治过程中观念、制度与个体理性之间的复杂互动关系的分析。他们认为,由于缺乏类似市场那样强有力的竞争机制,政治过程中的制度变迁往往表现为动力不足,最初所选择的制度,在回报率递增机制作用下,形成了自我强化的路径,加之政治生活中制度密集、政治权威和权力具有非对称性特征以及政治生活的复杂性和非透明性等原因,往往形成较强的路径依赖,因而制度变迁是一个不断演进的过程而非设计的产物。③ 理性选择制度主义更多地受到了新制度主义经济学理论,如"制度变迁理论"、"交易成本理论"、"委托—代理模型"、"博弈模型"等的影响,他们将个人作为基本分析单位,以制度安排作为主要解释变量,把制度理解为"规则",认为"制度是互动个体之间节约交易成

---

① 朱德米:《新制度主义政治学的兴起》,《复旦学报(社会科学版)》2001年第3期。

② 祝灵君:《政治学的新制度主义:背景、观点及评论》,《浙江学刊》2003年第4期。

③ 朱德米:《新制度主义政治学的兴起》,《复旦学报(社会科学版)》2001年第3期。

本的一种设置。行动者的战略互动在解决集体困境中具有十分重要的作用,而制度是行动者互动的基础"。① 借鉴新制度主义经济学中的"理性人"假设,理性选择制度主义将"理性的个人"作为制度分析的起点,认为在缺乏制度约束的情况下,个体出于自利偏好的理性计算必然导致集体非理性的集体行动的困境。制度之所以产生,是因为它可以使行为者从中获利,当现存的制度不能履行这一基本职能时,人们就会对制度进行新的设计,"考虑到行为者是理性的,因此一旦对制度产生了某种逻辑上的需要,它就会被创造出来"。② 个人与制度之间的作用是双向互动的关系,"一方面,制度通过塑造人的行为影响政策结果,制度构成了一种'策略背景'。另一方面,个人也塑造了制度,制度是基于个人的需要才被创造出来,即个体通过制度的创新提高收益水平"。③

　　自从社会学产生以来,"制度"一直是社会学家们关注的对象。古典社会学对于制度的研究主要有两种基本取向,"一是以迪尔凯姆为代表的方法论整体主义,一是以韦伯为代表的方法论个体主义。"④迪尔凯姆(Emile Durkheim)从其实证主义社会学立场出发,认为社会现象与自然现象一样,是一种客观实在。"凡是实在的东西都有一种必然有的、我们必须重视的本性,甚至在人们能够排除它们的作用时,也决不能把它们完全消灭。"正是在这个意义上,社会观念本质上是一种社会存在,因为"社会约束观念的

---

① 朱德米:《当代西方政治科学的最新进展——行为主义、理性选择理论和新制度主义》,《江西社会科学》2004 年第 4 期。
② 参见魏姝:《政治学中的新制度主义》,《南京大学学报(哲学·人文科学·社会科学)》2002 年第 1 期。
③ 魏姝:《政治学中的新制度主义》,《南京大学学报(哲学·人文科学·社会科学)》2002 年第 1 期。
④ 董才生:《论制度社会学在当代的建构》,《江苏社会科学》2006 年第 3 期。

全部意义就在于它承认集体的行为方式或思维方式是存在于个人之外的现实，而个人又每时每刻适应于社会约束观念"。① 基于以上原则，对于"制度"（institution）一词，他解释说，"实际上，我们可以不曲解这个词的原意，而把一切由集体所确定的信仰和行为方式称为 institution。这样就可以把社会学界定为关于制度及其产生与功能的科学。"② 与之不同，韦伯（Max Weber）从个人的社会行为角度出发，认为制度是社会行为发生的准则，是一种社会关系的意向内容，社会行为就是以制度为取向而发生的，制度对于社会行为具有一定的约束力或者榜样的作用。"人们不仅可以通过'遵循'一种制度的（一般所理解的）意向，使他们的行为以这种制度的适用为'取向'。在'绕过'或者'违反'它的（一般所理解的）意向的情况下，它的在某种规模上存在的适用的机会（作为约束力的准则），也可以发挥作用。"③ 在他看来，习俗、惯例以及法律都是制度的具体形式，而且它们之间可以相互转化、相互过渡。社会学制度主义学派是 20 世纪 70 年代以来在继承社会学传统组织理论的基础上发展起来的一个理论流派。以韦伯的官僚制理论为代表的传统组织理论认为，组织的设立源于"一种深刻而广泛的努力"，即"设计出前所未有的效率结构以执行现代社会的任务"，而"文化则被看成了完全不相关的东西"。④ 社会学制度主义学派倾

① ［法］E.迪尔凯姆:《社会学方法的准则》,狄玉明译,商务印书馆 1995 年版,第 18 页。
② ［法］E.迪尔凯姆:《社会学方法的准则》,狄玉明译,商务印书馆 1995 年版,第 19 页。
③ ［德］马克斯·韦伯:《经济与社会》上卷,林荣远译,商务印书馆 1997 年版,第 62 页。
④ ［美］彼得·豪尔、罗斯玛丽·泰勒:《政治科学与三个新制度主义》,《经济社会体制比较》2003 年第 5 期。

向于在更广泛的意义上界定制度，"他们所界定的制度不仅包括正式规则、程序和规范，而且还包括为人的行动提供'意义框架'的象征系统、认知模式和道德模板。"①这种界定打破了制度与文化之间的界限，认为制度本身就是一种文化，组织所使用的规则、规范、程序是特定文化的表现形态，作为一种利益表达，它们影响着个体的行为偏好，对个体行动者具有一定的教育功能。与新制度经济学将个人视为追求利益最大化的"经济人"或效用最大化的"理性人"假设不同，社会学制度主义者们认为，应当把个人看作是处于不同制度背景之下的"社会人"，他们的行为受到社会规范、习俗、惯例、集团利益或者公共利益等方面的制约。

　　经济学对制度的关注亦由来已久。早在 18 世纪，一些古典的社会思想家们，如休谟、斯密等都表现出了对制度重要性的关注。"亚当·斯密著名的'无形之手'机制——它描述了追求自利的个人在市场中如何受竞争的调控——只能被领会为一种发挥指挥作用的制度系统"，"而大卫·休谟则揭示出资本主义市场经济赖以立足的制度基础和这些制度是如何被置入一个国家的智识、文化和政治生活之中的"。② 制度经济学肇始于对主流经济学的反动。"20 世纪的主流经济学多数没有清晰地分析过制度，制度的重要性基本上被经济学家们共同作出的假设忽略了，尤其是被那些分析上惯用的——虽然是很古怪的——关于'完备知识'（perfect knowledge）的假设，以及在既定的已知目标和可用的已知手段之

---

① ［美］彼得·豪尔、罗斯玛丽·泰勒：《政治科学与三个新制度主义》，《经济社会体制比较》2003 年第 5 期。

② ［德］柯武刚、史漫飞：《制度经济学——社会秩序与公共政策》，韩朝华译，商务印书馆 2000 年版，第 39—40 页。

间作理性选择的假设所忽略。"①古典主流经济学将制度作为既有前提,仅仅运用一些静止的和先验的固定模式去研究,从而缺乏在一个动态和演化的框架中分析人类社会的各种经济活动,必然导致与实际社会的脱离。早期制度学派的代表人物康芒斯(John R. Commons)认为,制度是用以控制个人行为的集体行动,它包括"从无组织的习俗到那许多有组织的所谓'运行中的机构',例如家庭、公司、控股公司、同业协会、工会、联邦准备银行、'联合事业的集团'以及国家"②。他强调交易、产权和组织的作用,认为制度在很大程度上可以被认为是正式和非正式冲突解决过程的结果,因而制度的变化受法律、产权和组织的影响。卢瑟福(Malcolm Ruth-erford)认为:"制度是行为的规律性或规则,它一般为社会群体的成员所接受,它详细规定具体环境中的行为,它要么自我实施,要么由外部权威来实施。有必要对一般社会规则(有时称制度环境)与特定组织形式(有时称作制度安排)加以区别。尽管组织也可以视为一套一套的规则,但规则只在内部适用。组织有章程,组织是集团行为者,同样也受社会规则约束"③。这些早期的制度主义者将制度纳入经济学研究的视野,开创了经济学制度分析的先河,其"演进思想"、"制度变迁理论"等对后来的新制度经济学派产生了积极影响。然而,由于其放弃了主流经济学的规范研究范式而多采用定性分析的研究方法,加之内部派别繁杂,难以形成统

① [德]柯武刚、史漫飞:《制度经济学——社会秩序与公共政策》,韩朝华译,商务印书馆 2000 年版,第 39 页。
② [美]康芒斯:《制度经济学》上册,于树生译,商务印书馆 1995 年版,第 87 页。
③ [英]马尔科姆·卢瑟福:《经济学中的制度:老制度经济学和新制度经济学》,陈建波、郁仲莉译,中国社会科学出版社 1999 年版,第 1 页。

一的研究纲领,便在主流经济学的诟病中渐趋衰微。新制度经济学是在对主流经济学的批评继承中发展起来的。与老制度经济学对待主流经济学的彻底决裂态度不同,新制度经济学积极借鉴了主流经济学的研究方法和理论范式。新制度经济学派认为,传统主流经济学在分析问题时所持有的完全理性、完全信息的假设在现实经济生活中是不可能完全满足的,个体的知识、技能、远见、时间总是有限的,而正是这种"有限理性"使得制度和组织变得异常重要。制度存在的意义在于协调不同利益主体以实现不同程度的合作。新制度学派的代表人物诺思认为,"制度是一系列被制定出来的规则、守法程序和行为的道德伦理规范,它旨在约束追求主体福利或效用最大化利益的个人行为","制度提供了人类相互影响的框架,它们建立了构成一个社会,或更确切地说一种经济秩序的合作与竞争关系。"①他们把产权理论、交易费用理论、委托代理理论、制度变迁理论纳入研究领域,试图架构起一个新的制度分析框架。

(三)"制度"的伦理意蕴

"文献中的'制度'一词有着众多和矛盾的定义。不同学派和时代的社会科学家们赋予这个词以如此之多可供选择的含义,以至于除了将它笼统地与行为规则性联系在一起外,已不可能给出一个普适的定义来。"②制度是一个历史范畴,从古至今,特别是近代制度主义兴起之后,不同学科、不同学派的学者对于它的理解不

---

① ［美］道格拉斯·C.诺思:《经济史中的结构与变迁》,陈郁、罗华平等译,上海三联书店、上海人民出版社 1994 年版,第 225—226 页。

② ［德］柯武刚、史漫飞:《制度经济学——社会秩序与公共政策》,韩朝华译,商务印书馆 2000 年版,第 32—33 页。

尽相同。但是,拨冗去繁不难发现,人们对于"制度"一词的理解不只是存在着分歧和矛盾,也还有着不少共识和相通之处,即一般而言,制度是指在一定范围内的社会、组织或者个体间得以普遍认同并赋之于普遍约束力的一系列规则和规范体系,它可以划分为正式制度和非正式制度两种形式,正式制度包括政治制度、经济制度、文化制度、法律制度等;非正式制度包括风俗习惯、伦理规范、思想观念、行为准则等。

新制度经济学将制度理解为包括正式约束和非正式约束在内的一系列规则体系。新制度经济学认为,制度存在的合理性在于它可以降低专业化生产、社会分工、技术发展等带来的交易费用的增长,解决交易双方常常面对的"囚徒困境"①之类的一些非合作博弈问题,促进竞争双方的合作,并激励经济活动的有效率开展。科斯认为,如果市场上交易费用为零,不管初始权利如何界定,都可以通过市场自由交易达到资源的最佳配置状态。但是,事实上,现实经济活动中的交易费用不可能为零,在交易费用为正的情况下,不同的权利界定会带来不同的资源配置效率,法律、契约等制度因素在决定资源配置绩效方面起着十分重要的作用,这是制度之所以存在的现实基础。既然不同的制度安排会带来不同的资源配置绩效,人们就会对究竟采用何种制度作出选择,这种选择主要依据两个层次上的比较,"一个层次是不同的、可供选择的制度类型的交易费用比较;另一个层次是制度变迁、操作的成本与其带来

---

① 囚徒困境(prisoner's dilemma),两个被捕的囚徒之间的一种特殊博弈,是博弈论的非零和博弈中颇具代表性的例子,反映了个人最佳选择并非团体最佳选择,说明了即便在合作对双方都有利时,保持合作也是困难的。参见[美]曼昆:《经济学原理》上册,梁小民译,生活·读书·新知三联书店、北京大学出版社 1999 年版,第 359—360 页。

的收益的比较。"①持同一思想的还有诺思,他认为"制度理论是建立在一个有关人类行为的理论与一个交易费用的理论相结合的基础之上的。当我们将这二者结合在一起时,我们就能理解诸种制度何以会存在,以及它们在社会运行中发挥了何种作用。"②他将经济史上经历的交换形式分为三个一般类型:一是人际关系化交换。它与小规模生产、地方性交易相联系,具有重复交易、文化同质以及缺少第三方等典型特征,由于专业化和社会分工发育程度不完全,交易费用很低,因而对制度的依赖程度也相对较低。二是非人际关系化交换。随着交换规模和范围的扩大,交换的种类和次数增多,交换越来越需要建立在复杂合约和制度建构的基础之上,国家开始引入一些商业准则。三是有第三方实施的非人际关系化交换。在这类交换形式中,交易变得更为复杂化,由于信息的不完全或者不对称,投机、欺诈、规避责任等行为不断出现,客观上要求创建一系列规则来保证交易的正常及有效率进行,于是制度也便随之应运而生。③ 为了说明制度的起源,一些新制度经济学学者还构造了一种关于财产制度起源的"思想实验"。在没有政府和财产保护制度的社会里,为了保护自己的私人财产,每一个财产所有者都要花费一些时间和代价建立财产保护体系。显然,这种单独的财产保护体系是不具有规模经济效益的,也就是说,其个人效率明显低于社会效率。于是,财产所有者们便倾向于达成一项合作协议,互相承认对方的财产所有权,并共同建立起一套保护

---

① 卢现祥:《西方新制度经济学》,中国发展出版社 2003 年版,第 57 页。
② [美]道格拉斯·C.诺思:《制度、制度变迁与经济绩效》,杭行译,上海三联书店、上海人民出版社 2008 年版,第 37 页。
③ [美]道格拉斯·C.诺思:《制度、制度变迁与经济绩效》,杭行译,上海三联书店、上海人民出版社 2008 年版,第 47—49 页。

每个财产所有者私人财产的大规模防御系统。"从'自然状态'到'市民社会'的过程,也就是一个制度起源与制度创新的过程。从无规则到有规则的出现,是人类社会从'自然状态'转变到'市民社会'的关键所在。"①

新制度经济学运用经济学的理论研究制度问题,它遵循的是制度的经济学分析路径,因而新制度经济学对制度起源和内涵的解释只能是一种制度的经济学解释,或者说,它只能是一种对经济制度的解释,其普适性显然不免有所限制。新制度经济学将制度的形成归结为个人基于成本—收益核算的理性选择和基于博弈过程的合作行动,未免忽视了制度选择中价值观念的存在,而且这种建立在充分信息基础之上的理性计算也没有脱离新古典主义人性假设的窠臼。况且,在一种完全"自然状态"下,个人效用自动加总为社会效用不仅面临难以实现的困境,而且这种建立在私人产品供给基础之上的制度理论也无法解释公共产品供给中的一些常见现象。对于新制度经济学理论建构面临的这些问题,诺思也深知"将公平观点引进对产权的论述的困难。"②于是,他试图引入意识形态、知识社会学等一些外生变量弥补这些理论缺憾。"如果没有一种明确的意识形态理论或知识社会学理论,那么,我们在说明无论是资源的现代配置还是历史变迁的能力上就存在着无数的困境。另外,如果不能解决搭便车问题中的基本矛盾,我们就不能解释每一个社会在合理性方面作出的巨大投资,这包括无法把对

---

① 卢现祥:《西方新制度经济学》,中国发展出版社 2003 年版,第 63 页。
② [美]道格拉斯·C.诺思:《经济史中的结构与变迁》,陈郁、罗华平等译,上海三联书店、上海人民出版社 1994 年版,第 55 页。

教育体制的许多投资是解释为人力资本投资,还是作为一种消费产品。"①诺思认为,伦理和道德评判是意识形态不可或缺的重要组成部分,每个人的意识形态都包含着关于制度公平或公正的评判。当这一评判超出个人所面临的交换的特定条件时,这些条件在评价制度的公平性方面就是至为关键的。他认为意识形态具有以下三个方面的特征:一是意识形态是一种节约机制,通过意识形态,人们认识了他们所处的环境,并处于一种世界观的引导下,这使得决策过程简单明了。二是意识形态不可避免地与个人对公正所持的道德、伦理评价交织在一起,这就意味着有一种对于意识形态的非此即彼的选择,即在相互对立的理性和意识形态中作出选择。三是当人们发现思想与其经验不相符时,他们就会尝试改变其意识形态,去发展一套更适合于经验的理性。②

尽管诺思宣称自己超越了马克思的社会发展理论,在制度变迁方面作出了令人信服的解释,但他也不得不承认,在描述长期制度变迁的各种现存理论中,马克思的分析框架是最有说服力的,它克服了新古典分析框架对制度、产权、国家和意识形态等因素有意无意的遗漏,这一建立在辩证唯物主义和历史唯物主义的制度分析框架具有不容置疑的分析力和普适性。"马克思主义者把经济史当作阶级斗争史来写;自由市场论者把经济史当作有效率的市场的发展史来写",但是,"与马克思主义相比,自由市场的意识形态还未在社会的、政治的和哲学的(没有提及形而上学的)理论综

---

① [美]道格拉斯·C.诺思:《经济史中的结构与变迁》,陈郁、罗华平等译,上海三联书店、上海人民出版社1994年版,第51页。
② [美]道格拉斯·C.诺思:《经济史中的结构与变迁》,陈郁、罗华平等译,上海三联书店、上海人民出版社1994年版,第53—55页。

合分析范围内取得发展。"①在马克思看来,人是社会关系的总和,在物质生产的过程中,人们相互之间发生一定的联系,结成一定的社会关系,这种社会关系又成为物质生产得以顺利进行的必要条件,因为人的生产活动只有在一定的社会关系中才能进行。在社会实践活动中,人们不仅形成了对于所处自然的理解,而且也形成了对于自己以及所面对的社会关系的理解和把握,并将它们不断固定下来,形成相对稳定的形式与结构,随即成为一定的社会制度。包括政治、法律、道德、规范等在内的制度属于上层建筑的范畴,它们决定于一定发展水平的生产力。任何生产力都是一种既得的力量,是以往的社会实践活动的产物,是人类全部历史的基础,人们不能自由地选择自己的生产力,因而也不能自由地选择某种社会制度形式。"人们能否自由选择某一社会形式呢? 决不能。在人们的生产力发展的一定状况下,就会有一定的交换(commerce)和消费形式。在生产、交换和消费发展的一定阶段上,就会有相应的社会制度、相应的家庭、等级或阶级组织,一句话,就会有相应的市民社会。有一定的市民社会,就会有不过是市民社会的正式表现的相应的政治国家。"②可见,制度并非起源于个体的理性计算以及个体的合作博弈行动,个体间的独立性以及自由贸易是制度发展的结果而不是制度的起点。制度也并非是价值中立的,它是反映不同集团、阶级和阶层利益关系的一定生产关系的集中体现。一定社会的政治制度、经济制度、文化观念、社会习俗等集中反映了这一社会形态的主流价值取向和价值选择。

---

① [美]道格拉斯·C.诺思:《经济史中的结构与变迁》,陈郁、罗华平等译,上海三联书店、上海人民出版社 1994 年版,第 57、58 页。

② [德]马克思、[德]恩格斯:《马克思恩格斯选集》第四卷,中共中央马克思、恩格斯、列宁、斯大林著作编译局编译,人民出版社 1995 年版,第 532 页。

　　作为一定社会生产关系集中体现的制度不仅反映了不同集团、阶级和阶层的政治观念、经济利益、文化价值,而且也是一定社会中作为意识形态一部分的伦理规范的集中表现,具有鲜明的伦理意蕴。伦理规范属于一种非正式制度,但是它与社会的政治制度、经济制度、文化制度等正式制度息息相关。一方面,作为社会基本制度的正式制度往往源于一定社会意识形态、价值观念、伦理规范等非正式制度的正式化或者制度化;另一方面,作为社会基本制度的正式制度必须与一定社会的意识形态、价值观念、伦理规范等非正式制度保持一致,体现着意识形态、价值观念、伦理规范等非正式制度的鲜明特征。"制度与伦理有着共同的基础,它们都基于具体的社会实践,都决定于一定社会的生产方式。因此,制度与伦理并不是彼此独立的,而是相互联系和相互作用的。在制度伦理的论域内,当我们对制度进行某种判断和评价时,伦理就已经参与其中;当我们要在全社会确立某种伦理精神与观念时,就已经隐含着制度上的要求。"①近年来,对于制度伦理的研究逐渐成为伦理学研究的热点,但是,对于制度伦理的内涵,学者们并没有达成共识。第一种观点认为,制度伦理是指制度中蕴涵的伦理价值或者对于制度的合伦理性的评判。一个社会应按照公平、正义的原则选择与安排制度。制度的设计必须符合伦理要求,接受社会伦理规范的评判。第二种观点认为,制度伦理是指一种制度化的伦理规范,即伦理的制度化。随着社会的转型,人们的伦理观念发生嬗变,传统的道德说教无法适应时代的要求,新形势下应当以制度化的伦理规范来约束人们的行为。第三种观点认为,制度伦理是社会基本制度中蕴含的伦理要求以及实现伦理规范的制度化安

① 杨清荣:《制度伦理的社会实践维度》,《哲学动态》2008年第11期。

排的辩证统一。在制度与伦理的双向互动过程中,一方面社会制度应当符合伦理规范的要求;另一方面这种伦理规范的要求需要通过规范化、制度化和法律化的途径来实现。第四种观点认为,制度伦理既不是"制度的伦理化",也不是"伦理的制度化",而是对制度的伦理分析,即制度伦理的核心是揭示制度的伦理属性及其伦理功能,追问"什么是善的制度"、"一个善的制度应当是怎样的"、"何以可能"、"有何伦理价值"等一系列终极问题。[①] 将制度伦理理解为制度化的伦理或者伦理的制度化的观点,其实是混淆了制度伦理与伦理制度的区别,制度伦理与伦理制度显然是两个不同的范畴,所关注的是分属于两个不同领域的问题。而将制度伦理理解为对制度的伦理评价的观点将制度伦理等同于一种对制度的伦理评价活动,也在一定程度上偏离了制度伦理的本质内涵。从本质上来讲,制度伦理应当是指制度本身所蕴含的伦理关怀和伦理原则,即在制度设计、制度安排和制度实施的过程中,应当始终体现一种伦理层面的终极关照。对于制度所蕴含的伦理关怀和伦理原则的考量是一种基于制度设计、制度安排和制度实施的伦理学分析,奉行的是一种弱批评立场,与制度的伦理评价活动有所不同。

二、制度伦理的价值内涵

韦伯认为,如同其他任何行为一样,社会行动由目的合乎理

---

① 参见方军:《制度伦理与制度创新》,《中国社会科学》1997 年第 3 期;梁禹祥、南敬伟:《诠释制度伦理》,《道德与文明》1998 年第 3 期;施惠玲:《制度伦理研究述评》,《哲学动态》2000 年第 12 期;高兆明:《制度伦理与制度"善"》,《中国社会科学》2007 年第 6 期。

性、价值合乎理性等不同情况的行动决定。目的合乎理性的行为
是指,通过对外界事物的情况和其他人举止的期待,并利用这种期
待作为条件或者手段,实现自己合乎理性的目的;而价值合乎理性
的行为则是指,有意识地对一个特定举止的伦理的、美学的、宗教
的或者任何其他阐释的无条件的固有价值的纯粹信仰。"根据目
的、手段和附带后果来作他的行为的取向,而且同时既把手段与目
的,也把目的与附带后果,以及最后把各种可能的目的相比较,作
出合乎理性的权衡",是目的合乎理性的行为;而"行为服务于他
对义务、尊严、美、宗教训示、孝顺或者某一件'事'的重要件的信
念,不管什么形式的,他坚持必须这样做",则是价值合乎理性的
行为。① 制度伦理的价值内涵体现在实质伦理和形式伦理两个方
面。制度伦理的实质伦理是关于"为了什么"的伦理,它是对制度
伦理终极价值的追问;制度伦理的形式伦理是关于"如何实现"的
伦理,它是对制度伦理有效实施机制的考量。制度伦理的实质伦
理和形式伦理是相互规定、相互影响的。制度伦理的实质伦理是
形式伦理存在的前提,它为形式伦理提供了本质规定性;制度伦理
的形式伦理是对实质伦理的坚守和践行,它为实质伦理的实现提
供了可能。

(一)制度伦理的实质伦理:制度公正

　　维护社会的公平正义是人类的基本理念和永恒价值追求,也
是人们共同关注的话题之一。在汉语语境中,人们常常将正义、公
正、公平作为基本对等的概念交替使用,认为它们都表达了一种对

---

① 　[德]马克斯·韦伯:《经济与社会》上卷,林荣远译,商务印书馆1997年版,
　　第56—57页。

社会存在合理性以及基本"善"的普遍追求。然而,尽管这些词汇在内涵和外延上具有不少交叉重叠之处,但是,它们却在价值诉求、适用语境和意义侧重等方面存在着不容忽视的区别。"正义重在价值取向,代表着一种人类的普遍理性、善和秩序。公平重在其工具价值,它是一把操作的尺度、统一的规则,公平就是同样情况同等对待,没有特权。公平不牵扯价值,是规则操作中的不偏不倚。公正偏于公平,但必须要符合正义的精神,符合善的要求。"① 可见,与公正和公平相比,正义是一种更具普遍性的基本"善"的理念,具有较强的价值趋向,其抽象程度相对较高,在价值范畴中属于一个上位概念。而公正和公平是正义的两个方面,只是两者的侧重点各不相同,"'公正'侧重的是社会的基本价值取向,是一个现实的制度原则;'公平'则强调衡量人们在现实利益关系上标准的'同一个尺度',是公正原则的现实结果,是对社会制度原则的一种补充处理,这种处理可以完善社会制度并使得具体的处理方式就总体而言具有一种公正(或正义)的性质。"② 也就是说,公正是一种获得社会普遍认同的正义,是正义的制度化或者现实化,其抽象程度低于正义,在价值范畴中属于一个中位概念。而公平则是强调相同情况下的同等对待,即遵循同一标准,较少涉及价值问题,是一个工具层面、技术层面的下位概念。③ 鉴于公正一词在

---

① 冯建军:《教育公正——政治哲学的视角》,福建教育出版社 2008 年版,第 19 页。

② 王桂艳:《正义、公正、公平辨析》,《南开学报(哲学社会科学版)》2006 年第 2 期。

③ 同时,"公平"也是一个日常化、口语化的词汇,相比较而言,"正义"和"公正"更多情况下作为书面语言和学术语言使用。因而,人们在日常生活和非学术情景下使用的"公平"常常具有"正义"和"公正"的内涵。这也是造成三者在使用上混乱的主要原因之一。

三者中的承上启下地位,以及其与制度层面的特殊关联,本书在对制度伦理的实质伦理的界定中,选取它作为阐述对象。

　　公正必须契合正义的价值诉求。柏拉图(Plato)将正义分为城邦正义和个人正义,认为无论城邦正义还是个人正义,都应当体现"智慧、勇敢、节制、正义"四种品质,其中,正义是"能够使节制、勇敢、智慧在这个城邦产生,并在它们产生之后一直保护着它们",并"在使国家完善方面和其余三者较量能力大小"的一种品质,①它在保障国家"善"方面具有重要作用。为此,柏拉图认为,应当让真正的哲学家掌握国家政权,因为他们"最重视正义和由正义而得到的光荣,把正义看作最重要的和最必要的事情,通过促进和推崇正义使自己的城邦走上轨道。"②公正不仅在价值上指向正义,而且还要求在具体的财富和利益分配上实现公平和平等。亚里士多德认为,对于个体而言,"公正的也就是守法的和平等的",作为守法的公正"不是德性之一部分,而是德性的总体。"③对于城邦而言,公正是城邦政治的道德基础。"所谓'公正',它的真实意义,主要在于'平等'。如果要说'平等的公正',这就得以城邦整体利益以及全体公民的共同善业为依据。"④对于作为公正的平等,亚里士多德认为,它主要可分为两类,"一类为其数相等,另一类为比值相等。'数量相等'的意义是你所得的相同事物在

----

① [古希腊]柏拉图:《理想国》,郭斌和、张竹明译,商务印书馆1986年版,第154—155页。

② [古希腊]柏拉图:《理想国》,郭斌和、张竹明译,商务印书馆1986年版,第310页。

③ [古希腊]亚里士多德:《尼各马可伦理学》,廖申白译,商务印书馆2003年版,第128—129、131页。

④ [古希腊]亚里士多德:《政治学》,吴寿彭译,商务印书馆1965年版,第153页。

数目和容量上与他人所得者相等;'比值相等'的意义是根据各人的真价值,按比例分配与之相衡称的事物。"①社会契约论者从自然状态下人的本性以及作为普遍承认的正当原则的自然法和自然权利出发,论证了国家、政府和社会制度的起源、范围和目的。洛克(John Locke)认为,人类最初处于一种自然状态之中,在自然状态下,人们拥有自由、平等、财产等自然权利。但是,这种自然状态缺少一种确定的、共同接受的是非判断标准和裁判纠纷的尺度,缺少一个有权依照既定法律来裁判争执的公正的裁判者,因此,人们通过社会契约建立起公民社会以避免并补救自然状态的种种不方便。"他授权社会,或者授权给社会的立法机关(这和授权给社会的性质一样),根据社会公共福利的要求为他制订法律",而"设置在人世间的裁判者有权裁判一切争端和救济国家的任何成员可能受到的损害"。② 而在卢梭(Jean-Jacques Rousseau)看来,人是生而自由、平等的,自然状态是一个人人自由、平等的状态,私有制的产生是人类社会不平等的社会根源,它打破了这种无善恶之别的原始状态,而"私有一旦被承认,也必然会产生最初的公正规则。"③为了克服自然状态下人类生存的障碍,人们结成一个道德与集体共同体,"我们每个人都以其自身及其全部的力量共同置于公意的最高指导之下,并且我们在共同体中接纳每一个成员作为全体之不可分割的一部分。"而这个共同体"就以这同一个行动

---

① [古希腊]亚里士多德:《政治学》,吴寿彭译,商务印书馆 1965 年版,第234 页。
② [英]洛克:《政府论》下篇,叶启芳、瞿菊农译,商务印书馆 1964 年版,第54—55 页。
③ [法]卢梭:《论人类不平等的起源和基础》,李常山译,商务印书馆 1962 年版,第 123 页。

获得了它的统一性、它的公共的大我、它的生命和它的意志。"①正是在此意义上,"由自然状态进入社会状态,人类便产生了一场最堪注目的变化;在他们的行为中正义就代替了本能,而他们的行动也就被赋予了前此所未有的道德性。"②

洛克、卢梭等所倡导的社会契约理论,为一个民主、平等、正义社会的存在提供了一定的合理性、合法性和恰当的道德基础,罗尔斯(John Rawls)对这一理论进行了进一步概括,并将其提升到一种更高的抽象水平,从而构筑了一个相对较为自洽和完整的关于社会正义的理论体系。罗尔斯认为,"正义是社会制度的首要价值,正像真理是思想体系的首要价值一样。一种理论,无论它多么精致和简洁,只要它不真实,就必须加以拒绝或修正;同样,某些法律和制度,不管它们如何有效率和有条理,只要它们不正义,就必须加以改造或废除。每个人都拥有一种基于正义的不可侵犯性,这种不可侵犯性即使以社会整体利益之名也不能逾越。"③与传统的社会契约理论相一致,罗尔斯认为,现代社会是一个社会合作体系,它既存在着一定的社会合作,存在着利益上的一致性,使所有人有可能过一种仅靠自己努力的独自生存所难以实现的更好的生活,同时也不可避免地存在着一定程度上的利益冲突,因为在利益分配上,人们总是倾向于更喜欢较大的份额而非较小的份额。因此,这就需要一系列原则来指导人们在导致各种不同利益分配的制度安排之间进行选择。"这些所需要的原则就是社会正义的原则,它们提供了一种在社会的基本制度中分配权利和义务的办法,

① [法]卢梭:《社会契约论》,何兆武译,商务印书馆1980年版,第24—25页。
② [法]卢梭:《社会契约论》,何兆武译,商务印书馆1980年版,第29页。
③ [美]约翰·罗尔斯:《正义论》,何怀宏等译,中国社会科学出版社1988年版,第1页。

确定了社会合作的利益和负担的适当分配。"①于是,罗尔斯对传统的社会契约理论进行了改造,提出了作为公平的正义观,这一正义观是建立在"原初状态"的理论假设之上的。"正义的首要原则本身是在一种恰当定义的最初状态中的一个原初契约的目标。"②罗尔斯所谓的原初状态"是一种其间所达到的任何契约都是公平的状态,是一种各方在其中都是作为道德人的平等代表、选择的结果不受偶然因素或社会力量的相对平衡所决定的状态。"③只有在这种原初状态之下作出的公平原则的选择,才能保证作为公平的正义一开始就置于一种纯粹程序正义的观念关照之下。进而,罗尔斯阐述了关于正义的两个原则,"第一个原则:每个人对与其他人所拥有的最广泛的基本自由体系相容的类似自由体系都应有一种平等的权利。第二个原则:社会的和经济的不平等应这样安排,使它们被合理地期望适合于每一个人的利益;并且依系于地位和职务向所有人开放。"④

"法的关系正像国家的形式一样,既不能从它们本身来理解,也不能从所谓人类精神的一般发展来理解,相反,它们根源于物质的生活关系",而对这种物质生活关系的解释应当到政治经济学中去寻找,"人们在自己生活的社会生产中发生一定的、必然的、不以他们的意志为转移的关系,即同他们的物质生产力的一定发

---

① [美]约翰·罗尔斯:《正义论》,何怀宏等译,中国社会科学出版社 1988 年版,第 2—3 页。

② [美]约翰·罗尔斯:《正义论》,何怀宏等译,中国社会科学出版社 1988 年版,第 113 页。

③ [美]约翰·罗尔斯:《正义论》,何怀宏等译,中国社会科学出版社 1988 年版,第 115 页。

④ [美]约翰·罗尔斯:《正义论》,何怀宏等译,中国社会科学出版社 1988 年版,第 56 页。

展阶段相适应的生产关系。这些生产关系的总和构成社会的经济结构,即有法律的和政治的上层建筑竖立其上并有一定的社会意识形式与之相适应的现实基础。物质生活的生产方式制约着整个社会生活、政治生活和精神生活的过程。"①无论传统的社会契约理论还是罗尔斯的作为公平的正义理论,对社会制度起源的解释及其所奉行的"自然状态"和"原初状态"先验假设,均忽视了社会及其制度形态存在的物质基础,因而它们并非一种符合历史的科学解释。但是,这些理论却论证了国家、政府、制度以及权利和义务存在的合法性与合理性,并赋予它们一种价值和伦理内涵。作为一定社会生产关系的集中体现,社会的制度形态是与一定的生产力发展阶段相适应的,它集中反映了在社会中占统治地位的利益集团的利益诉求,同时,作为协调人与人之间的关系和行为的规则体系,社会的制度形态也是一种社会理性的集中体现,它必须要建立在一定的社会公正原则的基础之上。"制度建立的一个重要条件是它必须建筑在'公义基础'之上,即社会成员共同接受或承认的合乎情理和期待的判断标准之上。"②

(二)制度伦理的形式伦理:制度效率

制度公正是制度伦理的终极价值追求,然而,这一终极价值的实现必须诉诸于一定的制度形式,包括一系列制度的设计、组织和实施等。也就是说,制度公正必须通过一种基于公正理念的有效率的制度供给机制才能最终变为现实。在这里,制度效率具有两个方面的含义,一方面,它是指制度供给所带来的经济效益和社会

---

① [德]马克思、[德]恩格斯:《马克思恩格斯选集》第二卷,中共中央马克思、恩格斯、列宁、斯大林著作编译局编译,人民出版社 1995 年版,第 32 页。
② 周雪光:《制度是如何思维的?》,《读书》2001 年第 4 期。

效益,在这个意义上,一项有效率的制度意味着它能够最大化地促进经济、社会的发展,同时实现经济效益和社会效益的最大化;另一方面,它指的是制度自身的供给效率,即制度设计、组织和实施过程中的效率,在这个意义上,一项有效率的制度意味着它应当使制度供给过程中所花费的时间、人力、物力、财力等制度成本最小化。[①] 显然,制度效率的这两个方面是内在一致的,制度效率所追求的目标即应当是以最小化的制度成本获得最大化的制度收益。在对制度安排及其创新问题进行分析时,新制度经济学经常使用这种成本—收益分析的方法。"如果预期的净收益超过预期的成本,一项制度安排就会被创新。只有当这一条件得到满足时,我们才可望发现在一个社会内改变现有制度和产权结构的企图。"[②]但是,制度安排及其创新的成本和收益有时是很难作出准确计量的,因为,对于一项制度安排来说,无论其成本还是收益,并不总是可以用数字来进行衡量的;况且,有些制度安排,由于时滞问题的存在,其成本和收益可能需要较长一段时期才可以显现出来。因此,尽管新制度经济学者将经济学的成本—收益分析应用于对制度问题的分析增强了制度理论的解释力,但是,由于制度安排较一般的纯粹经济活动情况更为复杂,对于这种成本—收益的准确核算可能是他们难以解决的一个问题。然而,这并不是说,对于一项制度安排的成本和收益,或者说制度的效率,根本无从衡量。事实上,在现实中,"这些不可计量的成本和收益却可能被制度变迁的主体(个

① 施惠玲:《制度伦理研究论纲》,北京师范大学出版社 2003 年版,第 176—177 页。
② [美]R.科斯等:《财产权利与制度变迁——产权学派与新制度学派译文集》,上海三联书店 1991 年版,第 274 页。

人或团体)'估算'出来"。① 不同利益集团对于制度安排预期成本和预期收益的"估算",决定着制度设计或者制度变迁的方向。

公平、公正以及平等与效率的关系似乎是一种难以化解的矛盾。"对效率的追求不可避免地产生出各种不平等",强调公平、公正、平等似乎又有损于效率原则,因此,"在平等与效率之间,社会面临着一种抉择。"②无论古典的思想家还是现当代学者,很早就已经注意到社会公平、公正以及平等中的效率问题。在对具体的公正及其行为的论述中,亚里士多德将其分为分配的公正、矫正的公正、回报的公正、政治的公正等。现在看来,这些类型的公正其实分别涉及到了社会领域、法律领域、经济领域和政治领域的公正问题。其中,对于作为社会正义的分配公正,亚里士多德认为,"公正必定是适度的、平等的(并且与某些事物相关的)。作为适度,它涉及两个极端(过多与过少);作为平等,它涉及两份事物;作为公正,它涉及某些特定的人。"在亚里士多德看来,"两个人相互是怎样的比例,两份事物间就要有怎样的比例。因为,如果两个人不平等,他们就不会要分享平等的份额。只有当平等的人占有或分得不平等的份额,或不平等的人占有或分得平等的份额时,才会发生争吵和抱怨。"所以,"公正在于成比例","比例是比率上的平等"。③ 可见,在亚里士多德那里,公正并不意味着无差别的同等对待,而是一种基于差异性之上的相同差别给予相同待遇。对于资源配置的效率标准,意大利学者帕累托(Pareto)提出了著名

---

① 卢现祥:《西方新制度经济学》,中国发展出版社 2003 年版,第 99 页。

② [美]阿瑟·奥肯:《平等与效率》,王奔洲等译,华夏出版社 1987 年版,第 1 页。

③ [古希腊]亚里士多德:《尼各马可伦理学》,廖申白译,商务印书馆 2003 年版,第 134—135 页。

的"帕累托效率"理论,"对于某种经济的资源配置,如果不存在其他生产上可行的配置,使得该经济中的所有个人至少和他们在初始时情况一样良好,而且至少有一个人的情况比初始时严格地更好,那么这个资源配置就是最优的。"①也就是说,如果一种资源配置状态的改变可以使至少一个人的状况变好,而又没有使任何人的状况变坏,这种资源配置状态就是最优的。"帕累托效率"是"评价一种体系的效率的最具有综合性的方法,因为它们使用的社会状态概念所具有的内涵,足以把生产资源的配置方式、生产的组织方式以及消费品的分配——就所有这些因素影响着人们处境改善的程度而言——都考虑进来。"②然而,"帕累托效率"是一种形式优美但极其严格的效率标准,事实上,一项制度的设计和实施,很难做到使一些人状况变好的同时不使另一些人的状况变坏;况且,帕累托只注意到效率条件满足过程中没有人利益受损,却忽视了这一效率条件产生过程中可能存在的不公平和不公正问题,因为,"一种多数人一无所有而少数人却无所不有的状态",事实上也可以是"帕累托效率"状态。③ 罗尔斯认为,在"帕累托效率"的区域内"事实上有许多效率点","效率原则本身并不能选择一种有效率的对特殊产品的分配方式。要在这些有效率的分配中挑选一个,需要采取其他的原则,比方说,一个正义的原则"。④ 在罗

---

① [英]约翰·伊特韦尔等编:《新帕尔格雷夫经济学大辞典》第3卷,陈岱孙等编译,经济科学出版社1996年版,第868页。
② [美]艾伦·布坎南:《伦理学、效率与市场》,廖申白、谢大京译,中国社会科学出版社1991年版,第10页。
③ [美]艾伦·布坎南:《伦理学、效率与市场》,廖申白、谢大京译,中国社会科学出版社1991年版,第14页。
④ [美]约翰·罗尔斯:《正义论》,何怀宏等译,中国社会科学出版社1988年版,第64页。

尔斯看来,事实上存在着多种有效率的制度安排,每一制度安排代表着一种利益分配方案,应当通过一种正义原则,在它们之间选择出一种有效率的同时也是正义的分配形式。罗尔斯认为,这一理想状态可以通过机会公平原则和差别原则的有机结合得以实现。"这一原则通过挑选出一种特殊地位消除了效率原则的不确定性。基本结构的社会和经济不平等将通过这一地位来判断。我们假定存在着平等的自由和公平机会所要求的制度结构,那么,当且仅当境遇较好者的较高期望是作为提高最少获利者的期望计划的一部分而发挥作用时,它们是公正的。"①在平等自由原则以及机会的公正平等原则和差别原则中,罗尔斯提出一种词典式序列来解决两个原则孰先孰后的优先性问题。他认为,在这两个正义原则中,第一个原则优先于第二个原则,第二个原则中机会的公正平等原则又优先于差别原则。通过这两个优先原则,不难发现,尽管罗尔斯强调不平等的分配应该有利于最少受惠者的最大利益,但是仍可觉察到在其背后隐藏的"正当对善的优先"的自由主义基本理念。

如果说上述学者是在强调制度的公平、公正理念的同时并没有放弃对制度效率的追求的话,新自由主义学者则从维护个人自由、倡导市场竞争出发,强调一种基于市场和一般规则所具有的自发秩序的效率机制。"经济自由主义反对以协调个人努力的低级方法去代替竞争。它将竞争视作优越的,这不仅因为它在大多数情况下都是人们所知的最有效的办法,而更因为它是我们的活动在没有当局的强制和武断的干预时能相互协调的唯一方法。"②哈

---

① ［美］约翰·罗尔斯:《正义论》,何怀宏等译,中国社会科学出版社 1988 年版,第 71 页。

② ［英］哈耶克:《通往奴役之路》,王明毅等译,中国社会科学出版社 1997 年版,第 41 页。

耶克认为,政府只限于制定适用于一般情况的规则,听任个人针对具体情况自由行动,因为,只有那些与具体情况相关的个人,才最充分地了解这些具体情况,并采取相应的行动。个人要想作出合理、有效的决策,就必须能够预见可能影响到这些决策的政府行为。因此,政府制订的规则应当不以那些既不能预见、也无法事先加以考虑的具体环境为转移,因为,如果政府能够精确地预见到其各种可能的行为对某些人的影响时,就意味着它可以对各种目标进行选择,这就使得那些很容易受到政府行为影响的个人失去任何可以自由选择的余地。哈耶克的自由主义理念是几近彻底的,在他看来,自由竞争和政府规制是根本难以相容的,"竞争和集中管理二者如果是不完全的,都将成为拙劣的和无效率的工具,它们是用来解决同一问题的只能任择其一的原则,把两者混合起来就意味着哪一个也不能真正地起作用,其结果反而比始终只凭借二者之一的情况还要糟些。或者换一种说法:计划与竞争只有在为竞争而计划而不是运用计划反对竞争的时候,才能够结合起来。"①哈耶克反对国家福利主义思想,认为依据单一计划指导的所谓公共利益、全体福利等,预先假定存在一个完整的伦理准则,其中人类的各种不同的价值都适得其位。事实上,国家的福利如同一个人的幸福,依赖于许多事物,这些事物可能以不同的组合形式表现出来,构成一个具有不同目标等级、各种需要都在其中占据一席之地的全面的价值尺度。哈耶克认为,每个人都应得到道义上应得份额的分配公正思想,在人类合作或者交换的秩序中毫无意义,因为,可获得的产品的规模取决于与道义无关的产品分配方式,除了市场

---

① [英]哈耶克:《通往奴役之路》,王明毅等译,中国社会科学出版社 1997 年版,第 45—46 页。

外,没有人能够确定个人对整个产品贡献的大小,也无法确定应该给一个人多少报酬。由市场过程决定的分配是最公平的,也是最有效率的,任何人为的分配方式都会破坏其公平和效率。"没有不平等,人类既不可能达到也无法维持其现有的人口数量,而这种不平等既不受任何审慎的道德判断的左右,也与这样的判断不可调和。"①与哈耶克的自由主义主张一致,弗里德曼认为,社会的价值准则、文化传统、社会习俗等都是通过自愿的交换和自发的合作发展起来的,这种自愿交易和自发合作是一种有效率的社会机制。"自愿交易占支配地位的经济内部就具有促进繁荣和人类自由的潜力。它也许在这两方面不能完全发挥其潜力,但就我们所知,凡达到过繁荣和自由的社会,其主要组织形式都必然是自愿交易。"②政府只是自愿合作的一种形式,是人们用来组织经济活动、实现自愿交易、达到某些目标的方法。弗里德曼主张机会平等,但反对结果均等。他认为,结果均等意在每个人享有同等水平的生活或收入,它排斥了自由竞争,造成政府职能范围的扩张,也限制了人们的自由。弗里德曼认为,在自由市场制度与广泛的社会目标之间并没有根本抵触的地方,但是,由一些人决定另一些人应当为他人做些什么的方法,追求的是一种结果均等,也是与自由主义理念背道而驰的。

制度公正与制度效率并不是矛盾的,学者们对于二者所表达出来的似乎相互迥异的观点,概而言之,主要源于以下两个方面。首先,"制度公正"与"制度效率"的关系在现实中往往被表述为"制度公平"与"制度效率"的关系。"公平所含有的'不偏袒'的

---

① 〔英〕哈耶克:《致命的自负》,冯克利等译,中国社会科学出版社 2000 年版,第 136 页。

② 〔美〕米尔顿·弗里德曼、罗斯·弗里德曼:《自由选择:个人声明》,胡骑等译,商务印书馆 1982 年版,第 16 页。

含义,常常是作为一种分配的标准和原则来使用的,即常常被理解为收入和财富存量的均等的分配。"①其次,"制度公正"与"制度效率"的看似矛盾还源于伦理学家和经济学家各自从不同的学科背景出发思考问题。"经济学家试图只根据效率来评价市场而忽视伦理问题,而伦理学家(以及规范的政治理论家)的特点则是(在从根本上思考了有关效率的考虑之后)蔑视效率考虑而集中思考对市场的道德评价。"②事实上,从深层次看,"制度公正"与"制度效率"是相辅相成的,共同构成制度伦理不可分割的两个方面,没有一种公正的制度安排,就难以形成一种有效率的社会竞争与合作机制;没有一种有效率的制度安排,社会的公平公正无论从机会上还是从结果上都无法实现。"如果平等和效率双方都有价值,而且其中一方对另一方没有绝对的优先权,那么在它们冲突的方面,就应该达成妥协。这时,为了效率就要牺牲某些平等,并且为了平等就要牺牲某些效率。然而,作为更多地获得另一方的必要手段(或者是获得某些其他有价值的社会成果的可能性),无论哪一方的牺牲都必须是公正的。"③

三、公共性职业教育培训
有效供给的制度伦理

国际劳工组织(ILO)认为,政府通过提供公共就业服务

---

① 倪愫襄:《制度伦理研究》,人民出版社 2008 年版,第 159 页。
② [美]艾伦·布坎南:《伦理学、效率与市场》,廖申白、谢大京译,中国社会科学出版社 1991 年版,第 3 页。
③ [美]阿瑟·奥肯:《平等与效率》,王奔洲等译,华夏出版社 1987 年版,第 86—87 页。

(PES)参与劳动力市场的合理性,不仅出于人力资源在国民经济发展中重要性的考虑和改善社会福利的需要,而且还存在以下理由:(1)公共就业服务可以提高劳动力市场运作的效益,提高劳动力市场信息的透明度。(2)公共就业服务是促进公正地进入劳动力市场和保护可能处于劣势群体的一种有用的手段。(3)公共就业服务有助于抵消结构调整对劳动力需求所带来的负面作用。(4)在有失业救济制度的国家,公共就业服务可以用来提供措施保证救济领取人能尽快就业。[①] 我们当然不能期待公共性职业教育培训成为一剂解决任何问题的良方,但是,公共性职业教育培训所具有的人力资本投资、文化资本赋予、社会福利政策以及公共产品性质,使得公共性职业教育培训有效供给在促进经济发展、强化社会流动、救治社会失业、维护公平正义方面具有不可忽视的重要功用。

(一)作为一种人力资本投资,它可以有效促进经济发展

尽管古典经济学家对人的因素在国民生产中的作用已有所觉察,"工人增进的熟练程度,可和便利劳动、节省劳动的机器和工具同样看作是社会上的固定资本。学习的时候,固然要花一笔费用,但这种费用,可以得到偿还,赚取利润",[②]但是,传统经济理论的主流仍然把物质因素当作国民财富或经济增长的主要源泉。20世纪30年代,美国经济学家沃尔什(J.R.Walsh)提出了人力资本的概念,其后,经过美国经济学家舒尔茨(T.W.Schultz)等人的完

---

① 国际劳工组织:《变化中的劳动力市场:公共就业服务》,劳动和社会保障部国际合作司/培训就业司译,中国劳动社会保障出版社2002年版,第16—17页。
② [英]亚当·斯密:《国民财富的性质和原因的研究》上卷,郭大力、王亚南译,商务印书馆1972年版,第258页。

善,逐渐形成了一个对教育和经济发展产生了重大影响的理论流派。二战以后,世界上不少工业化国家先后经历了一个经济高速发展期,在说明其高速发展原因时,不少经济学家发现,除了资本存量和劳动力数量的增加外,还有一部分是传统经济理论所无法作出合理解释的。舒尔茨认为,传统经济理论之所以不能令人满意地解释许多国家经济的迅速增长,是因为其忽略了人力投资这一促进国民经济增长的主要原因。他认为,对资本概念的全面理解应当包括人和物两个方面,即人力资本和物力资本。人力资本包括一个社会中从事有用工作的人数、劳动时间等量的方面和人的技艺、知识、熟练程度等可以影响人的工作能力的质的方面,其中,舒尔茨更加强调后者,认为它是人力资本概念的内涵,"人力资本的显著标志是它属于人的一部分。它是人类的,因为它表现在人的身上;它又是资本,因为它是未来满足或未来收入的源泉或两者的源泉。在人力无偿提供的地方,人力资本不是一种能出售的可转让资产。人们当然能获得它,但不是作为一种市场上出售的资产而是通过向自身投资。由此可见,没有人能把自己同他所拥有的人力资本分开。他必将始终带着自己的人力资本,无论这笔资本是用于生产还是用于消费。"[1]针对将教育视为一种消费行为的传统看法,舒尔茨指出:"尽管在某种程度上教育可以说是一项消费活动,它为受教育的人提供满足,但它主要是一项投资活动,其目的在于获取本领,以便将来进一步得到满足,或增加此人作为一个生产者的未来收入。"[2]舒尔茨认为,人力资本投资主要

---

① [美]西奥多・W.舒尔茨:《人力资本投资——教育和研究的作用》,蒋斌、张蘅译,商务印书馆1990年版,第40页。

② [美]西奥多・W.舒尔茨:《人力资本投资——教育和研究的作用》,蒋斌、张蘅译,商务印书馆1990年版,第62页。

集中在五个主要方面:(1)卫生保健设施和服务,包括影响人的预期寿命以及保持人的体力、精力和耐力的全部开支。(2)在职培训,包括传统的学徒制训练。(3)正规的初等、中等和高等教育。(4)各种成人教育计划,特别是农业方面的校外学习计划。(5)个人和家庭适应不断变化的就业机会而进行的迁移。舒尔茨认为,在决定全部资本收入比率的动机和偏好本质上保持不变的假定前提下,尽管各种物质资本储量的相对收入有可能下降,但由于人力资本储量的相对收入在一直上升,因而全部资本的收入比率不会下降。这表明,始终令人们感到困惑而难以解释的经济增长主要来源于人力资本储量的增长。舒尔茨将人力资本理论应用于对发展中国家特别是贫困国家农业发展的分析中。"世界上的人大多数非常贫穷。倘若我们懂得了穷国的经济学,就会理解经济学中许多真正重要的问题。世界上的穷人大部分都靠农业谋生,倘若我们懂得农业经济学,就会深入了解贫穷国家之经济学的很多主要内容。"①他认为,传统的农业经济观对空间、能源和耕地过分倚重,而忽视了知识技能、人口质量对于提高劳动生产率的重要作用。事实上,许多低收入国家的农业生产具备潜在的经济能力生产足够的食物,以满足不断增长的人口需要,改进其收入水平和福利状况。"土地本身并不是使人贫穷的主要因素,而人的能力和素质却是决定贫富的关键。旨在提高人口质量的投资能够极大地有助于经济繁荣和增加穷人的福利。"②

　　舒尔茨认为,在一般情况下,通过教育形成的凝聚在劳动者身

① [美]西奥多·W.舒尔茨:《论人力资本投资》,吴珠华等译,北京经济学院出版社1990年版,第40页。
② [美]西奥多·W.舒尔茨:《论人力资本投资》,吴珠华等译,北京经济学院出版社1990年版,第44页。

上的知识、技能和能力,体现在生产过程中,可以带来社会劳动生
产率的提高,进而促进生产的发展和经济的增长。然而,教育和经
济增长不仅体现为这种显性的、直接的关系,教育对经济增长的贡
献还表现在它可以提高人的"分配能力"或者"处理不均衡状态的
能力",即一种"有意识地根据经济条件的变化重新分配(配置)他
们自己的资源(如财产、劳动、金钱、时间等)"的能力。① 也就是
说,即便在生产条件和经济条件发生变化,因而通过教育获得的原
有的生产技能不再适应新的技术和经济环境的情况下,由于教育
发展了人的这种"分配能力"或者"处理不均衡状态的能力",使人
能够及时获得周围环境变化的信息,并作出准确的判断和适当的
反应,人们同样可以迅速采取适应当前生产条件和经济条件的新
技术,重新分配自己的资源。正是在这种技术和资源的不断调整
的过程中,社会劳动生产率的提高和经济的增长才得以不断实现。
沃尔什把教育对经济生产的作用方式区别为"工作效果"和"分配
效果"。他把教育在提高工人的劳动能力和提高社会劳动生产效
率方面的作用称之为教育的"工作效果";把教育在提高工人获得
和分析有关生产信息的能力方面的作用称之为教育的"分配效
果"。沃尔什认为,在技术变动的经济中,受教育多的人比受教育
少的人在评价、判断新机会时更有效,因为他们能更快地区分在这
样一种经济中那些系统的和散在的因素,从而比未受过教育的人
或者受过较少教育的人具有更高的生产效率。② 教育不仅提高了
人对于自身所拥有的资本、技术、劳动等资源的有效和合理分配能

---

① 王善迈主编:《教育经济学概论》,北京师范大学出版社 1989 年版,第
360 页。
② 王善迈主编:《教育经济学概论》,北京师范大学出版社 1989 年版,第
361 页。

力,而且还提高了人的时间的价值。"对人力资本和有用知识的公共的和私人的投资,对于导致人的时间价值增长具有举足轻重的作用。"①在论证人力资本存量对于经济增长的作用时,舒尔茨引入了时间分配理论,通过建立模型分析了时间价值所产生的价格及收入效应。他认为,人的时间价值的增长是人力资本形成的结果,人的时间以及人对时间的有效利用能力具有越来越高的经济价值,有效地分配和利用时间的能力是人力资本的重要组成部分。人的时间价值的提高所产生的价格和收入效应包括:它扩展了对劳动者权力的制度保护,与财产权相比,人力资本权力变得更为有利;与物质资料所附加的价值相比,产品中劳动附加的价值提高了;工作时间减少了;在国民收入中劳动所创造的价值的份额提高了;人口出生率降低了;人力资本保持着高增长率;人的时间价值的提高对制度产生了新的要求,为了保持资本的价值,人们寻求政治上的支持,从而会对政治、法律等制度形态产生一定的影响。②

　　人力资本理论固然具有一些理论缺憾,但是,它重视人的价值、强调人力资本投资的意义,无疑具有一定的理论价值。事实上,人力资本投资对于个体收入增长以及国家经济发展所具有的积极意义是毋庸置疑的。人力资本投资包括多个方面,如卫生保健、医疗、教育、就业迁移等,其中教育是形成人力资本存量的关键维度。教育包括正规学校教育和非正规教育培训,正规学校教育具有基础性、知识性、系统性等特点,对于提高人的认知能力和获取知识的能力进而提高国家的人力资本存量具有重要作用;非正

---

① 〔美〕西奥多·W.舒尔茨:《论人力资本投资》,吴珠华等译,北京经济学院出版社1990年版,第183页。

② 〔美〕西奥多·W.舒尔茨:《论人力资本投资》,吴珠华等译,北京经济学院出版社1990年版,第175页。

规教育培训具有的针对性、职业性、时效性等特点,它与社会生产和经济的发展密切相关,在提高国家的人力资本存量方面同样发挥着不容忽视的作用。"将教育视为一种人力投资过程的分析范围内,一定不要忘记正规的学校教育或培训既不是培训劳动力的唯一方法,也不是足够的方法。从某种层次的学校毕业并不标志着培训过程的完结。它通常是一个更一般和预备性的阶段的结束,和一个在进入劳动力以后更专门化并且经常是持久性的获得职业技能过程的开始。"①在我国经济体制改革、经济增长方式转变,以及经济结构、产业结构和人口结构变化过程中大量涌现的城市失业、转业和无业人员、农村剩余劳动力、城乡新增劳动力等群体,普遍存在着知识素质不高、职业技能缺乏等问题,这一现象的存在不仅带来了大量的社会问题,而且也导致我国在人力资源方面总体上表现出人口素质不高、人力资本存量偏低的现实状况,这一状况与我国经济发展不相适应,在根本上制约着我国经济社会的可持续性发展。因此,正是从这个意义上讲,面向新型农业经营主体、农村剩余劳动力、农民工、贫困人口、下岗失业人员、大学生、退役士兵以及城乡新增劳动力等社会特定群体和基层劳动者开展的公共性职业教育培训对于提高个体的职业技能和国家的人力资本存量,进而促进个人收入的增长和国家的经济发展具有重要价值。

(二)作为一种文化资本赋予,它可以有效强化社会流动

"文化资本"是法国社会学家布迪厄(Pierre Bourdieu)社会学理论中的一个重要概念。布迪厄把"资本"概念引入社会学领域,

---

① 〔美〕雅各布·明塞尔:《人力资本研究》,张凤林译,中国经济出版社 2001 年版,第 141 页。

并赋予其特定含义。在这里，它既不同于马克思主义政治经济学也不同于西方经济学中的"资本"概念，而是一个社会学范畴。"资本是积累的劳动（以物化的形式或"具体化的"、"肉身化的"形式），当这种劳动在私人性，即排他的基础上被行动者或行动者小团体占有时，这种劳动就使得他们能够以具体化的或活的劳动的形式占有社会资源。"①在布迪厄看来，资本是一种权力的形式，是铭写在客体或主体结构中的一种力量，同时也是一种维护社会世界以某种方式运行的规则体系。从个体的角度而言，社会中的每个人都在竭力扩大自己的资本，以增强对自我和他人的未来进行控制的能力，界定自我发展的社会轨迹；从社会的角度而言，正是资本的不同分配形式及其合法化型塑了整个社会的内在结构，构成现实中的一整套的强制性因素，从而以一种持久的方式控制着实践成功的可能性。布迪厄将资本分为经济资本、文化资本和社会资本三种基本形态。经济资本就是经济学所理解的那种资本类型，它可以立即并且直接转换成货币形式，通常以财产权的形式被制度化；文化资本具有很大的普遍性，因而在一定程度上可以称之为信息资本，它通常以教育证书的形式被制度化，在某些条件下能够转换成经济资本；社会资本则是个人或者群体凭借一种相对稳定、彼此熟悉并且在一定程度上制度化的关系网络而积累起来的资源的总和。它通常以社会义务（联系）组成，以某种高贵头衔的形式被制度化，在一定条件下也可以转换成经济资本。② 资本

---

① ［法］皮埃尔·布迪厄：《文化资本与社会炼金术》，包亚明译，上海人民出版社 1997 年版，第 189 页。

② 参见皮埃尔·布迪厄：《文化资本与社会炼金术》，包亚明译，上海人民出版社 1997 年版，第 192 页；［法］皮埃尔·布迪厄、［美］华康德：《实践与反思——反思社会学导引》，李猛等译，中央编译出版社 2004 年版，第 161—162 页。

的不同类型之间是可以相互转换的,其中经济资本是其他资本类型的根源,但是,这并不是说,可以将其他类型的资本形式完全简化为经济资本,因为,这些类型的资本已经产生了属于它们的最特别的效果,即相对于经济交换的直接、透明而言,社会交换具有根本意义上的间接性、含混性,并假定了信任、欺骗等社会因素的存在。正是在这个意义上,布迪厄认为,除了以上三种基本的资本类型外,还有必要引入符号资本的概念。"当我们通过各种感知范畴,认可上述三种形式的资本的各自特定逻辑,或者,如果你愿意说是误识了这些资本占有和积累的任意性,从而把握了这几种资本的话,我们就说这些资本采用的形式是符号资本。"①也就是说,符号资本是其他资本类型的一种符号化,当其他资本类型以某种曲折或者虚幻的形式遮蔽了它们的本来面目或者将某种权力分配合法化的时候,这些资本形式就成为了一种符号资本。

布迪厄认为,文化资本可以分为三种形式,即具体化的形式、客观化的形式和制度化的形式。文化资本的基本状态是与身体相联系的,并体现为一定程度上的实体性和具体性。具体化形式的文化资本以精神和身体的"习性"或者"惯习"的形式存在,包括文化、教育、修养等。这种具体化形式的文化资本"身体化"为个体的一部分,因而它不像金钱、财产、头衔一样可以通过交换、购买或者馈赠即时地获取,而是需要较长时间的个体化投入的积累才可以实现,其中,早期家庭教育和学校教育对于这类文化资本的形成发挥着重要作用。客观化形式的文化资本以文化资本的"物化"

①　[法]皮埃尔·布迪厄、[美]华康德:《实践与反思——反思社会学导引》,李猛等译,中央编译出版社 2004 年版,第 161 页。

形式存在,包括文学、绘画作品和工具、机器等。这种形式的文化资本虽然表现为一种物质性,但是它必须通过象征性的方式才可能呈现出来,因此,客观化形式的文化资本只有放在与具体形式的文化资本的关系中才有意义。也就是说,客观化形式的文化资本的占有者虽然占有这类文化资本,但是,为了充分显现它们或者为了达到有效使用的目的,他们必须通过亲自或者代理的方式接近其具体化的文化资本。因此,当结合在客观化形式的文化资本中的具体形式的文化资本显著增长时,文化资本拥有者的资本力量便获得了真正意义上的增长。制度化形式的文化资本以"文凭"或者"资格证书"的形式存在,它将个体的具体化的文化资本通过一种社会公认的学术资格转化为社会的客观化形式的文化资本。这种制度化形式的文化资本将获得学术认可、合法保障的文化资本与那些通过非正式学习获得的文化资本区别开来,并将后者排斥在外。"学术资格和文化能力的证书起了很大的作用,这种证书赋予其拥有者一种文化的、约定俗成的、经久不变的、有合法保障的价值。"①同时,这种制度化形式的文化资本还在不同学术资格的拥有者之间进行相互比较,并使得这些资格拥有者的相互替代成为可能。而且,它还为不同学术资格在文化资本和经济资本之间的转化设定转换率,即经过经济资本转换后形成的这种文化资本还确立了特定拥有者的价值,进而也确立了这一拥有者在劳动力市场所具有的经济价值。

对于文化资本的存在及其所发挥的功能,布迪厄始终抱持的是一种强烈的批判立场。他将文化资本用于教育问题的研究,认

---

① ［法］皮埃尔·布迪厄:《文化资本与社会炼金术》,包亚明译,上海人民出版社 1997 年版,第 200 页。

为正是不同的阶级或阶级集团在文化资本分配方面的不平等造就了不同经济出身的学生在学业成就方面的差异，从而实现着阶级的再生产及不平等社会秩序的保存。官僚制度、教育系统和社会阶级具有某种程度上的同源性。"一个有助于阶级关系机构再生产的系统，有效地服务于'社会秩序'意义上的'社会'，并由此有效地服务于从这一秩序得到好处的阶级在教育方面的利益。"①这种文化资本的传递和获取比经济资本具有更多的伪装性，它总是预先就作为一种符号资本在起作用，因为，在现实中，人们并不承认文化资本是一种资本，只承认它是一种合法的能力或者一种能得到社会承认的权威。文化资本的象征性功效存在于它的传递逻辑之中。个体的文化资本积累往往取决于整个家庭所拥有的文化资本，这种文化资本的积累覆盖了个体社会化的整个阶段，因而具有强大文化资本家庭的后代便具有得天独厚的优势。布迪厄对文化资本及其再生产功能的分析不乏深刻之处，但是他所奉行的这种阶级分析立场也难免带有一定程度上的片面性。首先，布迪厄对文化资本再生产的过分强调，只注重了社会阶级秩序的惰性一面，而忽视了其变迁和创新的一面，既然是"再生产"，就不仅包括"复制"，也应当包括"变革"。② 其次，教育系统具有一定的独立性，并不一味作为阶级或者利益集团服务的工具。虽然布迪厄也承认教育系统的相对独立性，但他同时又认为，正是由于教育系统有自己的相对独立性，使得它"在保证文化资本的世袭性传递的同时，完成它再生产阶级关系的社会功能；在使人相信它的绝对独

---

① ［法］布迪厄、［法］帕斯隆：《再生产——一种教育系统理论的要点》，邢克超译，商务印书馆2002年版，第207页。
② 杨善华主编：《当代西方社会学理论》，北京大学出版社1999年版，第299页。

立幻想的同时,完成它掩饰上述功能的思想功能。"①可见,他所谓的这种相对独立性再一次披上了阶级的外衣。事实上,尽管文化资本具有先天的惰性的一面,在一定程度上复制了原有的社会秩序,但是文化资本的后天积累同时也孕育了社会秩序变革的可能;尽管教育在一定程度上有利于特定社会关系的传递,但是它也在更广泛范围内为人们提供了文化资本积累的机会。因此,从这些意义上讲,正是教育以及通过不断接受教育积累起来的文化资本强化了不同阶层人们的社会流动。

美国社会学家索罗金(Pitirim A. Sorokin)较早地提出了"社会流动"的概念,并将其定义为"个人或社会对象或价值——被人类活动创造的或修改的任何变化——从一个社会位置到另一个位置的任何转变。"②索罗金认为,社会流动可以分为水平流动和垂直流动两种基本类型。水平流动是指个体或社会对象从一个社会集团向另一个相同水平的社会集团的转换;垂直流动是指个体或社会对象从一个社会阶层向另一个社会阶层的变化。根据变化的方向,垂直流动存在两种不同的类型,即向上流动和向下流动。上流动是指个体或者社会群体从一个较低的社会阶层进入到一个较高的社会阶层;反之,向下流动是指个体或者社会群体从一个较高的社会阶层进入到一个较低的社会阶层。对于社会流动,理论上存在着两种社会类型。在一个封闭的社会里,不同社会阶层之间壁垒森严,社会成员一般不会发生向上或向下的社会流动,每个人永远属于所出身的那个社会阶层;另一种相反的理论类型发生在一个开放的社会

---

① [法]布迪厄、[法]帕斯隆:《再生产——一种教育系统理论的要点》,邢克超译,商务印书馆2002年版,第213页。

② [美]格伦斯基:《社会分层(第2版)》,王俊等译,华夏出版社2005年版,第264页。

里,在这种类型的社会中,尽管同样存在着不同的社会分层,但是,不同阶层的社会成员所处的地位是可以不断变化的,每个人都具有相对平等的向上或向下流动的机会。当然,在这两种理想范型之间,存在着更多中间或过渡类型。在传统的城乡二元体制下,我国农村地区在政治、经济、文化、教育等方面长期处于劣势地位,来自农村地区的剩余劳动力及新增劳动力既缺乏先赋的家庭文化资本继承,也没有接受到完整、系统的学校教育而形成后致的文化资本积累。因此,尽管他们实现了社会流动,从农村流入城市,但是较低的适应能力和竞争力使得他们很难真正融入城市生活、实现向高层次产业转移,这就决定了这种剩余劳动力转移方式仅仅是一种水平方向的社会流动。与之相比,城市失业、转业和无业人员尽管可能具备一定的早期文化资本积累,但是结构性因素使得他们的社会流动遵循的是一种垂直方向的向下流动路线。在一个开放型的社会中,教育更多地执行着文化资本赋予的积极功能,是促进社会流动的动力机制。公共性职业教育培训为新型农业经营主体、农村剩余劳动力、农民工、贫困人口、下岗失业人员、大学生、退役士兵以及城乡新增劳动力等群体提供了一种文化资本补偿,对于强化这些基层劳动者向上方向的社会流动,具有不容忽视的积极意义。

(三)作为一种社会福利政策,它可以有效救治失业问题

美国《社会工作词典》将"社会福利"定义为,"第一,一种国家的项目、待遇和服务制度,它帮助人们满足社会的、经济的、教育的和医疗的需要,这些需要对维持一个社会来说是最基本的。第二,一个社会共同体的集体的幸福和正常的存在状态。"[①]可见,社会

---

① 参见尚晓援:《"社会福利"与"社会保障"再认识》,《中国社会科学》2001 年第 3 期。

福利包括两层含义,即作为一种社会制度或者社会政策的社会福利和作为一种社会状态或者社会理念的社会福利。作为一种社会状态或者社会理念,社会福利表达的是一种基于人类社会共同价值追求的存在状态,包括生活上的富足、安全,精神上的快乐、幸福等,同时也表达了一种与之相对应的契合社会公正、制度伦理的社会治理理念。社会福利有着广泛的政治、经济、文化和伦理基础。"福利"的英文对应词是"welfare",它是由"well"和"fare"两个单词组成,意思是"美好的生活"。因而,"福利"首先是与个体的幸福生活相联系的一个概念。然而,个体的幸福生活不只是与社会中的每一个个体的物质生活和精神追求有关,而且是与一个社会的政治、经济及其制度安排密不可分的。于是,必须超越个体的层面,在"社会福利"的层面思考如何才能保证社会中的每一个人过上一种"美好的生活"。这就要求社会应当为每一个社会成员提供基本的物质生活安全保障和均等的实现自我价值的机会,使他们免受物质匮乏、突发灾难的侵扰,过上一种有保障、有尊严的幸福生活。因此,作为一种社会制度或者社会政策的社会福利,也就涉及到通过什么样的社会政策或者制度安排才能最大限度地满足社会成员对于"美好的生活"的追求,社会财富、物品和机会如何在社会成员中分配才能最大程度上实现社会的公平公正等一系列问题。

现代西方社会福利制度是与资本主义工业社会的兴起紧密联系的。资本主义生产方式的确立以及社会化大生产的发展,极大地促进了经济的增长和社会的进步,但同时也带来了贫困、失业、社会不平等、工作和生活条件恶化等大量社会问题,引发了深刻的阶级对立和阶级冲突,导致资本主义基本矛盾的进一步激化。为了缓解日益加剧的阶级矛盾和社会问题,维护资本主义社会的正常运行,西方主要资本主义国家纷纷采取一系列社会福利立法和政策改革,社会福利制度逐渐得以建立和完善起来。现代社会福利制度取代了传统社会中以个人、家庭和社会组织为依托的自发社会保护机制,在减缓贫困和缩小收入差距方面发挥着积极的作用。但是,作为一种社会再分配的政府干预机制,社会福利制度也一直备受自由主义社会经济政策信奉者诟病。他们认为,政府的社会福利政策干扰了市场经济的正常运行,不仅不利于贫困问题的解决,还会导致人们对于福利的依赖,只有通过市场才能发挥资源配置的效率机制,才会促进经济的发展,进而惠及每一个社会成员。然而,自由主义者们将社会发展简化为经济发展,将经济发展奉为解决一切社会问题的圭臬,同时也把基于收入分配调节的社会福利与经济发展对立起来,忽视了二者相互促进的一面。事实上,社会的公正、和谐、稳定及其凝聚力不仅具有政治和伦理意义,对经济发展也同样具有不容忽视的重要价值。社会福利政策不只具有促进公平的再分配功能,向社会成员提供的社会保障、教育培训、医疗服务等社会福利从根本上来说是一种人力资本投资,不仅可以增加社会成员的经济收入,改善其生活质量,对社会经济的发展也同样具有重要贡献。相反,缺少必要的社会福利制度和社会福利政策则会对经济社会的发展产生不少负面影响,如人们会由于缺少有效的风险保护机制而陷入贫困陷阱,造成高昂的贫困事后补偿成本;由于政府对公共福利和公共服务投资不足,社会成员的生活质量、健康、教育水平和技能等都将会受到直接的影响,而导致国家当前和未来的人力资本损失;政府公共职能的缺失使得家庭承担更多的责任和风险,社会贫富分化和不公平加剧,必然造成公众基本社会价值和普遍社会凝聚力的缺失,从而对社会的稳定和政府公信度产生损害。①

从西方社会福利制度的发展来看,早期的社会福利主要是针对失业、贫困、年老、疾病等有特殊需要的社会弱势群体,为了救治社会病态而提供福利服务,继而扩展到全体社会成员并逐渐制度化,服务的内容也从简单救助扩大到社会保障、医疗卫生、教育培训等社会福利项目。近年来,西方欧美国家的社会福利政策从被动地提供收入保障,逐渐转向帮助人们尽快获得工作的积极的社会福利政策。不少国家认识到,那种只限于提供收入保障的社会福利政策,并不能从根本上解决问题,社会福利政策必须以增强贫困者的经济和社会能力为原则,使他们融入到社会中来,其中首要的便是劳动者必须具有进入劳动力市场的竞争能力,因而,社会福利政策的重点要从创造就业机会转为提升社会成员的就业能力。② "工作福利"即是在这样的背景下提出的。20世纪60年代,特别是80年代以来,为了缓解日益增长的财政危机,克服传统福利国家政策的种种弊端,不少西方欧美国家纷纷对传统的社会福利政策进行改革,变消极的社会福利制度为积极的社会福利制度,将"福利"转变为"工作",即通过在经济、教育、培训等领域的政府投资和个人投资,提高福利受益人进入劳动力市场的能力。美国《社会工作百科全书》对"工作福利"的定义为,"有就业能力的福利接受者在享受援助时,应当提供服务劳动,以这一要求为条件的福利项目,为了与现金救济相区别,曾被称为'工作救济'(work relieve)。如今,此项福利政策通常被称为'工作福利'

---

① 参见徐月宾、张秀兰:《中国政府在社会福利中的角色重建》,《中国社会科学》2005年第5期。

② 参见徐月宾、张秀兰:《中国政府在社会福利中的角色重建》,《中国社会科学》2005年第5期。

（workfare）。"①对于工作福利,在学术界并没有形成一个统一概念,一般而言,"工作福利"可以被理解为"为福利而工作"或是"以工作为目标的福利",但在现实中,不少学者倾向于将任何鼓励或者促使人们从接受福利转向有偿工作的政策干预都视为工作福利政策。工作福利的干预方式分为两种:一是对劳动力供给的干预,帮助领取社会福利者克服就业障碍,鼓励他们寻找工作。二是对劳动力需求的干预,鼓励雇主更多地雇佣领取社会福利者,并通过人力资本投资提升领取社会福利者的雇佣价值。在工作福利的具体政策上,主要采取了以下一些措施:一是通过发放就业补贴、提供教育培训、增加工作岗位等手段,为领取社会福利者提供更多的工作机会。二是通过教育培训、就业咨询服务等,改变那些长期领取社会福利者的态度和动机。三是通过税收改革和福利待遇调整,从政策上更加明确地激励社会福利的申请者积极地利用各种工作机会。②

　　20世纪80年代中期,我国初步建立了失业保险制度,为失业人员提供失业救济、失业医疗补助和就业、再就业服务。经过20多年的发展,我国基本建立起了以国有企业下岗职工基本生活保障、失业保险和城市居民最低生活保障为内容的"三条保障线"制度,将下岗失业人员的生活保障、社会保障和再就业紧密联系起来。然而,我国当前的就业形势仍然十分严峻,"劳动年龄人口众多,国民教育水平较低,就业矛盾十分突出。主要表现在:劳动力供求总量矛盾和就业结构性矛盾同时并存,城镇就业压力加大和

① 参见张敏杰:《工作福利政策及对中国的启示》,《浙江社会科学》2006年第4期。
② 参见李丹、徐辉:《欧美国家的工作福利政策及其启示》,《厦门大学学报(哲学社会科学版)》2008年第4期。

农村富余劳动力向非农领域转移速度加快同时出现，新成长劳动力就业和失业人员再就业问题相互交织。"①所谓总量矛盾，是指从总量上来说劳动力供给大于需求，这意味着我国就业问题的长期性；所谓结构性矛盾，主要是指就业存在着地区间和行业间的不平衡，表现为"一是与农村劳动生产率提高相伴随的农村剩余劳动力向城镇地区的加速流动；二是因经济结构调整所引起的大规模城镇职工下岗和失业"，②这意味着我国就业问题的急迫性。2002 年，中共中央、国务院召开了全国再就业工作会议，会后形成的一系列文件确立了我国积极就业政策的基本框架。"让失业者尽快回到就业的队伍之中是解决失业问题的根本措施，积极就业政策的核心就是如何提高失业者的就业能力。"③失业保障绝不仅仅是为失业者提供生活保障，积极地为他们提供职业介绍、就业培训等公共就业服务也是其应有之义，且不失为一条有效的途径。

（四）作为一种社会公共产品，它可以有效维护公平正义

我国正处于经济转型和社会转型期，从某种意义上讲，社会变迁的过程也是利益重新调节、重新分配的过程。在这一过程中，不仅原有的经济、政治体制下长期潜伏的问题会逐渐显现出来，而且还会由于利益格局的变化涌现出一些新的问题。例如，长期处于计划经济体制保护下的原国有企业职工的隐性失业由于企业改制

①　中华人民共和国国务院新闻办公室：《中国的就业状况和政策》，《人民日报》2004 年 4 月 27 日。

②　陈佳贵、王延中：《中国社会保障发展报告 No.2（2001—2004）》，社会科学文献出版社 2004 年版，第 171 页。

③　陈佳贵、王延中：《中国社会保障发展报告 No.2（2001—2004）》，社会科学文献出版社 2004 年版，第 177 页。

和转轨而显现出来,他们中的多数文化素质偏低、技能水平不高、竞争意识缺乏,明显不能适应激烈的市场竞争环境,而不得不沦为下岗失业人员;由于受到传统二元经济社会结构所造成的城乡户籍制度和劳动力市场分割的限制,加之受教育水平低下、技能缺乏和对新的就业环境不适应,农村剩余劳动力转移过程并不顺畅,而只能游离于城市的边缘;由于就业制度的变化,专业设置、培养模式与经济结构和市场需求不一致,以及我国劳动市场发育不健全等原因,高校毕业生就业问题也日渐累积;由于基础教育的薄弱、教育结构的不合理以及劳动准入制度的不完备,每年新增的大量劳动力中,尚有相当一部分初高中毕业生在缺乏一技之长的情况下未接受任何技能培训就涌进劳动力市场。改革开放以来,我国经济获得较快增长,然而,贫富差距同时也在逐步拉大。2007 年,我国基尼系数和城乡居民收入比分别由 2000 年的 0.412 和 2.85 扩大到 0.458 和 3.55,①基尼系数已经越过 0.4 这一国际贫富差距"警戒线"并呈进一步增大之势。"某些社会群体处于低层、边缘和困境是由经济、政治和社会原因造成的,是社会的财富和权力分配制度使然。这样,困难群体现象就与一定社会的经济制度、政治制度(包括其具体实施)的伦理特征相联系,它被看成是某些在

---

① 国家统计局:《2007 年中国全面建设小康社会进程统计监测报告》。基尼系数是意大利经济学家基尼(Corrado Gini)于 1912 年提出的,是综合考察一国居民收入分配差异程度的一个重要指标。其经济含义是:在全部居民收入中,用于进行不平均分配的那部分收入占总收入的百分比。基尼系数最大为 1,最小等于 0。前者表示居民之间的收入分配绝对不平均,即 100%的收入被一个人全部占有了;而后者则表示居民之间的收入分配绝对平均,即人与人之间收入完全平等,没有任何差异。但这两种情况只是理论上的绝对化形式,在实际生活中一般不会出现。因此,基尼系数的实际数值只能介于 0—1 之间。国际上通常把 0.4 作为收入分配差距的"警戒线"。

经济、政治和社会资源的分配方面缺乏机会而处于不利地位的人的群体,这种不利地位足以影响到他们基本的正常生活。"①

　　社会困难群体的存在,不只是缘于其物质上的匮乏和经济上的贫困,社会权利上的不足才是造成这一现象的根本原因。"经济贫困是社会权利贫困(poverty of social rights)的折射和表现,经济贫困的深层原因不仅仅是各种经济要素的不足,更重要的是社会权利的贫困,当然还包括与社会权利相关的政治权利、文化权利和经济权利的贫困。"②英国社会学家马歇尔(Thomas H.Marshall)认为,公民权(citizenship)分为公民权利(civil citizenship)、政治权利(political citizenship)和社会权利(social citizenship)三个发展阶段或者三个组成部分,公民权利"由个人自由所必需的权利组成:包括人身自由,言论、思想和信仰自由,拥有财产和订立有效契约的权利以及司法权利";政治权利是指"公民作为政治权力实体的成员或这个实体的选举者,参与行使政治权力的权利";而社会权利则包括"经济福利和保障的权利以及充分享有社会财富的权利,并根据社会通行的标准而过上一种文明的生活",与其密切联系的是教育体制和社会公共服务体系。③ 马歇尔认为,现实中,公民权利赋予的合法权力在行使时受到了阶级偏见和经济机会缺乏的严重限制,政治权利赋予的潜在权力的行使则要求经验、组织及政府功能或者观念的转变,而社会权利的发展程度最低,它还没有嵌入公民权的结构之中,因为,政府和其他组织努力的共同目标仅

---

① 王思斌:《改革中弱势群体的政策支持》,《北京大学学报(哲学社会科学版)》2003 年第 6 期。

② 洪朝辉:《论中国城市社会权利的贫困》,《江苏社会科学》2003 年第 2 期。

③ [英]T. H. 马歇尔、安东尼·吉登斯等:《公民身份与社会阶级》,郭忠华、刘训练等译,江苏人民出版社 2008 年版,第 260—261 页。

仅是减少贫困带来的痛苦,而并没有打破造成这种不平等的模式。印度经济学家森(Amartya K.Sen)认为,贫困和饥饿现象的存在是由于一些人未能得到足够的食物,而并非现实世界中不存在足够的食物。"如果经济繁荣表现为社会不平等的扩大(如有利于城市人口,不利于农村劳动力),那么,繁荣过程自身就有可能成为饥荒的诱因。"①因此,要理解贫困和饥饿,必须首先理解权利体系,并把它们放在权利体系中加以分析。为此,他提出一种权利分析的方法(entitlement approach),强调不同阶层的人们拥有不同的对资源的支配和控制能力,这种能力表现为社会中的权利关系,包括生产机会、交易机会、国家赋予的权利等,并最终决定于法律、经济、政治等方面的社会特性。他认为,个体的权利集合包括资源禀赋和交换权利,资源禀赋是指个人拥有的对各种资源的所有权的组合;交换权利则是指为个人的每一资源禀赋组合规定的个人可以得到的商品组合。"一个人支配粮食的能力或他支配任何一种他希望获得或拥有东西的能力,都取决于他在社会中的所有权和使用权的权利关系。而这些权利关系则取决于他拥有什么? 交换机会能够给他提供什么? 社会可以免费给他些什么? 以及他由此丧失了什么?"②

联合国开发计划署发布的多份人类发展报告一致认为,人类的发展应强调全体社会成员的共同发展和每个人的全面发展,发展的目的是促进人类的幸福,使每一个人都能够享受发展的成果,拥有更多的发展机会、获得更好的医疗服务以及达到更高的生活

---

① [印度]阿马蒂亚·森:《贫困与饥荒——论权利与剥夺》,王宇、王文玉译,商务印书馆2001年版,第201页。

② [印度]阿马蒂亚·森:《贫困与饥荒——论权利与剥夺》,王宇、王文玉译,商务印书馆2001年版,第189页。

水平。经济增长只是实现这些目标的重要手段，它与人类发展之间的关系不是自动产生的，这种关系"不仅要依赖经济增长的数量，也要依靠经济增长的质量与分布状况"。① 因此，尽管政府不能作为"全能政府"，但也不能满足于"有限政府"，它还应充当"责任政府"和"服务政府"，通过提供公共产品和公共服务，维护社会的公平和效率，"无论有意还是无意，所有政府都对经济进行干预，正如许多比较研究所显示的，在那些政府能够发挥积极和建设性的作用的国家中，经济结构调整速度就快，国际竞争力就强，发展就更具有持续性，收入和财富的分配就更加公平。"②公共性职业教育培训是一种公共产品，它在维护社会的公平正义方面发挥着举足轻重的作用。首先，社会的公平正义是建立在人的全面发展基础之上的，而人的全面发展要通过人的能力的不断提升来实现。这里的"能力"具有多方面的含义，包括：（1）健康长寿的能力。（2）获得文化、技术和分享社会文明的能力。（3）摆脱贫困和不断提高生活水平的能力。③ 通过公共性职业教育培训提高处于弱势地位的群体的自我发展能力，是实现每个人发展进而实现整个社会健康发展的前提和关键。其次，教育公平是社会公平的重要基础，促进教育公平是我国的基本教育政策。接受教育的权利是公民权中的社会权利之一，它不应该仅仅被视为儿童入学的权利，而且还应当包括成年公民接受教育的权利，因为，"公民权利

---

① 联合国开发计划署：《中国人类发展报告：经济转轨与政府的作用》，中国财政经济出版社 1999 年版，第 81 页。

② 联合国开发计划署：《中国人类发展报告：经济转轨与政府的作用》，中国财政经济出版社 1999 年版，第 82 页。

③ 联合国开发计划署驻华代表处、中国发展研究基金会：《中国人类发展报告 2005：追求公平的人类发展》，中国对外翻译出版公司 2005 年版，第 3 页。

是为那些能读会写的、理智的、有知识的人而设计的。教育是公民自由(civil freedom)一个必要的先决条件。"①当前,人们习惯于在制度化的学校教育的框架下讨论教育的公正,然而,殊不知,作为一种选拔性的精英教育模式,制度化的学校教育公正充其量只能是保证智力早慧者和家庭、经济条件有利者的教育公正,其实质是一种形式上或者程序上的公正。真正意义上的教育公正应当将关注的视域扩展到终身教育的框架下来思考。终身教育将教育的范围拓展到人人、时时、处处,着力于满足各种群体的多样化教育需求,因而能够在真正意义上实现教育的结果公正和实质公正。公共性职业教育培训为处于社会不利地位的群体和早期学业失败者提供了获得教育补偿的机会,它不仅体现了一种受教育权利,而且体现了一种基本的社会权利,也只有当这种作为基本社会权利的受教育权利内化并制度化为公民权的基本内容时,社会的公平正义才可能真正实现。

---

① [英]T. H. 马歇尔、安东尼·吉登斯等:《公民身份与社会阶级》,郭忠华、刘训练等译,江苏人民出版社 2008 年版,第 21 页。

第四章　公共性职业教育培训供给制度的反思与借鉴：历史制度分析与比较制度分析

　　新制度经济学将制度作为一种内生变量,引入到对经济现象和经济问题的分析中,衍生出交易成本理论、契约理论,寻租理论、产权理论、博弈理论等制度分析工具,引发了经济学的制度革命。依据新制度经济学的观点,在相同的技术条件和市场环境下,制度安排会因国家而异;而同样的制度设计,在不同的国家及其不同的制度环境下,制度实施的效率和效果也不尽相同。因此,理解特定的制度安排在特定国家的演化变迁,仅仅囿于一般的制度分析框架是不够的,还必须诉诸比较的和历史的知识。正是在此意义上,日本经济学学者青木昌彦(Masahiko Aoki)认为,制度分析在本质上是比较性的,因而被称为比较制度分析(comparative institutional analysis,CIA)。① 本章首先对我国公共性职业教育培训的供给历时样态进行梳理并运用历史制度分析方法进行反思,而后运用比较制度分析的方法对公共性职业教育培训的有效供给路径进行批判反思。

---

① 〔日〕青木昌彦:《比较制度分析》,周黎安译,上海远东出版社 2001 年版,第 3—4 页。

一、我国公共性职业教育培训
供给制度的历时变迁

　　尽管教育的发展演变在某种程度上具有自己独特的规律性，但它同时也总是不可避免地受到一定社会的政治、经济、文化制度的影响和制约。公共性职业教育培训的供给尤其如此。这主要是因为，一方面，公共性职业教育培训与社会生产和经济发展密切相关，其发展演变往往追随着社会生产方式和经济体制的变迁；另一方面，公共性职业教育培训与政府的治理理念和宏观社会政策有着直接的关系，其供给路向往往受到政府的治理理念和宏观社会政策的左右。我国经济体制的演变先后经历了计划经济、由计划经济向市场经济转轨和中国特色社会主义市场经济三个不同的时期。在不同的经济体制框架下，国家的政治体制及其宏观社会政策也作出了相应的调整，由此带来就业制度和职业教育培训政策的变化。

（一）计划经济时期我国公共性职业教育培训的发展

　　新中国成立后，我国相继完成了对农业、手工业和资本主义工商业生产资料私有制的社会主义改造，初步建立起了公有制占统治地位的计划经济体制。计划经济体制的这种垄断地位一直持续到 1978 年，在此期间，政府主要采取的是集中控制和统一管理的经济运行模式。新中国伊始，为了维护社会稳定，保卫新生政权，我国对旧社会遗留下来的失业工人和其他失业人员实行了政府包揽的就业政策。同时，为了保证国家大规模经济建设对劳动力的需求，我国对劳动力实行了统包统配的就业政策，大中专毕业生、

转业复员军人及城镇待业人员的就业统一由国家调配。对于农村
劳动力,我国采取了限制流动的政策,从而肇始了城镇就业和农村
就业相互隔势的二元体制。这一时期的公共性职业教育培训,在
城市,主要包括针对失业工人的专业训练和针对社会主义现代化
建设所需后备工人开展的技术工人教育;在农村,主要包括以提高
文化水平和生产技术为主的农民业余教育。

　　新中国成立初期,为了妥善处理遗留下来的失业问题,我国实
施了失业登记的办法,并有针对性地采取了以工代赈、生产自救、
回乡生产和转业训练等不同的应对措施。1950 年 6 月,由当时的
政务院批准颁发的《救济失业工人暂行办法》规定,对失业工人分
别予以适当的教育,提高其文化、政治、技术水平,并尽可能根据社
会需要,组织各种专业训练。在具体的教育方法上:(1)对于参加
以工代赈或生产自救的失业工人,组织业余学习。(2)对于尚未
参加以工代赈或生产自救的失业工人,尽可能在自愿原则下组织
集体学习或转业训练。(3)在失业工人中,选拔有革命斗争历史
者,或过去在生产中,或在以工代赈中起积极作用并有相当文化程
度者,开办干部训练班。对于所需费用,该办法规定,凡参加干部
训练班学习的失业工人,由学校供给食宿,根据各人情况酌量发给
救济金。[1] 1953 年 8 月,当时的中央劳动就业委员会、内务部、劳
动部在《关于劳动就业工作的报告》中认为,失业人员中有一部分
青年工人和知识分子因缺乏技术而难于就业,因而对失业人员开
展转业训练是必要的。《报告》还对转业训练作出了一些具体规
定,首先,必须根据国家目前经济建设的需要来进行,无论举办技
术、业务任何一种训练班,一定要以有出路为原则,没有安置把握

---

[1]　袁伦渠:《中国劳动经济史》,北京经济学院出版社 1990 年版,第 114 页。

的,不要招收训练。其次,参加训练的对象以失业工人为主,并适当照顾到其他失业人员中有培养前途的青年。训练方式应当以用人单位自训为主,劳动部门一般可采用劳动部门代训、与用人单位合办、委托工厂代训艺徒等不同的形式。各地在举办上述各项训练中,必须尽可能与用人单位订立合同,以便训练出来的人能得到安置。最后,在受训人员的经费开支方面,用人单位自训者按训练单位原规定标准执行并自出经费,必要时劳动部门给以适当补助;劳动部门代训及与用人单位合办或劳动部门委托工厂代训艺徒时,训练经费由劳动就业经费或失业救济基金中开支一部分或全部。①

为了提高工人的技术水平,适应工业生产对技术工人的需要,1950 年 6 月,当时的政务院颁发了《关于开展职工业余教育的指示》,指出各工厂企业应有计划地开展技术教育,并决定由教育部会同中华全国总工会邀集劳动部及其他有关方面,组织职工业余教育委员会,负责全国职工业余教育的指导工作。在职工业余教育的经费方面,规定由各工厂、企业拨交工会的文教费中提出60%,其不足之数再由各级政府教育经费中拨出一定数额,作为补助费。② 1950 年 9 月,第一次全国工农教育会议召开,会议确定了当时工农教育的实施方针。会议指出,工农教育以识字、学文化为主要内容,并适当结合政治教育、生产技术教育和卫生教育。工农教育本身是一项群众运动,必须贯彻群众路线,充分发挥群众的积极性、创造性,学习组织应适合当地具体条件与群众需要,采取多种多样的形式,不能强求一律,不能强求正规化。会议通过了举办

---

① 袁伦渠:《中国劳动经济史》,北京经济学院出版社 1990 年版,第 115 页。
② 何东昌主编:《中华人民共和国重要教育文献(1949—1975)》,海南出版社 1998 年版,第 27—28 页。

工农速成中学和工农文化补习学校的指示、开展农民业余教育的
指示以及职工业余教育、工农速成中学、工农文化补习学校三个暂
行实施办法,将各种工农教育组织的任务、方针、制度、教学计划、
经费、领导关系等问题,明文规定下来。(1)工农速成中学,吸收
18 岁以上 35 岁以下,具有相当高小毕业程度、志愿长期学习、参
加革命工作或产业劳动三年以上的工农干部或工人入学,施以中
等程度的文化科学基本知识的教育,三年(必要时延长到四年)毕
业,可以升入高等学校继续深造。(2)工农文化补习学校,分设初
级班与中级班。初级班招收初小程度的工农干部,两年毕业,提高
到相当于高小毕业程度。中级班招收高小程度的工农干部,两年
毕业,提高到相当于初中毕业程度,毕业后可升入高一级干部学校
或干训班,学习政策和业务后分配工作。(3)职工业余教育,一般
应以识字、学文化为主,有一定文化程度的职工可参加单独成立的
政治班或技术班。职工业余教育的经费主要从工会的文教费中解
决,企业行政方面予以协助,政府作重点补助。(4)农民业余教
育,农民业余教育应以识字学文化为主。除冬学、记字班、学习小
组等组织形式外,在基础较好的村庄,可成立农民业余学校,平时
坚持学习,农忙时放假。工农群众教育经费主要由群众自己解决,
必要时可由县教育经费下拨一定数目作为补助费,另由中央作重
点补助。①

　　国家的大规模经济建设在客观上急需大量的初级和中级技术
人才,然而,当时的中等技术学校,无论在数量与质量上均远不能
适应这一需要。为此,1952 年 3 月,当时的政务院颁发了《关于整

---

① 何东昌主编:《中华人民共和国重要教育文献(1949—1975)》,海南出版社
1998 年版,第 65—66 页。

顿和发展中等技术教育的指示》,要求各级人民政府会同各有关
部门,共同整顿与发展中等技术教育。各类各级中等技术学校,要
根据各业务部门的具体需要,明确规定办学方针和任务,并逐步
地、适当地实行专业化和单一化,务必做到学用一致,使所培养的
人才真正适合各业务部门的实际需要。除了整顿和发展正规的技
术学校外,还要根据实际需要举办各种速成性质的技术训练班,或
在各工矿、企业、农场以及各技术学校中附设各种业余性质的技术
补习班或训练班,使正规的、速成的、业余的各种技术学校或训练
班协调发展。中等技术学校的经费,按照三级财政制度,分层负责
解决,各级人民政府的有关业务部门要将技术教育经费作为建设
资金的一部分列入预算。① 1953 年开始的《发展国民经济的第一
个五年计划》规定,"五年内,中央工业、农业、林业、运输、邮电、劳
动等部门将培养熟练工人 92 万多人。"并指出"工人技术学校是
培养熟练工人的主要方式之一。"②当时,尽管社会上还存在失业
工人,但是职业教育培训的任务是在继续做好转业训练的同时,
重点放在有计划地培养技术工人方面。1953 年 5 月,当时的中
央劳动就业委员会、内务部、劳动部联合召开劳动就业座谈会,
指出劳动部门应当根据生产发展的需要培养技术工人,而不应
将技术训练单纯作为安置就业的手段,因此,要求对原有的训练
机构进行调整,转变为系统培养技术工人的技工学校。此后,劳
动部在原转业训练管理机构的基础上,成立了技工培训司。
1954 年 4 月,中央财经委员会批准转发由劳动部制订的《技工

---

① 何东昌主编:《中华人民共和国重要教育文献(1949—1975)》,海南出版社
1998 年版,第 146—147 页。
② 刘英杰主编:《中国教育大事典》下,浙江教育出版社 1993 年版,第
1782 页。

学校暂行办法(草案)》,要求各产业管理部门根据本部门对于
技工的实际需要设立技工学校,在劳动行政部门的业务指导下,
按照国家批准的技工培养计划,培养所需技术工人。技工学校
招收具有高小以上文化程度的青年,经考试合格后入学,学习期
限一般为二年,毕业后由所属产业管理部门分配工作。生活待
遇实行人民助学金制,按中等技术学校规定标准支付。随着城
市中等教育的迅速发展,自 1958 年起,技工学校开始招收初中
以上文化的青年入学。1964 年 4 月,为了加强职业教育工作的
领导管理和统筹安排,促进普通教育与职业教育的共同发展,国
务院将技工学校的管理工作由劳动部划归教育部,而由劳动部
负责协助工作。

(二)经济转轨阶段我国公共性职业教育培训的改革

　　1978 年,中共十一届三中全会召开,会议确定了改革开放的
基本国策。以其为标志,至 20 世纪 90 年代初期,我国处于经济体
制由计划经济向社会主义市场经济转变阶段。1980 年 8 月,中共
中央召开全国劳动就业工作会议,提出了实行"在国家统筹规划
和指导下,劳动部门介绍就业、自愿组织起来就业和自谋职业相结
合"的就业方针,从而突破了统包统配的传统就业制度框架,标志
着我国就业管理体制改革的开始。1984 年 10 月,中共十二届三
中全会召开,会议通过了《中共中央关于经济体制改革的决定》,
指出我国实行公有制基础上的有计划的商品经济,并提出了增强
企业活力、扩大企业自主权、实行所有权和经营权分离的企业改革
方向。经济体制改革和国有企业改革的深化,客观上要求就业制
度作出相应的配套改革,从而在根本上动摇了我国传统就业制度
的基础。1986 年 7 月,国务院颁布《国营企业实行劳动合同制暂

行规定》,要求对企业在国家劳动工资计划指标内招用的常年性工作岗位上的工人统一实行劳动合同制。经济体制的改革扩展到教育领域,同时国有企业及其用工制度的改革也影响到原有的职业教育培训制度,因而,在这一时期,我国公共性职业教育培训的供给制度发生了一系列变革。

为了加强技工学校的领导,使技术工人的培养更加适应生产发展的需要,1978年2月,经国务院批准,全国技工学校的综合管理工作,由教育部划归国家劳动总局主管,由教育部给予协助。1980年10月,国务院批转教育部、国家劳动总局《关于中等教育结构改革的报告》,提出实行"普通教育与职业、技术教育并举,全日制学校与半工半读学校、业余学校并举,国家办学与业务部门、厂矿企业、人民公社办学并举"的方针,提倡各行各业、集体或者个人根据生产发展和行业需要,广开学路,举办各类职业技术学校,并可以适当将一部分普通高中改办为职业技术学校、职业中学或者农业中学。这些学校的毕业生,经文化和技术考核合格者,发给毕业文凭,国家不包分配,由劳动部门或劳动服务公司推荐,经用人单位考核,择优录用,也可以自由择业。对于职业技术教育所需经费,《报告》指出,各地可根据实际情况制定具体规定,此前可暂按以下原则执行,"中等专业学校、技工学校经费开支渠道,仍按现行规定不变。原有普通中学改办的,其经费开支渠道不变,即教育部门所属普通中学改办的,由教育事业费开支;原属其他部门或厂矿企业所办的普通中学改办的,由其他部门有关经费或企业营业外项目列支;几个部门联合改办的,其经费由合办单位协商解决。社队办的,其经费由办学单位自行解决。"经批准新办的职业技术学校经费,"事业主管部门办的,在各部门事业费开支;专业公司办的,在公司经费开支;厂矿企业办的,在'营业外支出'

项目列支。"①在职业技术教育的管理权限上,《报告》认为,由于
其涉及经济发展、劳动制度以及青年学习和就业等问题,因而要吸
收教育、劳动、计划、财政等有关部门参加,"在业务上,凡是培养
技术人员和干部的职业(技术)学校,以教育部门为主综合管理,
劳动部门配合;凡是培养后备技术工人的职业(技术)学校,以劳
动部门为主综合管理,教育部门配合。"②

　　职工科学文化水平的高低,在很大程度决定着企业经营管理
水平和劳动生产率的高低。1981 年 2 月,中共中央、国务院颁布
《关于加强职工教育工作的决定》,要求企业根据本企业实际情况
和对不同工种的工作需要,因地制宜,采取多种形式办学。企业可
以单独举办或者联合其他企业举办职工学校,也可以办短期培训
班和讲座,学习方式可以采取业余教育、脱产或者半脱产学习。除
了企事业单位举办职工教育以外,还要发动业务部门、教育部门、
群众团体等社会各方面力量积极办学。《决定》指出,企业职工教
育的经常费用,大体可按工资总额的 1.5%掌握使用,在企业成本
中开支。扩大自主权的企业,可以在利润留成中适当安排职工教
育经费。同时,各级政府教育部门的教育经费,要有一定的比例用
于职工教育。在职工教育的领导体制方面,由于缺乏统一领导,各
方面分工不明,影响着工作中实际问题的解决,因而要按照"加强
领导,统一管理,分工负责,通力协作"的原则,改进领导管理体
制。《决定》提出,建立全国职工教育管理委员会,作为国务院指
导全国职工教育工作的机关,负责职工教育的整体规划和协调工

---

① 国家教育委员会政策法规司编:《十一届三中全会以来重要教育文献选
　编》,教育科学出版社 1992 年版,第 59 页。
② 国家教育委员会政策法规司编:《十一届三中全会以来重要教育文献选
　编》,教育科学出版社 1992 年版,第 60 页。

作。国务院各部委分别主管本系统的职工教育工作的规划、制定和落实;全国总工会负责综合研究并指导工会系统的职工学校,同时,各级工会还要参与职工教育的管理工作,发挥监督作用,维护和保障职工的学习权利;教育部负责职工学校的教育行政和教学工作综合指导;劳动总局负责综合指导工人技术培训工作,并组织制定工人技术等级标准、技术考核办法和有关劳动工资政策,使职工教育同劳动制度密切结合起来;共青团主要负责青年工人的正规培训和业余自学。[①]

随着经济体制改革的持续推进,教育体制改革逐步提上日程。1985 年 5 月,中共中央颁布《关于教育体制改革的决定》(以下简称《决定》),要求对中等教育结构进行调整,促进职业技术教育的发展。它提出了与教育体制改革相配套的劳动人事制度改革思想,即实行"先培训,后就业"的原则和持证上岗制度,要求各单位招工必须首先从各种职业技术学校毕业生中择优录取;同时,从业人员,特别是专业性、技术性较强行业的从业人员,必须经过考核取得相应的证书才能走上工作岗位。《决定》提出,要实施中学阶段后教育分流制度,对于没有升入普通高中的初中毕业生实施高中阶段的职业技术教育;对于没有升入普通大学的高中毕业生实施高等职业技术教育;对于没有进入以上学校教育系统的学生,必须经过短期的职业技术培训才能就业,从而逐步建立起一个结构合理、与普通教育相衔接的职业技术教育体系。在职业技术教育的办学方式上,《决定》指出,"要充分调动企事业单位和业务部门的积极性,并且鼓励集体、个人和其他社会力量办学。要提倡各单

---

① 国家教育委员会政策法规司编:《十一届三中全会以来重要教育文献选编》,教育科学出版社 1992 年版,第 73—77 页。

位和部门自办、联办或与教育部门合办各种职业技术学校。这些学校除了为本单位和部门培训人才外，还可以接受委托为其他单位培训人才并招收自费学生。"①由于职业技术教育涉及的部门比较多，相当多的问题需要不同部门之间的协调，1986年5月，经国务院批准，当时的国家教委决定建立职业技术教育委员会。委员会由当时的国家教委、国家计委、国家经委、财政部、劳动人事部、机械工业部、农牧渔业部、电子工业部、商业部、轻工业部、全国职工教育管理委员会有关负责人组成，在当时的国家教委领导下，负责协调各部委、各有关部门和省、自治区、直辖市的职业技术教育工作。

　　随着经济体制改革和政企分开的逐步实施，不少中专学校的隶属关系发生了变化。部分中专学校的主管部门面临撤销或者由于权限变更不再直接管理中专学校，这部分中专学校由谁主管成为亟待解决的问题。同时，部分主管中专学校的部门从事业费中开支中专教育经费存在困难，而将主管的中专学校下放给企业，使得原本面向部门服务的中专学校改为主要为本企业提供职工培训。这些变化影响着中专学校的稳定和发展，也对业务部门所属中等专业学校的经费带来一定影响。1986年6月，当时的国家教委、财政部颁布了《关于中等专业学校经费问题几项原则规定的通知》，对有关中等专业学校的经费问题进行明确。《通知》指出，关于中等专业学校的经费渠道问题，仍按原有规定执行，即"中央各部门和地方有关业务部门举办的各类中等专业学校，其经费在各部门的有关事业费中列支；财政、计划、统计和教育部门举办的中等专业学校，其经费在中央和地方的教育事业费中列支；专业公

---

① 何东昌主编：《中华人民共和国重要教育文献（1976—1990）》，海南出版社1998年版，第2287页。

司举办的中等专业学校,其经费在公司经费中开支;按照国家规定的条件和审批程序经过批准的厂矿、企业举办的中等专业学校,其经费在企业上缴国家利税之后的留成项目中开支;联合举办的中等专业学校,其经费问题,由联办单位按上述有关渠道,共同协商解决。"①此外,《通知》还强调,在经济体制改革和实行政企分开过程中,归属关系不清的中等专业学校,由各省、自治区、直辖市主管中专教育的教育委员会牵头,会同计委、经委、财政等相关部门以及与学校有关的主管业务部门,解决好这类学校的归属关系问题,一般不得将中等专业学校下放给地市级以下的厂矿、企业单位。这类学校的经费渠道根据改变后的领导隶属关系,按前述有关规定予以保证,业务主管部门不能因为经济体制改变或者学校隶属关系变化而减少对学校的拨款。

为了贯彻执行《中共中央关于教育体制改革的决定》,1986年7月,当时的国家教委、计委、经委和劳动人事部联合召开全国职业技术教育工作会议。会议强调了"先培训,后就业"的劳动人事制度,指出所谓"培训",包括"系统的学校教育、各种短期培训、单项技能培训以及按某些工种或岗位的特点,进行职业道德、劳动纪律、安全卫生教育的培训。"各种职业技术学校教育是职业技术教育体系的主体,其他类型的培训是职业技术教育体系不可或缺的重要组成部分,它们各自承担着不同的任务,互相促进,互为补充。所谓"就业",包括"向国营、集体和个体经济三类企事业单位输送专业人才、技术工人和其他熟练劳动者。"②会议强调,只有拓宽毕

---

① 何东昌主编:《中华人民共和国重要教育文献(1976—1990)》,海南出版社1998年版,第2469页。
② 何东昌主编:《中华人民共和国重要教育文献(1976—1990)》,海南出版社1998年版,第2566—2567页。

业生的就业渠道,职业技术教育才能获得长足发展,因而各种职业
技术学校教育和各类培训应当根据行业和岗位对于劳动者技能和
工种的实际需要进行,企事业单位则应当在专业和工种对口的原
则下,对接受过职业技术教育培训的毕业生择优录用。会议认为,
职业技术教育涉及许多部门和社会的各个方面,必须调动各方面
的积极性,实行"大家来办"的方针,即"教育部门、工厂企业、劳动
部门和社会各民主党派、社会团体都来办职业技术教育,发挥大家
的积极性。"①但是,为了提高职业技术教育的办学效率,还必须强
化对职业技术教育的统筹规划,应当逐步形成一个既便于统筹协
调,也能调动各部门的积极性,同时学校又有较大自主权的管理体
制。会议指出,在国务院领导下,国家教委负责从宏观上统筹管理
全国职业技术教育事业,并协同计划、经济、财政、劳动人事等部门
分工管理有关职业技术教育的各项具体工作。地方的职业技术教
育工作,除必须实行垂直管理的行业外,主要以地方政府为主进行
统筹领导,城市的职业技术教育由省和所属城市两级统筹,农村的
职业技术教育实行省、市领导下的县级政府负责制。

　　农业劳动者文化技术水平不高,农业生产吸收、运用科学技术
的能力以及经营管理水平偏低,是制约农村和农业发展的瓶颈问
题。1986 年和 1987 年,当时的国家科委和农牧渔业部、财政部分
别实施了旨在加强农业技术推广和科技项目开发、推广的"星火
计划"和"丰收计划"。为了促进农村职业技术教育的发展,提高
农村劳动者的素质,与"星火计划"和"丰收计划"相配合,当时的
国家教委决定在农村地区实施"燎原计划"。1988 年 9 月,国务院

---

① 国家教育委员会职业技术教育司编:《全国职业技术教育工作会议文件汇
　编》,北京师范大学出版社 1986 年版,第 43 页。

批准国家教委《关于组织实施"燎原计划"的请示》。"燎原计划"的主要任务是，"在做好普及义务教育工作的基础上，充分发挥农村各级各类学校智力、技术的相对优势，积极开展与当地建设密切结合的实用技术和管理知识的教育，培养大批新型的农村建设者，并积极配合农业与科技等部门，开展以推广当地适用技术为主的试验示范、技术培训、信息服务等多种形式的活动，促进农业的发展。"[①]为此，在农村中小学的课程内容中，应当适当安排一些针对当地劳动生产需要的技能和技术的教育。同时，针对初中后、高中后以及尚未普及初中的地方的小学后毕业生，应当开展一些职业技术教育培训，使他们掌握一种或几种实用技术和管理知识。这些职业技术教育培训，在学习内容上，要因地制宜、灵活适用；在学习时间上，要长短结合、以短为主。此外，随着农村产业结构的调整，农村劳动力将有一大批转向非农产业，农村职业教育培训还要适应这一形势，逐步将农村剩余劳动力转移培训纳入其中。实施"燎原计划"的资金，由各级地方政府通过多种途径解决。

（三）社会主义市场经济条件下我国公共性职业教育培训的重构

1993 年 11 月，党的十四届三中全会通过了《中共中央关于建立社会主义市场经济体制若干问题的决定》，明确提出了建立社会主义市场经济体制的具体目标和任务。建立社会主义市场经济体制，客观上要求对国有企业进行改革，建立与社会化大生产和市场经济相适应的现代企业制度，同时，也要改革传统的劳动制度，

---

① 国家教育委员会政策法规司编：《十一届三中全会以来重要教育文献选编》，教育科学出版社 1992 年版，第 351 页。

逐步形成有效开发利用和合理配置人力资源的劳动力市场。1993年 12 月,劳动部发布了《关于建立社会主义市场经济体制时期劳动体制改革总体设想》,提出以培育和发展劳动力市场为中心,全面深化劳动就业、职业技能开发等方面的改革,逐步建立起与社会主义市场经济体制相适应的新型劳动体制。具体表现为,劳动关系的建立以劳动合同为基本方式,形成劳动力的供求主体,通过市场实现对劳动力资源的配置和调节。同时,实行积极的就业政策,健全就业服务体系,实现充分就业和劳动力城乡之间、地区之间合理流动。随着国有企业改革的全面推进和劳动力就业市场化的发展,城市下岗失业问题逐渐凸显,与此同时,随着农业生产方式的转变和国家对农村流动人口限制的解冻,农村剩余劳动力转移问题也相伴而至。因此,从 20 世纪 90 年代初以来,规范和重构职业教育培训,开展针对城市下岗失业人员的就业、转业培训以及针对农村剩余劳动力的转移培训,成为我国公共性职业教育培训的主题。

　　1991 年 10 月,国务院颁布《关于大力发展职业技术教育的决定》,提出要逐步做到,"使大多数新增劳动力基本上能够受到适应从业岗位需要的最基本的职业技术训练,在一些专业性技术性要求较高的劳动岗位,就业者能较普遍地受到系统的严格的职业技术教育;初步建立起有中国特色的,从初级到高级、行业配套、结构合理、形式多样,又能与其他教育相互沟通、协调发展的职业技术教育体系的基本框架。"①为此,《决定》要求各地根据教育普及程度和经济发展水平,对小学后、初中后、高中后未能升学的青少

---

① 何东昌主编:《中华人民共和国重要教育文献(1991—1997)》,海南出版社 1998 年版,第 3222 页。

年开展多种形式的从业前职业技术教育,并在普通教育中适当渗透职业技术教育。《决定》提出,可以在不同阶段对学生实施教育分流,在城市,进行高三教育分流,对部分学生进行定向性的或者预备性的职业技术教育;在农村,可根据当地实际情况,采取初三分流、三年初中教育再加一年职业技术教育、四年制初中教育中渗透职业技术教育或者举办职业初中等多种形式开展职业技术教育。同时,《决定》要求有关部门制定政策法规,有步骤地推行"先培训,后就业"的制度,"在城市,未经职业技术教育、达不到岗位规范要求的一律不得就业、上岗;在农村,企事业单位(含乡镇企业)招工、招干及从事技术性强的生产经营工作,必须经过相应的职业技术教育。"[1]

1993 年 2 月,中共中央、国务院印发《中国教育改革和发展纲要》,强调职业技术教育是现代教育制度的重要组成部分,要坚持统筹规划、积极发展的方针,充分调动各部门、各企事业单位和社会各界的积极性,逐步形成全社会兴办、形式不同、层次多样的职业技术教育格局。《纲要》指出,未来几年,职业技术教育发展的具体目标是,"高中阶段职业技术学校在校学生人数有较大幅度的增加,未升学的初中和高中毕业生普遍接受不同年限的职业技术培训,使城乡新增劳动力上岗前都能得到必要的职业技术训练。"逐步实现"中心城市的行业和每个县,都应当办好一、两所示范性骨干学校或培训中心,同大量形式多样的短期培训相结合,形成职业技术教育的网络。"[2]职业技术教育的发展要与经济发展的

---

[1]　何东昌主编:《中华人民共和国重要教育文献(1991—1997)》,海南出版社1998 年版,第 3222 页。

[2]　何东昌主编:《中华人民共和国重要教育文献(1991—1997)》,海南出版社1998 年版,第 3468 页。

需要相适应，"基本普及九年义务教育的地区，应以发展初中后职业技术教育为重点；尚未普及九年义务教育的地区，对不能升入初中的小学毕业生应实行职业技术培训；各地要积极发展多样化的高中后教育，对未升入高等学校的普通高中毕业生进行职业技术培训。普通中学也要分别不同情况，适当开设职业技术教育课程。"①同时，深化劳动人事制度改革，将学历证书、技术等级证书和岗位资格证书并重，逐步建立岗位资格考核机构，实施岗位资格考试和资格证书制度。

　　为了深化劳动人事制度改革，建立与社会主义市场经济体制相适应的新型劳动制度，促进劳动力市场的规范发展和劳动力资源的合理使用，国家先后出台了一系列政策法规。1993年7月，劳动部颁发《职业技能鉴定规定》，宣布实施职业技能鉴定证书制度。职业技能鉴定实行在政府指导下的社会化管理。职业技能鉴定的对象，包括各类职业教育培训机构的毕（结）业生、企事业单位学徒期满的学徒工、企事业单位的职工以及其他社会人员。②1994年2月，劳动部、人事部颁发《职业资格证书规定》，决定实施职业资格证书制度。"职业资格是对从事某一职业所必备的学识、技术和能力的基本要求。"③它包括从业资格和执业资格。职业资格分别由国家劳动和人事部门通过学历认定、资格考试、专家评定、职业技能鉴定等方式进行评价，然后对合格者授予职业资格

① 何东昌主编：《中华人民共和国重要教育文献（1991—1997）》，海南出版社1998年版，第3468页。
② 何东昌主编：《中华人民共和国重要教育文献（1991—1997）》，海南出版社1998年版，第3529页。
③ 何东昌主编：《中华人民共和国重要教育文献（1991—1997）》，海南出版社1998年版，第3613页。

证书。1994年7月,我国颁布《中华人民共和国劳动法》,规定"国家通过各种途径,采取各种措施,发展职业培训事业,开发劳动者的职业技能,提高劳动者素质。增强劳动者的就业能力和工作能力。"该法还对职业培训的责任主体作出了规定,"各级人民政府应当把发展职业培训纳入社会经济发展的规划,鼓励和支持有条件的企业、事业组织、社会团体和个人进行各种形式的职业培训。"用人单位具有对劳动者实施职业培训的职责,"用人单位应当建立职业培训制度,按照国家规定提取和使用职业培训经费,根据本单位实际,有计划地对劳动者进行职业培训。从事技术工种的劳动者,上岗前必须经过培训。"[1]

为了加强对职业教育培训机构的规范化管理,促进职业教育培训事业的发展,1994年12月,劳动部颁发了《职业培训实体管理规定》,指出职业培训实体是指"开发劳动者职业技能,提高劳动者素质,增强劳动者就业能力和工作能力的各类培训机构,主要包括社会组织和个人单独或联合举办的技工学校、职业(技术)学校、就业训练中心、职工培训中心(学校)等;也包括境外机构和个人、外商投资企业(机构)单独或同境内的具有法人资格的社会组织联合举办的培训实体。"[2]职业培训实体的培训对象包括,初次就业人员、失业人员、在职人员、转岗转业人员、出国劳务人员、境外就业人员、个体劳动者以及农村向非农产业转移的人员、农村向城镇流动就业的劳动者;需要提供专门的职业技能培训的妇女、残疾人、少数民族人员、军队退役人员;以及其他需要学习和提高职

① 参见《中华人民共和国劳动法》,2010年10月20日,见 http://trs.molss.gov.cn/was40/mainframe.htm。

② 何东昌主编:《中华人民共和国重要教育文献(1991—1997)》,海南出版社1998年版,第3723页。

业技能的劳动者。同时,《规定》还对职业培训的经费来源进行了
明确,它包括:(1)政府财政部门和主管部门的拨款;(2)政府预算
安排的就业经费中用于失业人员就业训练的经费;(3)失业保险
费中用于失业职工的转业训练经费;(4)按规定收取的培训费;
(5)地方发展教育基金中用于职业教育的部分;(6)企业营业外支
出和职工教育经费中用于职业培训的部分;等等。①

　　1996 年 5 月,我国颁布《中华人民共和国职业教育法》,指出
职业教育是国家教育体系的重要组成部分,是促进经济社会发展
和劳动就业的重要途径。对于职业教育的权利和义务,该法指出,
"公民有依法接受职业教育的权利。"各级政府应当将职业教育的
发展纳入到国民经济和社会发展规划之中,"行业组织和企业、事
业组织应当依法履行实施职业教育的义务。"该法还对职业教育
的实施进行规范,指出职业教育的实施应当按照国家制定的职业
分类和职业等级标准,实行学历证书、培训证书、职业资格证书制
度以及劳动者在就业前或上岗前接受必要的职业教育的制度。对
于职业教育的管理,该法指出,"国务院教育行政部门负责职业教
育工作的统筹规划、综合协调、宏观管理。国务院教育行政部门、
劳动行政部门和其他有关部门在国务院规定的职责范围内,分别
负责有关的职业教育工作。县级以上地方各级人民政府应当加强
对本行政区域内职业教育工作的领导、统筹协调和督导评估。"该
法还对职业教育的结构和体系作出说明,"国家根据不同地区的
经济发展水平和教育普及程度,实施以初中后为重点的不同阶段
的教育分流,建立、健全职业学校教育与职业培训并举,并与其他

---

① 何东昌主编:《中华人民共和国重要教育文献(1991—1997)》,海南出版社
1998 年版,第 3724 页。

教育相互沟通、协调发展的职业教育体系。"1996 年 10 月,劳动部、经贸委印发《企业职工培训规定》,要求企业建立健全职工培训制度,根据单位实际对职工开展在岗、转岗、晋升、转业培训,对学徒及其他新录用人员进行上岗前的培训。同时,要求企业按照规定提取和使用职工培训经费,"职工培训经费按照职工工资总额的 1.5% 计取,企业自有资金可有适当部分用于职工培训。"①

　　1996 年 12 月,劳动部颁布《劳动预备制度实施方案》,要求在全国范围内有计划、有步骤地实施劳动预备制度。《方案》提出,实施劳动预备制度的总体目标是"对城乡新生劳动力,有计划、有步骤地实行追加一至三年的职业培训和相关教育,提高他们的素质能力,为其实现就业准备条件。"其主要任务是"将城镇初、高中毕业后不能升入更高一级学校学习,并有就业愿望的青年组织起来,要求他们在就业前,参加一至三年职业培训和相关教育,取得相应的职业资格,为参与市场竞争、就业上岗做好准备,并在国家政策的指导和帮助下实现就业。同时,有步骤地组织农村初、高中毕业后不能升入更高一级学校学习,并准备向非农产业转移或进城务工的青年参加这一制度。"②开展劳动预备制度所需要的资金采取多渠道筹措的办法,包括国家投入、向用人单位收取和个人缴纳学费等。1999 年 6 月,国务院转发劳动保障部、教育部、人事部、国家计委、国家经贸委、国家工商局《关于积极推进劳动预备制度加快提高劳动者素质的意见》,指出就业前的职业教育培训

①　何东昌主编:《中华人民共和国重要教育文献(1991—1997)》,海南出版社 1998 年版,第 4069—4070 页。
②　何东昌主编:《中华人民共和国重要教育文献(1991—1997)》,海南出版社 1998 年版,第 4119 页。

是提高劳动者素质的重要途径,然而在我国,针对新生劳动力就业前的职业教育培训尚未形成完善的制度,大量初、高中毕业生未经必要的职业教育培训就进入劳动力市场,影响着劳动力素质的提高和经济社会的发展。《意见》决定,自 1999 年起,在全国城镇普遍推行劳动预备制度,组织新生劳动力和其他求职人员在就业前接受 1—3 年的职业教育培训。《国务院办公厅转发劳动保障部等部门关于积极推进劳动预备制度加快提高劳动者素质意见的通知》指出,"实行劳动预备制度的主要对象是城镇未能继续升学的初、高中毕业生,以及农村未能继续升学并准备从事非农产业工作或进城务工的初、高中毕业生。对准备从事农业生产劳动的初、高中毕业生,各地可从本地实际出发,另行制定培训办法。各地还可根据实际情况引导城镇失业人员和国有企业下岗职工参加劳动预备制培训。"

为帮助国有企业下岗失业人员转变就业观念,提高职业技能,尽快实现再就业,1998 年 2 月,劳动部制定并实施了《"三年千万"再就业培训计划》,要求有关部门在对本地区、本行业生产发展和劳动力需求状况以及下岗失业人员数量、素质和就业意向充分调查了解的基础上,有针对性地开展职业技能培训。"在学制上,可以实行全日制、非全日制、学时制或学分制等。在培训方式上,可利用现有培训机构组织集体办班,或采取企业与职业培训机构联合办班。"实施再就业培训计划的经费,采取多渠道筹措的方式,"积极争取当地政府财政的经费投入,并从教育费附加中提取一定比例用于再就业培训。行业、企业组织培训,所需经费从职工教育经费中支付。再就业服务中心组织下岗职工培训所需经费,按有关规定,从拨付给再就业服务中心的有关费用中支付。其他培训机构开展培训所需经费应多方筹措。"为了进一步提高下岗失业人员就业、创业和适应职业变化的能力,在总结第一期"三年千万"再就业培训计划实施经验的基础上,2000 年 12 月,劳动和社会保障部又实施了《第二期"三年千万"再就业培训计划》,要求"紧紧围绕经济结构调整,形成市场导向的就业机制和完善继续教育、建立终身教育体系的任务,以促进下岗失业人员再就业为目标,坚持社会化、市场化的方向,增强培训的针对性、实用性和有效性。"下岗职工和失业人员再就业培训的经费,"对个人主要应实行减免培训费用,培训所需经费主要由政府财政拨付。"为了进一步强化再就业培训和创业培训,形成全社会参与再就业培训的工作格局,2003 年 6 月,劳动和社会保障部发布《关于进一步推动再就业培训和创业培训工作的通知》,指出"要鼓励和引导社会各级各类教育培训机构,包括劳动保障部门综合管理的技工学校、就业训练中心,教育部门综合管理的职业技术学校及大专院校,行业组织、企业、事业单位所属的教育培训中心,民主党派、工商联所属的教育培训机构,工会、共青团、妇联开办的教育培训中心,劳动保障或教育部门审批的社会力量办学机构以及其他合法的教育培训机构,充分发挥资源优势,积极参与实施再就业培训。"

2002 年 8 月,国务院颁布《关于大力推进职业教育改革与发展的决定》,指出职业教育是教育体系的重要组成部分和经济社会发展的重要基础,为初、高中毕业生、城乡新增劳动力、下岗失业人员、在职人员、农村劳动者及其他社会成员提供着形式多样、层次各异的教育培训。要推进职业教育管理体制改革,建立职业教育工作部际联席会议制度,形成在国务院领导下,分级管理、地方为主、政府统筹、社会参与的职业教育管理体制。同时,要深化职业教育办学体制改革,形成政府主导、依靠企业、充分发挥行业作用、社会力量积极参与的多元办学格局。职业教育培训要根据不同的专业、不同的教育培训项目和学习者的实际需要,采取灵活的学制和学习方式,实行学历教育与职业培训相结合、全日制与部分时间制相结合、职前教育与职后教育相结合,逐步形成面向社会的、开放的、多功能的教育培训网络,并加强各级各类教育之间的沟通与衔接,构筑起人才成长的"立交桥"。《决定》指出,要建立起多渠道的职业教育经费筹措机制,中央财政增加职业教育专项经费,重点用于农村和中西部地区的职业教育培训;地方人民政府要增加职业教育专项经费,保证用于举办职业教育培训的财政性经费逐步增长;同时,强化企业在职业教育培训方面的责任,"一般企业按照职工工资总额的 1.5% 足额提取教育培训经费,从业人员技术素质要求高、培训任务重、经济效益较好的企业可按 2.5% 提取,列入成本开支。"

　　为了提高进城务工农民的技术素质和就业能力,促进农村剩余劳动力向非农产业和城镇转移,2003 年 9 月,国务院转发了农业部、劳动保障部、教育部、科技部、建设部、财政部《2003—2010 年全国农民工培训规划》,指出要"坚持公平对待、合理引导、完善管理、搞好服务的原则和多予、少取、放活的方针,坚持面向工业化、面向现代化、面向城镇化的方向,以转移就业前的引导性培训和职业技能培训为重点,综合运用财政扶持政策和竞争、激励手段,进一步调动农民工个人、用人单位、教育培训机构、行业的积极性,多渠道、多层次、多形式地开展农民工培训工作,逐步形成政府统筹、行业组织、重点依托各类教育培训机构和用人单位开展培训的工作格局。"《规划》指出,要建立起统筹协调的领导机制,实行农民工培训工作部际联席会议制度,农业、劳动保障、教育、科技、建设、财政等相关部门在各自的职责范围内分工负责、相互协作。同时,要加大农民工培训的资金投入,"农民工培训经费实行政府、用人单位和农民工个人共同分担的投入机制。中央和地方各级财政在财政支出中安排专项经费扶持农民工培训工作。"用人单位负有培训本单位所用农民工的责任,"用人单位开展农民工培训所需经费从职工培训经费中列支,职工培训经费按职工工资总额 1.5%的比例提取。"为贯彻落实《规划》部署,加强农村劳动力转移培训工作,2004 年起,农业部、财政部、劳动和社会保障部、教育部、科技部、建设部共同组织实施了针对粮食主产区、劳动力主要输出地区、贫困地区和革命老区开展的农村劳动力转移培训"阳光工程"。阳光工程培训项目"以政府推动、学校主办、部门监管、农民受益为原则,以市场需求为导向,以转移到非农领域就业为目标。"阳光工程培训项目在国务院领导下,由农业部、财政部、劳动和社会保障部、教育部、科技部和建设部共同组织实施。

与此同时,我国免费中等职业教育也得以逐步推进。依据 2009 年《政府工作报告》"大力发展职业教育,特别要重点支持农村中等职业教育。逐步实行中等职业教育免费","先从农村家庭经济困难学生和涉农专业做起"的指导精神,2009 年 12 月,财政部、国家发展改革委、教育部和人力资源和社会保障部出台了《关于中等职业学校农村家庭经济困难学生和涉农专业学生免学费工作的意见》,指出实施中等职业教育免费是开发人力资源、提高国民素质、优化教育结构、调整产业结构、促进就业再就业以及推进教育公平和社会公正的有效手段。要求各地从 2009 年秋季学期起,对中等职业学校农村家庭经济困难学生和涉农专业学生免除学费。免学费补助资金,由中央财政统一按照每生每年平均 2000 元标准,与地方财政按比例分担。2010 年秋季学期起,中等职业教育免除学费的范围又扩展到城市家庭经济困难学生。

（四）新时代背景下我国公共性职业教育培训的进一步完善

在全面建成小康社会、全面建设社会主义现代化国家的时代背景下，国家非常重视"三农"工作，乡村振兴需要大量爱农业、懂技术、善经营的人才，新型职业农民培养逐步提上日程。2012年中央一号文件《关于加快推进农业科技创新持续增强农产品供给保障能力的若干意见》首次提出大力培育新型职业农民，以提高科技素质、职业技能、经营能力为核心，大规模开展农村发展带头人、农村技能服务型人才、农村生产经营型人才等农村实用人才培训。之后，2013、2014年中央"一号文件"都对新型职业农民培育工作作出部署。2014年3月，教育部、农业部印发《中等职业学校新型职业农民培养方案试行》，提出以全面提升务农农民综合素质、职业技能和农业生产经营能力为目标，加快培养新型职业农民，稳定和壮大现代农业生产经营者队伍。新型职业农民中等职业教育实行弹性学制，采用半农半读、农学交替等方式，分阶段完成学业。学生经过职业培训，获得农业行业特有工种或与所学专业方向相关的通用工种的职业资格证书、职业技能等级证书等。鼓励探索建立农民学分银行，在各地积累经验建立区域性学分银行后，国家将出台统一规范，逐步建立全国性农民学分银行，搭建专业间、学校间、地区间以及学历教育与非学历继续教育间的农民职业教育立交桥。2014年8月，农业部办公厅、财政部办公厅《关于做好2014年农民培训工作的通知》提出，实施新型职业农民培育工程，中央财政安排农民培训补助资金，支持开展新型职业农民培育工作。要求坚持立足产业、政府主导、多方参与、注重实效的原则，以做大做强新型农业经营主体为导向，提高培训的针对性、规范性和有效性。

为进一步提高农村转移就业劳动者的就业创业能力，加快推动农业转移人口市民化，推进新型工业化、城镇化发展，2014年3

月,人力资源社会保障部开始在全国开展农民工职业技能提升计划——"春潮行动",以农村新成长劳动力为重点,以提升劳动者职业素质和就业创业能力为目标,开展面向农村转移就业劳动者的职业技能培训。"春潮行动"注重发挥政府、行业企业、社会团体、院校和职业培训机构等各方面作用,择优确定承担政府补贴性职业培训任务的定点培训机构,同时强化培训监管和评估考核。2014年9月,国务院印发《关于进一步做好为农民工服务工作的意见》,指出农民工已成为我国产业工人的主体,要按照工业化、信息化、新型城镇化、农业现代化同步发展的要求,有序推进、逐步实现有条件有意愿的农民工市民化。实施农民工职业技能提升计划,对农村转移就业劳动者开展就业技能培训,对农村未升学初高中毕业生开展劳动预备制培训,对在岗农民工开展岗位技能提升培训,对具备中级以上职业技能的农民工开展高技能人才培训。改进培训补贴方式,重点开展订单式培训、定向培训、企业定岗培训,面向市场确定培训职业或工种,形成培训机构平等竞争、农民工自主参加培训、政府购买服务的机制。加快发展农村新成长劳动力职业教育,实现未升入普通高中、普通高等院校的农村应届初高中毕业生都能接受职业教育。

近年来,我国基本建立了覆盖城乡的公共就业服务体系,一定程度上实现了公共就业服务均等化。针对贫困家庭、未升学初高中毕业生、未就业大学生、被征地农民、失业人员和转岗职工、退役军人等特定群体,持续开展"就业援助""春风行动""就业服务"等公共就业服务活动,提供及时有效的就业服务,促进各类群体实现就业再就业。2014年1月,民政部、财政部等印发《关于加强和改进退役士兵教育培训工作的通知》,指出退役士兵可以按照"个人自愿、自选专业、免费参加"的原则,参加政府组织的技能培训、中等职业教育、高等职业教育、成人教育和普通高等教育。2016年 5 月，人力资源社会保障部办公厅、中国残疾人联合会办公厅印发《残疾人职业技能提升计划（2016—2020 年）》，提出将残疾人职业培训纳入终身职业技能培训制度，开展面向残疾人的职业技能培训，不断提升残疾人的职业素质和就业创业能力。2016 年 6月，人力资源社会保障部印发《化解过剩产能企业职工特别职业培训计划》，提出针对化解过剩产能工作中的失业人员和转岗职工，实施专门的职业培训计划，促进失业人员再就业和转岗职工适应新岗位。为了提升高校毕业生的就业创业能力，2017 年起，人力资源社会保障部决定开展离校未就业高校毕业生技能就业行动，对有就业创业培训愿望的离校未就业高校毕业生开展就业技能培训、新型学徒制培训、岗位技能提升培训、创新创业培训和技能脱贫培训等，帮助其掌握就业创业的专项技能、提高岗位工作能力、职业转换能力和创业创造能力。

　　2016 年 3 月，教育部、中华全国总工会印发《农民工学历与能力提升行动计划——"求学圆梦行动"实施方案》，提出以提升农民工学历层次和岗位胜任能力为核心，建立学历与非学历教育并重，产教融合、校企合作、工学结合，线上线下结合，工作学习一体化的农民工继续教育新模式。推进学习成果累计机制建设，激励农民工随时学习、终身学习，不断提升农民工的学历层次、技术技能及文化素质。要求参与院校建立面向过程的内部培养培训质量保证体系和基于大数据分析的质量监控、跟踪、反馈和对外发布等机制。2016 年 6 月，人力资源社会保障部办公厅、农业部办公厅、国务院扶贫办行政人事司等印发《农民工等人员返乡创业培训五年行动计划（2016—2020 年）》，指出以提升农民工等人员的创业能力、促进其成功创业为根本目标，形成创业培训、创业教育、创业考评、试创业、创业帮扶、创业成效第三方评估等六环联动,政府、院校和相关企业合作推进,与精准扶贫、精准脱贫紧密结合,全覆盖、多层次、多样化的创业培训体系,使创业培训总量、结构、内容、模式与经济社会发展和农民工等人员创业需求相适应。要求建立政府支持、市场运作工作机制,发挥市场机制在资金筹措、机构建设、生源组织、过程监管、效果评价等方面的积极作用,鼓励各类优质培训资源参与农民工等人员返乡创业培训。

2017 年 7 月,农业部印发《"十三五"全国新型职业农民培育发展规划》,指出随着现代农业的发展和农民教育培训工作的有效开展,具有中国特色的新型职业农民培育制度基本确立。即初步形成了教育培训、规范管理、政策扶持"三位一体",生产经营型、专业技能型、专业服务型"三类协同",初级、中级、高级"三级贯通"的新型职业农民培育制度框架。初步形成了以各类公益性涉农培训机构为主体、多种资源和市场主体共同参与的"一主多元"的新型职业农民教育培训体系。但同时也存在着针对性、规范性、有效性亟待提高,实训及创业孵化基地、信息化手段等基础条件薄弱,社会资源广泛参与的机制不活,培育精准程度总体不高等问题。《规划》强调,新型职业农民培育具有公共性、基础性和社会性,要纳入经济社会发展总体规划,加强统筹协调,制定扶持政策,加大经费投入;要坚持市场机制,发挥市场在资源配置中的决定性作用,建立各类主体参与培育的有效机制,增强培育活力,规范培育行为,提高培育质量。同时,农业部办公厅编制《全国新型职业农民培育工作绩效考核指标体系(试行)》,开展绩效考核工作,对培训教师、培训组织和培训效果实行线上考核,考核结果将与任务资金安排、评优奖励挂钩。

党的十九大作出实施乡村振兴战略的重大决策部署。2018 年

1月,中共中央、国务院印发《关于实施乡村振兴战略的意见》。2018
年9月,中共中央、国务院印发了《乡村振兴战略规划(2018—2022
年)》,提出全面建立职业农民制度,实施新型职业农民培育工程,支
持新型职业农民通过弹性学制参加中高等农业职业教育,创新培训
组织形式,探索田间课堂、网络教室等培训方式,支持农民专业合作
社、专业技术协会、龙头企业等主体承担培训,鼓励各地开展职业农
民职称评定试点。为贯彻落实党中央、国务院关于打赢脱贫攻坚
战的决策部署,2018年8月,人力资源社会保障部印发《打赢人力
资源社会保障扶贫攻坚战三年行动方案》,决定实施技能脱贫专
项行动,面向有培训需求的贫困劳动力开展职业技能培训,使有职
业培训需求的贫困劳动力都有机会接受职业培训。使有就读技工
院校意愿的建档立卡贫困家庭应、往届两后生都能接受技工教育,
为有就读技工院校意愿的贫困家庭学生提供免费技工教育;为有
劳动能力和培训意愿的贫困劳动力提供免费职业技能培训。

2018年5月,国务院印发《关于推行终身职业技能培训制度
的意见》,要求建立覆盖城乡全体劳动者、贯穿劳动者学习工作终
身、适应就业创业和人才成长需要以及经济社会发展需求的终身
职业技能培训制度,实现培训对象普惠化、培训资源市场化、培训
载体多元化、培训方式多样化、培训管理规范化,大规模开展高质
量的职业技能培训。2019年1月,人力资源社会保障部印发《新
生代农民工职业技能提升计划(2019—2022年)》,指出新生代农
民工逐渐成为农民工主体,加强新生代农民工职业技能培训工作,
是充分发挥我国人力资源优势、提高人力资本质量的重要任务,是
促进就业创业、乡村振兴和扶贫脱贫的有效举措。要求逐步形成
就业导向、政策扶持、企业主导、社会参与的运行机制,健全培训需
求调查、职业指导、分类培训、技能评价、就业服务协同联动的工作

机制,实现新生代农民工职业技能培训"普遍、普及、普惠"的目标。强调要扩大培训供给,实行市场化社会化培训机制,逐步推进职业技能培训公共服务项目目录清单管理,政府补贴的职业技能培训项目全部向具备资质的职业院校和培训机构开放,推动落实劳动者自主选择职业培训机构和培训项目、按培训补贴标准领取补贴的政府购买服务方式。

2019 年 5 月,国务院办公厅印发《职业技能提升行动方案(2019—2021 年)》,要求面向职工、就业重点群体、建档立卡贫困劳动力等城乡各类劳动者,大规模开展职业技能培训。面向农村转移就业劳动者特别是新生代农民工、城乡未继续升学初高中毕业生等青年、下岗失业人员、退役军人、就业困难人员(含残疾人),持续实施农民工"春潮行动"、"求学圆梦行动"、新生代农民工职业技能提升计划和返乡创业培训计划以及劳动预备培训、就业技能培训、职业技能提升培训等专项培训;实施新型职业农民培育工程和农村实用人才带头人素质提升计划,开展职业农民技能培训;聚焦贫困地区特别是"三区三州"等深度贫困地区,通过项目制购买服务等方式为贫困劳动力提供免费职业技能培训;推进技能脱贫千校行动和深度贫困地区技能扶贫行动,对接受技工教育的贫困家庭学生按规定落实中等职业教育国家助学金和免学费等政策。

二、我国公共性职业教育培训供给的历史制度分析:以 2000—2010 年为例

历史制度分析是在对新制度经济史学的突破和创新中产生和发展起来的,认为新制度经济史学所依赖的理论框架妨碍了它对那些缺少国家和法律强制而自发形成的"自我实施"制度以及"对

影响制度与组织发展走上特定轨迹的非法律因素、对非经济的社会和文化因素对制度选择和路径依赖的影响"的考察。历史制度分析主要运用博弈论和历史经验归纳分析相结合的研究方法。21世纪初，我国开展了针对国有企业改革下岗职工和失业人员的再就业培训计划、针对农村剩余劳动力的转移培训项目"阳光工程"、针对贫困地区青壮年农民的培训工程"雨露计划"等大规模的职业教育培训，公共性职业教育培训处于转型发展、逐渐形成制度体系的时期。下面，本研究将借鉴历史制度分析的研究方法，以2000—2010年这一时期为例，对我国公共性职业教育培训供给制度进行考查。在前面对公共性职业教育培训有效供给的理论界定中，本研究曾经将其概括为数量、质量、结构、公平和效率五个维度，与此相应，本研究认为公共性职业教育培训的有效供给应当符合数量均衡、质量满意、结构合理、公平优先、兼顾效率五项原则。

（一）我国公共性职业教育培训的供给数量

21世纪以来，我国对公共性职业教育培训日益重视，政府先后组织实施了规模巨大、覆盖广泛的公共性职业教育培训，取得了不菲的成绩，主要表现在以下几个方面。其一，下岗职工和失业人员再就业培训："三年千万"再就业培训计划。1998—2003年间，原劳动和社会保障部先后实施了两期"三年千万"再就业培训计划，①其间，中央财政安排国有企业下岗职工基本生活保障和再就业资金

---

① 第一期"三年千万"再就业培训计划的总体目标是：1998年至2000年，为1000万下岗职工提供职业指导和职业培训服务（对1000万下岗职工普遍进行职业指导，对其中600万人进行职业技能和创业能力培训）。第二期"三年千万"再就业培训计划的总体目标是：2001年至2003年，组织1000万以上下岗失业人员开展再就业培训。

731 亿元,共组织 2800 多万下岗失业人员参加培训,培训后有 1730 多万人实现了再就业。同时,还在全国 100 个城市开展的创业培训,先后组织 80 万人参加,其中有 30 多万人成功实现了自主创业或自谋职业。① 在"三年千万"再就业培训计划的基础上,为进一步推动下岗失业人员再就业培训和创业培训工作,2004 年和 2005 年,劳动和社会保障部还实施了主题为"提高你的再就业能力"的再就业培训计划,把提高就业能力、创业能力和适应职业变化能力作为目标,强化技能培训和创业培训,以帮助更多的下岗失业人员实现再就业。② 其二,农村劳动力转移培训:阳光工程。2004 年起,农业部、财政部、劳动和社会保障部、教育部、科技部、建设部共同组织实施了农村劳动力转移培训项目"阳光工程"。③ 2004—2007 年间,中央财政累计投入"阳光工程"资金 21.5 亿元,带动地方投入农村劳动力转移培训资金超过 30 亿元,培训农村劳动力近 3000 万人。④

---

① 参见劳动和社会保障部编:《中国劳动和社会保障年鉴 2005》,中国劳动社会保障出版社 2005 年版,第 145 页。张小建:《大力推进职业教育和培训,为促进就业和技能人才队伍建设服务》,载教育部职业教育与成人教育司编:《2004 年全国职业教育工作会议文件汇编》,高等教育出版社 2006 年版,第 43 页。

② 2004—2005 再就业培训计划的目标任务是:2004 年至 2005 年,对 800 万以上下岗失业人员开展技能培训,对其中 60 万人开展创业培训。

③ 阳光工程的目标任务是:2004—2005 年,重点支持粮食主产区、劳动力主要输出地区、贫困地区和革命老区开展短期职业技能培训,探索培训工作机制,为大规模开展培训奠定基础;2006—2010 年,在全国大规 模开展职业技能培训,建立健全农村劳动力转移培训机制,加大农村人力资源开发力度;2010 年以后,按照城乡经济社会协调发展的要求,把农村劳动力培训纳入国民教育体系,扩大培训规模,提高培训层次,使农村劳动力的科技文化素质总体上与我国现代化发展水平相适应。

④ 中国农业年鉴编辑部编:《中国农业年鉴(2008)》,中国农业出版社 2008 年版,第 102 页。

其三,贫困地区青壮年农民转业、创业培训:雨露计划。2006年,国务院扶贫办开展了面向贫困地区青壮年农民的培训工程"雨露计划",以提高素质、增强就业和创业能力为宗旨,以职业教育、创业培训和农业实用技术培训为手段,以促成转移就业、自主创业为途径,旨在帮助贫困地区青壮年农民解决就业、创业中遇到的实际困难。① 据统计,该计划启动以来,全国共投入培训资金7.3亿元,培训人数累计达165万人,安置就业人数126.7万人,带动400万至500万贫困人口脱贫。② 其四,农村新生劳动力技能培训:劳动预备制培训。2006—2010年间,劳动和社会保障部决定实施农村劳动力技能就业计划,对农村初高中毕业未升学人员、农村退役士兵和其他农村新生劳动力实施劳动预备制培训,对有意愿外出务工的农村富余劳动力实施劳务输出培训,对在城镇务工的农村劳动者开展技能提升培训。③ 我国公共性职业教育培训机构主要包括职工技术培训机构、农村成人文化技术培训机构及其他各类

① "雨露计划"的对象主要有三类:一是扶贫工作建档立卡的青壮年农民;二是贫困户中的复员退伍士兵;三是扶贫开发工作重点村的村干部和能帮助带动贫困户脱贫的致富骨干。其总体目标是:"十一五"期间,通过职业技能培训,帮助500万左右经过培训的青壮年贫困农民和20万左右贫困地区复员退伍士兵成功转移就业;通过创业培训,使15万名左右扶贫开发工作重点村的干部及致富骨干真正成为贫困地区社会主义新农村建设的带头人;通过农业实用技术培训,使每个贫困农户至少有一名劳动力掌握1—2门有一定科技含量的农业生产技术。

② 张玉文:《"雨露计划"实施以来已带动400多万人脱贫》,《中国教育报》2007年4月24日。

③ 农村劳动力技能就业计划的目标任务是:2006—2010年,对4000万农村劳动者进行非农技能培训,年均培训800万人。逐步形成就业导向、政策扶持、社会参与的运行机制,充分发挥政策效应,有效利用社会资源,使向非农产业转移就业的农村劳动者普遍得到培训,技能水平得到明显提高,努力使每一个培训后的农村劳动者都能顺利实现就业。

职业培训机构,其中既有教育部门或集体举办及其他部门举办的职业培训机构,也有各类民办职业培训机构。近年来,这些职业培训机构进行了大量的职业教育培训,如表4—1所示。

表4—1 职业培训机构及其开展职业教育培训情况(2006—2008)

培训机构	学校数(所)			结业生数(人)		
	2006	2007	2008	2006	2007	2008
职工技术培训机构	3 177	3 719	3 385	2 251 861	2 646 635	2 693 125
教育部门和集体办	999	1 252	1 318	1 081 323	1 118 186	1 048 307
其他部门办	1 010	1 069	1 012	843 502	1 185 371	1 336 952
民办	1 168	1 398	1 055	327 036	343 078	307 866
农村成人文化技术培训机构	150 955	153 303	137 827	45 205 798	46 703 495	43 582 242
教育部门和集体办	147 492	149 208	134 245	44 277 451	45 537 481	42 410 674
其他部门办	2 439	3 271	2 652	827 263	995 351	907 119
民办	1 024	824	930	101 084	170 663	264 449
其他培训机构	23 554	21 878	20 837	9 878 497	10 681 633	10 934 588
教育部门和集体办	794	689	857	826 118	747 817	1 183 997
其他部门办	1 482	1 089	2 386	1 179 261	1 180 704	2 032 370
民办	21 278	20 100	17 594	7 873 118	8 753 112	7 718 221
总计	177 686	178 900	162 049	57 336 156	60 031 763	57 209 955

资料来源:根据教育部2006年、2007年、2008年教育统计数据整理。

客观而论,21世纪以来,特别是近年来,国家对于公共性职业教育培训的资金投入数额巨大,公共性职业教育培训的数量和规模均超过历史任何时期。无论是再就业培训、农村劳动力转移培训还是劳动预备制培训,实施以来均取得明显效果,通过这些公共性职业教育培训,不少国有企业下岗失业人员实现了再就业,大量农村剩余劳动力实现了转移就业,同时,每年涌现出来的数额巨大的城乡新增劳动力也基本实现了顺利就业。然而,在认识到已经取得的巨大成绩的同时,也不容忽视当前我国开展的公共性职业教育培训仍然不能从根本上满足个人就业对于职业技能的需要以及企业、社会对于技能型人才的需求,存在着供给数量明显不足的客观事实。

首先,从近些年我国的就业形势来看,如表 4—2 所示,1997—2000 年,我国城镇登记失业率一直保持在 3.1%;2001—2003 年,城镇登记失业率不断攀升,2003 年达到 4.3%;2004—2007 年,城镇登记失业率虽然有所下降,但在 2008 年和 2009 年,又出现反弹,再度达到 4.2%和 4.3%。可以看出,1997 年以来,我国城镇登记失业率经历了先上升后下降,而后又上升又下降的过程。从更能真实地反映劳动力市场就业状况的城镇调查失业率来看,也反映出大致相同的发展历程。只不过,城镇调查失业率折射出更为严峻的就业状况。2000 年,我国城镇调查失业率一度高达7.61%,其后,城镇调查失业率不断下降,但仍不时反弹,如 2002 年和 2006 年,我国城镇调查失业率分别达到 6.14%和 6.12%。依据人力资源和社会保障部最新统计数据,2010 年,全国城镇新增就业 1168 万人;下岗失业人员再就业 547 万人;就业困难人员就业 165 万人。截至 2010 年末,全国实有城镇登记失业人员 908 万人,城镇登记失业率为 4.1%。①

---

① 参见人力资源和社会保障部 2010 年第四季度新闻发布会。

表 4—2   1997 年以来城镇登记失业率与调查失业率①

（单位:%）

年份	登记失业率	调查失业率	年份	登记失业率	调查失业率
1997	3.1	4.50	2004	4.2	5.78
1998	3.1	6.29	2005	4.2	5.16
1999	3.1	5.87	2006	4.1	6.12
2000	3.1	7.61	2007	4.0	5.34
2001	3.6	5.55	2008	4.2	—
2002	4.0	6.14	2009	4.3	—
2003	4.3	6.02	2010	4.1	—

资料来源:1997—2007 年数据来自蔡昉主编:《中国人口与劳动问题报告(No.10):提升人力资本的教育改革》,社会科学文献出版社 2009 年版,第 29 页;2008 年数据来自人力资源和社会保障部、国家统计局:《2008 年度人力资源和社会保障事业发展统计公报》;2009 年和 2010 年数据来自人力资源和社会保障部新闻发布会。

可见,尽管在促进就业方面,我国已经取得了巨大的成绩,但是,随着经济社会的结构转型和城镇化进程的持续推进,当前及今后相当长一个时期,我国的就业形势依然十分严峻。主要表现为,就业总量压力和结构性矛盾并存,即一方面,由于我国劳动人口众多,劳动力供大于求的基本格局和巨大的就业压力将长期存在;另一方面,劳动人口的文化素质和技能水平偏低,不能满足企业的用人需求,因而,就业中的结构性矛盾也将变得更为复杂和凸显。

① 城镇登记失业率是指在报告期末城镇登记失业人数占城镇从业人员与登记失业人数之和的比重。分子是登记的失业人数,分母是从业的人数与登记失业人数之和。城镇调查失业率是指按照国际劳工组织推荐的方法和定义通过调查而估算的失业状况。相对城镇登记失业率,城镇调查失业率更能真实地反映劳动力市场的状况。

其次,从我国劳动人口的受教育程度来看,在就业人员当中,如表4—3所示,电力、燃气与水生产与供应业,信息传输、计算机和软件业,金融业,房地产业,租赁和商务服务业,科学研究、技术服务和地质勘查业,教育,卫生、社会保障和社会福利业,文化、体育和娱乐业,公共管理和社会组织,国际组织等新兴的第三产业就业人员,平均受教育程度较高;采矿业,制造业,建筑业,交通运输、仓储和邮政业,批发和零售业,住宿和餐饮业,居民服务和其他服务业等传统的第三产业和第二产业就业人员平均受教育程度处于中等水平;而农、林、牧、渔等第一产业就业人员受教育程度最低,94.3%的就业人员只有初中及其以下文化水平。第一产业就业人员受教育程度偏低,不仅影响着农业和农村的发展,也不利于农村剩余劳动力的转移就业。另外,从各行业就业人员受教育程度的总体构成来看,我国劳动人口的总体素质相对较低,80.8%的就业人员只具有初中及其以下文化水平。

表4—3　分行业就业人员受教育程度构成(2008)

(单位:%)

行　业	文盲	小学	初中	高中	专科	本科	研究生
农、林、牧、渔业	8.2	38.2	47.9	5.4	0.3	0.04	0.0
采矿业	0.9	14.9	56.5	21.5	4.4	1.6	0.1
制造业	1.1	13.8	56.0	21.3	5.4	2.2	0.2
电力、燃气与水生产与供应业	0.2	4.4	30.2	37.3	17.7	8.9	1.2
建筑业	1.5	19.3	60.0	13.5	4.0	1.6	0.1
交通运输、仓储和邮政业	0.6	10.0	55.4	25.1	6.4	2.3	0.2
信息传输、计算机和软件业	0.2	2.2	21.6	28.2	26.0	19.6	2.1

行　业	文盲	小学	初中	高中	专科	本科	研究生
批发和零售业	1.2	12.2	50.7	26.7	6.7	2.3	0.1
住宿和餐饮业	1.1	12.4	59.5	22.3	3.7	1.0	0.1
金融业	0.0	1.5	13.8	28.5	33.3	20.8	2.1
房地产业	0.7	7.9	33.3	29.1	19.6	8.7	0.6
租赁和商务服务业	0.4	6.0	27.6	29.8	20.7	14.1	1.4
科学研究、技术服务和地质勘查业	0.6	2.9	16.8	23.3	22.2	28.1	6.2
水利、环境和公共设施管理业	2.2	14.4	37.6	25.0	13.3	6.8	0.7
居民服务和其他服务业	1.7	14.3	55.2	23.0	4.5	1.3	0.1
教育	0.2	2.0	9.7	20.4	35.2	29.1	3.4
卫生、社会保障和社会福利业	0.3	2.5	16.2	32.0	32.9	14.7	1.3
文化、体育和娱乐业	0.4	6.7	33.6	27.2	18.5	12.5	1.2
公共管理和社会组织	0.4	2.8	14.4	27.0	34.2	20.0	1.3
国际组织	0.0	0.0	33.3	0.0	0.0	66.7	0.0
各行业就业人员受教育程度构成	5.3	27.7	47.8	12.5	4.3	2.3	0.2

资料来源:国家统计局人口和就业统计司编:《中国人口和就业统计年鉴(2009)》,中国统计出版社2009年版,第162—164页。

(二)我国公共性职业教育培训的供给质量

21世纪以来,我国开展了大规模的公共性职业教育培训,公共性职业教育培训不仅数量巨大,而且也取得了积极的成效。然而,与此同时,我国公共性职业教育培训的质量也存在一些不容忽视的问题,一些地方的公共性职业教育培训针对性不强、适用性不高、有效性缺失。具体表现为,首先,不少地方公共性职业教育培训设施、设备陈旧甚至匮乏,只注重课堂教学,实践操作方面的训练不足,导致公共性职业教育培训质量低下。尽管国家先后出台了一系列政策、规定,不断增加对公共性职业教育培训的资金投入,但是,由于公共性职业教育培训涉及范围较为广泛,其资金缺口仍然很大。在当前教育经费总量不足的情况下,用于职业教育培训的教育经费更显得捉襟见肘。统计表明,2002 年,职业教育和成人教育的经费仅占教育经费总投入的 13.6%,职业教育财政性投入仅占国家财政性教育经费总投入的 11.4%。同时,由于我国公共性职业教育培训的经费分担和多元投资机制还未很好地建立起来,用人企业和受训者个人对职业教育培训的资金投入也明显不足。2004 年,企业职工教育经费投入占职工工资总额的比例仅为 1.4%,尚未达到国家规定的最低比例 1.5%,企业用于就业人员的人均教育经费投入仅为 195 元。在受训者个人对职业教育培训的投入方面,全国农村固定观察点办公室调查显示,2004 年,农民人均总支出为 3957.4 元,但是人均文化服务(包括教育)支出只有 269.2 元,仅占总支出的 6.8%,其中学杂费支出 207.7 元,并且主要用于子女教育,对自身素质提高和开展转移培训的投入则很少。[①] 其次,尽管国家先后出台了不少公共性职业教育培训方面的整体规划和实施办法,对公共性职业教育培训的办学模式、机制、体制以及专业设置、课程结构、教学方式等进行了具体安排,但是,不少地方缺乏根据本地实际情况制定的长远计划和具体细则,也未能做到根据市场需要以及企业和个人需求灵活设置专业、安排教学内容,一些公共性职业教育培训机构也未能很好地坚持

---

① 农业部调研组:《农村劳动力转移培训问题研究》,载国务院研究室编:《中国农民工调研报告》,中国言实出版社 2006 年版,第 171—172 页。

职业教育培训"以就业为导向"的原则,往往只注重数量,不注重质量,只注重开展培训,不注重就业服务,从而导致不少公共性职业教育培训流于形式,缺乏足够的吸引力。

一块黑板加一支粉笔,"空对空"的培训不能吸引农民工
政府花钱,为啥还有老百姓不买账①

"即使跑破了鞋子,磨破了嘴皮子,有时候农民兄弟并不领情。"2月上旬,宁波市一位长期组织农村转移劳动力培训的工作人员诉苦说,当前农民工对各种技能培训形成了一个怪现象:要交钱的培训绝对不参加;即使政府资助的培训项目,有的农民不是"三天打鱼两天晒网",就是干脆不来,宁可去搓麻将。

在宁波市教育局任职的王大明说,这种怪现象不是甬城独有的,这已是全国许多地区都存在的普遍问题。

浙江宁海县力洋成人学校校长王可红认为,过去面向农民工的培训停留在简单的文化类知识方面,常常是一块黑板加一支粉笔,"空对空",现场农民无精打采。"农民工技能培训与学历知识教育有天壤之别,他们参加培训的目的性很强,即能赚到钱的培训就来。"

......

据一些不乐意参加培训的农民反映,"耽误工夫,还不如直接到厂里干学徒,既学技术还有工资。对老百姓来说,时间也是钱,一天不挣钱,就等于多花一天钱。参加培训的话,交

---

① 张国、李剑平:《政府花钱,为啥还有老百姓不买账》,《中国青年报》2009 年 2 月 9 日。

通费、生活费都要自己拿。"

……

山东省劳动部门一位不愿意透露姓名的工作人员对记者说，自己的一个农村亲戚就放弃了政府提供的免费"午餐"，跑到外地一家技校花钱上学。

这位工作人员感慨："实事求是地说，现在的局面就是政府拿钱了，老百姓还不见得买账。为什么那些民营技校，一些老百姓反而愿意拿钱去学？因为他们预期这笔投资将来可以收回来。而参加政府培训后，就业竞争力提高的表现不突出。政府组织培训后的出路，比不上市场，市场是他们发自内心的。"

平度市技工学校副校长孙剑对中国青年报记者指出，我国就业准入制度的缺位，也是农民参加培训积极性不高的原因。由于缺乏刚性监管，"持证上岗"的就业准入制度在一些企业招工时没有推行。一些企业为了短期利益"只用人不培训人"；不少农民工则说，有证没证都一样，学它干什么？

可见，公共性职业教育培训的受训者关心的是能否通过培训真正掌握一技之长，能否在接受公共性职业教育培训后顺利实现就业，他们并不会因为能够享受政府补贴而参加培训。因此，提高公共性职业教育培训的针对性和有效性，让更多的受训者通过公共性职业教育培训真正提高技能，顺利实现就业，是提高公共性职业教育培训质量进而提高其吸引力的关键。

（三）我国公共性职业教育培训的供给结构

新中国成立以来，特别是改革开放以来，我国教育事业的发展取得了长足的进步,国民教育体系和公共教育体系基本形成,基础教育、高等教育、职业教育和成人教育发展迅速,相得益彰。然而,审视人力资本存量和教育发展现状,不难发现,我国人力资源整体开发水平仍然不高,实现由人口大国向人力资源强国转化仍然任重而道远。其中,教育与人才培养结构不够合理,不能满足经济社会发展对不同层次、不同类别、不同行业劳动力的需求,劳动力资源合理流动和优化配置机制尚未形成,是影响我国教育发展和人力资源开发的重要因素。具体到公共性职业教育培训的供给结构方面,我国公共性职业教育培训的类别结构、层次结构、地区结构等存在着诸多不合理,难以适应国家经济结构、产业结构、技术结构、就业结构调整和发展过程中对技能型人才的需求。

首先,教育体系中其他类别教育的发展水平及整个教育体系中不同类别教育之间的比例关系影响着公共性职业教育培训的有效供给。一方面,我国基础教育和高等教育的发展水平和教育质量仍显得相对滞后和薄弱。尽管我国已经实现全面普及九年义务教育,但是义务教育的发展在城乡之间、地区之间十分不平衡,不少地区的义务教育教学质量仍亟待提高。一些地区义务教育学生辍学和流失的问题还尚未彻底解决,不仅降低了义务教育的普及水平,又形成相当数量的新增低素质人口。随着义务教育的全面普及,我国初中毕业生大量增加,而由于高中阶段教育发展速度相对滞后,使得相当数量的完成义务教育的学生无法升学,其中相当一部分学生未接受一定程度的职业技能培训,毫无一技之长而流入劳动力市场。同样,由于高等教育资源的稀缺,完成高中阶段教育后未升入高等学校的学生也面临同样的问题。如表4—4所示,2000—2006年,我国小学升初中升学率持续上升,2006年为100%,然而,2007年和2008年却分别有所下降。2000年以来,我国初中升入高级中学的升学率持续上升,2008 年达到 82.1%,但是,仍有一定数量的初中毕业生不能继续学业。2000—2002 年,高中升入高等教育的升学率显著提高,但 2003 年以后,其比例却持续降低,仍有相当数量的高中毕业生未能进入高等学校学习。高中阶段教育和高等教育发展的相对滞后不仅制约着劳动人口素质的提高,也影响着整个教育事业的进一步发展。在高等教育方面,长期以来,我国高等教育偏重于系统书本知识的传授,人才培养过分强调知识性和学术性,实践性和技能性相对不足,人才培养与劳动力市场脱节,不能很好地满足社会经济发展对大量专业技能人才和高素质劳动者的需求。

表 4—4　各级学校毕业生升学率(2000—2008)（单位:%）

年份	小学升初中	初中升高级中学	高中升高等教育
2000	94.9	51.2	73.2
2001	95.5	52.9	78.8
2002	97.0	58.3	83.5
2003	97.9	59.6	83.4
2004	98.1	63.8	82.5
2005	98.4	69.7	76.3
2006	100.0	75.7	75.1
2007	99.9	80.5	70.3
2008	99.7	82.1	72.7

注:高中升学率为普通高校招生数与普通高中毕业生数之比。
资料来源:中国教育年鉴编辑部编:《中国教育年鉴(2009)》,人民教育出版社 2009 年版,第 105 页。

　　另一方面,尽管我国职业教育一度获得迅猛发展,但是,同普通教育相比,职业教育在各种教育类型中所占比例仍然偏低。仅以高中阶段学校教育为例,如表 4—5 所示,2000 年,中等职业教育学生数曾一度超过普通高中,达到49.9%,但是,2001年以后,高中阶段中等职业教育学生比例却持续下降,2004年,仅为38.6%,2005年以后,中等职业教育学生数虽有所上升,但中等职业教育与普通高中各占半壁江山的局面一直未能真正形成。

表4—5　高中阶段学生数的构成(2000—2008)（单位:%）

年份	普通高中	成人高中	中等职业教育
2000	48.8	1.3	49.9
2001	53.9	1.2	44.9
2002	58.3	1.2	40.6
2003	60.6	0.7	38.7
2004	60.8	0.5	38.6
2005	59.8	0.5	39.7
2006	57.9	0.4	41.7
2007	55.7	0.4	43.9
2008	54.5	0.3	45.2

资料来源:中国教育年鉴编辑部编:《中国教育年鉴(2009)》,人民教育出版社2009年版,第127页。

其次,本世纪初,我国产业结构的调整带来了就业结构的变化,并对从业人员的素质和技能提出了更高的要求,然而,公共性职业教育培训所提供的劳动力供给却不能满足这一需求。如表4—6所示,从2006—2009年我国劳动力供求状况对比来看,各技术等级的求人倍率或者岗位空缺与求职人数的比率均大于1,表明劳动力市场对技能型劳动者的需求大于供给。其中,技师、高级技师和高级工程师的求人倍率和岗位空缺与求职人数的比率较大,高技能人才呈现出供不应求的局面。我国沿海许多地区不同程度上出现了所谓的"民工荒"现象,实质上反映的是劳动力供求的结构性失衡,这种表面上的"民工荒",实际上是一种"技工荒"。

表 4—6　按技术等级分组的供求人数统计（2006—2009）

年度	2006				2007				2008				2009	
季度	一	二	三	四	一	二	三	四	一	二	三	四	一	二
初级技能	1.45	1.37	1.34	1.34	1.40	1.43	1.42	1.42	1.42	1.50	1.40	1.20	1.27	1.33
中级技能	1.60	1.54	1.52	1.55	1.56	1.50	1.49	1.44	1.49	1.50	1.28	1.30	1.28	1.40
高级技能	1.83	1.71	1.70	1.81	1.80	1.62	1.71	1.60	1.78	1.76	1.69	1.45	1.44	1.56
技师	2.21	1.59	2.06	2.20	2.20	2.31	2.38	2.36	2.25	1.97	2.02	1.81	1.76	1.75
高级技师	1.93	1.96	1.91	2.38	3.36	2.29	2.47	2.36	1.84	2.07	1.86	1.94	1.60	1.85
技术员	1.39	1.42	1.45	1.36	1.40	1.50	1.48	1.51	1.56	1.58	1.55	1.31	1.35	1.36
工程师	1.81	1.59	1.61	1.63	1.72	1.64	1.62	1.64	1.63	1.56	1.62	1.44	1.37	1.42
高级工程师	2.33	2.08	2.52	1.99	2.07	1.32	3.21	2.20	1.46	2.07	4.05	1.57	1.61	1.76

注：2006—2008 年数据为求人倍率。求人倍率 = 需求人数／求职人数，表明劳动力
　　市场中每个岗位需求所对应的求职人数，如 0.8 表示 10 个求职者竞争 8 个岗位；
　　2009 年一、二季度为岗位空缺与求职人数的比率。
资料来源：由 2006—2009 年全国职业供求季度分析报告整理而得。参见中国劳动力
　　市场信息网监测中心：《全国职业供求季度分析报告》。

（四）我国公共性职业教育培训的城乡差距

随着我国经济社会的发展、农村产业结构的调整以及长期以
来限制农民流动的体制性和政策性障碍的逐步消除，我国农村剩
余劳动力转移就业规模不断扩大，然而，受城乡二元经济结构的影
响，我国还未形成城乡统一的劳动力市场和城乡劳动者平等的就
业制度。仅就所具备的职业技能和就业能力来讲，农村劳动力的
文化素质和技能水平明显低于城镇居民，不少进城务工农民的知
识和技能远远不能适应企业的用人需求，在劳动力市场的就业竞
争中明显处于弱势地位。受自身素质的限制，多数进城务工农民

只能从事加工业、建筑业、服务业等劳动密集型产业,工资报酬较低,工作环境较差,劳动保障缺乏。从2009年各季度部分城市劳动力市场供求状况来看,如表4—7所示,在所有求职人员中,四个季度,城市失业人员所占比例分别为49.3%、50.4%、51.8%、52.7%,本市农村人员和外来务工人员(主要为外来务工农民)所占比例则分别为40.2%、38.3%、36.9%、34.7%。可见,在城市劳动力市场中,进城务工农民已经占有相当大的比例。从这个意义上讲,加强农村剩余劳动力转移就业培训,不断提高其职业技能水平和就业竞争能力,既是提高我国劳动人口整体素质的需要,也是实现城乡劳动者公平就业进而建立城乡统一的劳动力市场的需要。

表4—7　求职人员类别构成(2009)　(单位:%)

求职人员类别	第一季度	第二季度	第三季度	第四季度
新成长失业青年	21.5	22.6	23.7	22.8
其中:应届高校毕业生	41.1	42.6	42.2	39.7
就业转失业人员	16.2	16.5	16.1	16.6
其他失业人员	11.6	11.3	12.0	13.3
在业人员	4.3	4.3	5.3	5.3
下岗职工	3.3	3.7	3.0	3.5
退休人员	0.5	0.5	0.5	0.6
在学人员	2.6	2.9	2.5	3.1
本市农村人员	18.4	15.0	15.0	15.0
外埠人员	21.8	23.3	21.9	19.7

注:新成长失业青年是指城镇登记失业人员中,从未就业,目前正以某种方式寻找工作的人员,包括初高中、职业高中、技校及大中专毕业生中未能升学、参军、被国家统一分配或单位录用的人员,以及其他初次失业的人员。就业转失业人员是指在登记的城镇失业人员中,从就业状态转为失业状态的人员。失业人员=新成长失业青年+就业转失业人员+其他失业人员。

资料来源:由2009年全国职业供求季度分析报告整理而得。参见中国劳动力市场信息网监测中心:《全国职业供求季度分析报告》。

　　然而，与下岗失业人员再就业服务备受关注不同，农村剩余劳动力转移服务和培训尚缺乏系统的政策支持和足够的资金投入。1998 年以来，我国先后出台了一系列促进下岗失业人员再就业的政策，为所有城镇登记失业人员提供免费职业介绍，并为就业转失业人员提供免费的就业培训。据统计，2004 年，中央财政安排的再就业补助经费达 83 亿元，地方也安排了相应的配套资金。各地用于免费就业服务和培训的经费为 31.6 亿元，其中职业介绍补贴 10.3 亿元，再就业培训补贴 21.3 亿元。而中央财政用于补贴农村劳动力转移培训的经费仅有"阳光工程"的 2.5 亿元，地方配套的资金也仅为 6 亿多元。① 在城市，我国已经初步建立起了较为完备的公共就业服务体系和职业培训体系，相比之下，农村就业服务工作却显得十分薄弱，在资金、信息、资源相对缺乏的情况下，很难为农村劳动者提供系统的就业服务和有效的职业培训。近年来，尽管城市公共职业介绍机构开始向进城务工农民开放，免费提供政策咨询、就业信息、就业指导和职业介绍，一些劳务输入地也开始将提高农民工岗位技能纳入当地职业培训规划，但是，由于进城务工农民流动性较强，主动寻求就业服务的意识较差，加之城市公共就业服务的管理模式、场所布局、业务流程等往往不适合进城农民工的实际需要，因而实现进城务工农民公共就业服务全覆盖的管理难度较大。此外，城市拥有相对较为丰富的职业教育培训资源，如高等职业院校、技工学校、中等职业学校、就业训练中心、民办职业培训机构等，而县以下职业教育培训机构较少，且大都办学条件简陋，实训设备缺乏，难以开展较高质量的职业教育培训。

---

① 劳动和社会保障部调研组：《农民工就业服务和培训问题研究报告》，载国务院研究室编：《中国农民工调研报告》，中国言实出版社 2006 年版，第 150—151 页。

表4—8　东中西部部分省份职业培训机构资产情况比较(2008)

地区		图书数量 (册)	教学用 计算机 (台)	多媒体 教室座位 (个)	固定资产总值(万元)	
					计	教学实习 设备资产
东部	北京	57 048 635	42 677	68 998	364 374.99	181 437.17
	江苏	13 807 693	89 236	70 544	521 601.93	99 158.22
	山东	5 851 160	35 800	41 535	1 158 868.63	114 102.60
	广东	8 945 417	59 114	98 054	666 686.24	181 263.53
中部	内蒙古	745 695	3 924	1 858	25 942.32	3 376.91
	安徽	1 305 769	5 475	5 514	14 383.36	5 203.90
	江西	861 638	1 777	2 523	6 006.56	1 232.22
	湖南	1 088 376	9 293	9 060	31 991.02	10 461.43
西部	贵州	2 162 826	9 700	29 358	48 104.32	6 360.13
	云南	988 029	1 905	5 491	21 223.32	2 741.86
	青海	3 150	183	390	504.55	136.42
	宁夏	109 038	366	1 699	2 085.90	791.95

资料来源:教育部发展规划司编:《中国教育统计年鉴(2008)》,人民教育出版社2009年版,第437页。

　　除了公共性职业教育培训供给中存在的上述城乡之间发展不均衡之外,由于我国不同地区之间,特别是东部沿海地区与中西部内陆地区之间经济社会发展水平存在着较大的差异,导致我国公共性职业教育培训的供给也存在着较为明显的地区差异。东部沿海地区对公共性职业教育培训的资金投入相对较多,公共性职业教育培训的规模较大、覆盖较为广泛、质量较高。而我国中西部地区经济发展相对滞后,公共性职业教育培训的资金投入相对不足,优质职业教育培训资源缺乏,公共性职业教育培训的数量和质量均因而受到某种程度上的影响和制约。如表4—8所示，从东中西部部分省份职业技术培训机构资产情况的对比来看，不难发现，我国东部省份职业技术培训机构无论在图书数量、教学用计算机、多媒体教室、教学和实习设备等方面均明显优于中西部地区，特别是在教学和实习设备方面，中西部地区与东部地区之间的差别尤其显著。职业教育培训优质资源的这种分布不均衡，严重影响着我国不同地区的人们接受公共性职业教育培训的机会和可能受到的公共性职业教育培训的质量，进而影响到不同地区的人们职业技能提升和实现就业的机会。

（五）我国公共性职业教育培训的供给效率

在我国，如何保证公共职业培训以有效率的方式进行，充分调动地方各级政府、培训机构、受训者和用人单位的参与积极性，早已引起一些政府公共部门的关注。例如，劳动和社会保障部在《第二期"三年千万"再就业培训计划》的通知中提出，"面向社会各类培训资源，通过项目招投标方式，选择一批培训设施较好、培训能力较强、培训质量较高的培训机构"，"积极实施政府购买培训成果，通过核定培训的合格率和培训后一定期限内再就业率，核拨培训经费"。在其后颁布的《2004—2005年再就业培训计划》的通知中强调，"积极探索和创新培训经费的补贴模式"，"可采取个人垫付或政府发放培训券等方式"，"由下岗失业人员自主选择培训机构"。《农村劳动力转移培训阳光工程项目管理办法（试行）》指出，"面向各类培训单位，公开、公平、公正地进行项目招标"，"可以采用培训券方式"，"鼓励各地根据地方特点创造有效的补贴模式"。但是，尽管如此，正如人力资源和社会保障部有关负责人在谈到《关于进一步规范农村劳动者转移就业技能培训工作的通知》出台背景时所讲,"一些地方在开展农村转移劳动力培训过程中也存在着培训针对性不强、管理不规范、监管措施不到位,个别地方甚至出现骗取挪用补贴资金等问题。要从根本上解决这些问题,必须从加强制度建设入手,进一步规范工作程序。"①

我国公共性职业教育培训供给效率不高,突出表现在以下方面。首先,由于公共性职业教育培训涉及范围较为广泛,包括城市失业、转业和无业人员、农村剩余劳动力、城乡新增劳动力等群体,公共性职业教育培训归口管理的职能部门涉及劳动保障、农业、教育、科技、建设、财政、妇联、工会等,各部门之间缺乏相应的协调机制和统筹规划,职能相互交叉,职责难以明晰。尽管国家强调实行职业教育工作部际联席会议制度和农民工工作部际联席会议制度,要求相关部门在各自的职责范围内分工负责、相互协作,但是,公共性职业教育培训的协调管理机制一直很难建立起来。这些情况的客观存在,一方面,导致我国公共性职业教育培训政出多门,政令不畅,管理重叠和管理真空并存,公共性职业教育培训的规划、实施、评估、监控很难落实到位,严重影响着公共性职业教育培训供给效率的提高;另一方面,导致各部门之间原本可以共享的职业教育培训资源缺乏强有力的整合机制,各类公共性职业教育培训自成体系,各自为战,造成原本有限的职业教育培训资源的浪费。此外,我国公共性职业教育培训不仅存在着职能部门之间缺乏统筹规制的情况,而且由于城乡分割、地区分治和财政分灶等客观情况的存在,不同地区之间的公共性职业教育培训也缺乏沟通和协调机制。主要表现在,以农村剩余劳动力转移培训为例,尽管

---

① 任社宣:《进一步规范农村劳动者转移就业技能培训工作——人力资源和社会保障部相关司局负责人答记者问》,《中国人事报》2009 年 5 月 20 日。

政府强调对进城务工农民采取属地管理的办法，但是，由当地财政出资，为外地进城务工农民提供免费就业服务和公共性职业教育培训在不少地方一直难以实现，强化进城务工农民输出地和输入地统筹管理的机制在不少地方也一直未能真正建立起来。

其次，由于制度设计的不完善，我国公共性职业教育培训供给过程中还存在着激励政策不到位，缺乏制度规范等情况。以农村剩余劳动力转移培训为例，其一，对承担农村剩余劳动力转移培训的职业教育培训机构缺乏有效的激励政策。在农村劳动力转移培训中，政府补助资金通过培训券方式直补农民，或培训机构降低收费标准方式直接让农民受益，不用于培训单位基本建设、培训条件建设和技能鉴定，职业教育培训机构在组织培训、实施教学和促进转移就业过程中的成本将由自己承担。由于政府的补贴标准普遍偏低，开展农村剩余劳动力转移培训收益较低，因而在一定程度上影响着职业教育培训机构的积极性。其二，对用工单位缺乏有效的制度规范。尽管国家先后出台了一系列政策，实行就业准入制度，要求用工单位不得使用未经培训的劳动力，但是，由于我国劳动力市场缺乏规范管理，就业准入制度多依赖用工单位的自律行为，因而严格的就业准入制度一直未能真正建立起来。与此相同的还有，我国先后颁布一系列法律法规，明确规定用人单位具有对劳动者进行职业培训的义务，要求用人单位建立职业培训制度，并按照国家规定的比例提取和使用职业培训经费，根据本单位实际，有计划地对劳动者进行职业培训。然而，虽然大多用人单位表面上开展了职业培训，但用于劳动者培训方面的经费并不高，并未达到国家规定的最低比例。其三，对受训者个人缺乏必要的吸引力。开展农村剩余劳动力转移培训所需经费一般采取国家补贴、地方配套和学员个人共同承担的机制。但是，用于农村剩余劳动力转移培训的财政补贴人均一般只有一二百元,相对于高额的职业培训、技能鉴定等费用来说,只是杯水车薪,受训者个人仍需承担较大的教育成本。特别是,在就业准入制度、资格证书制度等尚未真正建立起来的情况下,不少中小企业大量录用未经培训、没有资格证书的劳动力,导致是否进行职业培训、是否拥有资格证书对于工资待遇和就业条件并无显著差异。[①] 这些情况的客观存在,无疑严重影响着受训者个人参与职业教育培训的积极性,也因而大大降低了我国公共性职业教育培训的供给效率。

三、公共性职业教育培训有效
供给的比较制度分析

比较制度分析是对现行的各种制度进行的比较分析,它为制度经济学提供了新的分析视角。在它看来,经济体制具有多样性,即使是同一种经济体制,也会因其内部的制度配置不同而存在着各种不同类型,这主要是因为,在一种体制内部,各种制度之间是互为补充的,从而产生出作为体制整体的强度。而一种制度作为稳定的结构存在,则是由于某种社会行为方式越普遍,选择这种行为方式在战略上便越有利,从而致使这一制度作为一种自我约束机制固定下来。因此,经济体制的演化具有一定的惯性,其所处的外部环境与所积累的内部环境一起逐渐地演化和变迁。[②] 在这里,本书运用比较制度分析的方法,对公共性职业教育培训的有效

---

① 农业部调研组:《农村劳动力转移培训问题研究》,载国务院研究室编:《中国农民工调研报告》,中国言实出版社 2006 年版,第 173 页。
② [日]青木昌彦、[日]奥野正宽:《经济体制的比较制度分析》,魏加宁等译,中国发展出版社 1999 年版,第 2 页。

供给制度进行简要阐述。

（一）公共性职业教育培训供给制度变迁的类型

新制度经济学认为,制度变迁有两种类型,即诱致性制度变迁和强制性制度变迁。诱致性制度变迁是"由个人或一群(个)人,在响应获利机会时自发倡导、组织和实行"的制度变迁。诱致性制度变迁是由某种在原有制度安排下无法得到的获利机会引起的一种制度安排的变更、替代或者新制度安排的创造。而强制性制度变迁指的是"由政府命令和法律引入和实行"而引起的制度变迁。① 与诱致性制度变迁不同,强制性制度变迁可以因不同利益集团之间对现有收入进行再分配而发生。强制性制度变迁的主体一般是国家,这主要是因为,首先,制度供给是国家的基本功能之一。为了促进社会发展、维持社会稳定、维护一定集团的利益,国家必须发展出一套规则和程序来减少社会运行的交易费用。其次,制度安排是一种公共产品,公共产品的特点决定了国家提供比私人提供更有效率。作为一种公共产品的制度安排更是如此。在制度变迁的过程中,当制度不均衡出现时,即便存在一定的制度变迁收益,鉴于国家的相对权威性、民主性,不同的利益集团一般会倾向于诉诸国家,要求政府提供相应的制度安排。最后,强制性制度变迁可以弥补制度供给的不足。在诱致性制度变迁过程中,常常会伴随着外部性和"搭便车"问题的发生,从而导致制度安排创新发生的频率少于维持社会良性运行所需要的最佳值,即出现制度供给不足。也就是说,仅仅依赖诱致性制度变迁无法实现制度

---

① 林毅夫:《关于制度变迁的经济学理论:诱致性变迁与强制性变迁》,载〔美〕R.科斯等:《财产权利与制度变迁——产权学派与新制度学派译文集》,刘守英等译,上海三联书店1992年版,第384页。

供给的帕累托最优。在这种情况下,政府往往会凭借其强制力、意识形态等优势实施强制性制度变迁,增加制度供给。① 诱致性制度变迁与强制性制度变迁的区分只是理论分析的方便,其实,社会现实生活中,很难将两者区分开来。诱致性制度变迁与强制性制度变迁相互联系、相互影响、相互制约,共同推动着社会制度的变迁。一方面,当诱致性制度变迁满足不了社会对制度的需求时,国家实施的强制性制度变迁可以有效弥补制度供给不足;另一方面,制度作为一种公共产品具有一定的层次性,并且,不同的社会制度和政府不同的执政理念,对不同制度"公共性"的认定程度也不尽相同,因此,有些制度只能由国家提供,或者国家会选择由自己提供;而另外一些制度供给则交由相关利益集团去完成。

国际劳工局将世界上的职业教育培训制度分为合作式培训制度、以企业为主型培训制度和国家主导型培训制度三种类型,其中,以企业为主型培训制度又可以分为劳动力稳定型和自愿型两种;国家主导型培训制度又可以分为需求导向型和供给导向型两种。不同的职业教育培训供给制度具有不同的特点,如表4—9所示。(1)合作式培训制度。在这种制度中,政府并不负责职业教育培训计划的制定和实施,职业教育培训的开展更多地依赖雇主组织、国家和工会间的相互作用。在德国,职业教育培训在公共职业培训学校和工作场所进行,多数雇主参加的工商协会在培训注册和资格标准制定方面发挥着重要作用,职业教育培训的费用由学员和雇主共同承担。培训结束后获得的技术资格能够获得国家承认,是激励学员参加培训的动力,而对于雇主来说,提供职业教育培训则是改善劳资关系,激励和留住员工的有效方式。(2)以

---

① 卢现祥:《西方新制度经济学》,中国发展出版社2003年版,第111页。

企业为主型培训制度。其一,劳动力稳定型培训制度。在日本,职业学校教育提供一定的基础性培训,而职业培训和技能发展则主要由雇主提供,这种培训制度能够培养出很快适应变化需要的具有较高技能水平的劳动力。实行终生雇用制,劳动力流动较少,是激励雇主对员工开展职业培训的主要因素,但也正是这些情况的存在,降低了学员对取得国家认可的资格证书的追求。同时,这种以企业为主的劳动力稳定型培训制度也往往使那些劳动力市场之外的劳动者和小企业员工被排斥在职业教育培训制度之外。其二,自愿型培训制度。在这种制度下,个人和雇主在是否接受和开展培训方面具有很大的自由选择空间。在美国,教育制度是高度分权化的,这一教育体制同样表现在职业教育培训中。劳动者往往通过回到正规学校教育系统学习学位课程或者没有学分的课程,或者参加雇主提供的在岗或脱产培训来提升职业技能。一些社会困难群体则可以参加政府资助的培训项目,但国家用于这类项目的投资并不高。这种自愿型职业教育培训制度具有很大的灵活性,但却缺乏全国性的劳动力培训总体规划,因而无法避免职业教育培训市场化存在的固有缺陷。(3)国家主导型培训制度。其一,需求导向型培训制度。在过去几十年里,韩国、新加坡、中国香港和台湾等新兴的经济体一度出现经济的高速增长,为了适应经济发展对技能人才的需求,在政府的主导下,这些新兴的经济体纷纷建立现代公共培训制度,对劳动者开展大规模的职业教育培训。这一职业教育培训制度在满足社会对高素质劳动者的需求方面发挥了重要作用,但是,随着经济全球化和知识经济时代的到来,注重革新和创造能力的培养,而不是简单迎合技能的需求,越来越成为这一培训制度需要面对的新的挑战。其二,供给导向型培训制度。需求导向型培训制度在一种开放、竞争的经济环境中进行,与此不同的是,在很多原中央计划经济国家以及很多发展中国家的正规培训机构中实行的供给导向型培训制度,则主要是通过政府的财政支持和政府确定的培训计划来进行,政府对劳动者的职业培训负责。这种职业培训制度曾经通过刚性的劳动力计划和就业安置制度保证了国家控制的企业对技能型劳动力的需求,然而,随着经济的改革和向市场经济的转变,如何适应市场导向型经济对劳动力的新需求,是供给主导型培训制度面临着的巨大挑战。

表4—9 世界职业教育培训制度的主要类型

职业培训制度		典型国家	主要特点
合作式培训制度		奥地利、德国、瑞士、部分拉美国家	雇主组织、国家和工会三方密切合作,共同推动职业培训
以企业为主型培训制度	劳动力稳定型	日本	劳动力低水平流动,职业学校提供基础培训,在此基础上主要由雇主对员工开展在岗和脱产强化培训
	自愿型	英国、美国	向个人和雇主是否接受和开展培训提供最大限度的选择,少数弱势群体可以参加政府资助的培训项目
国家主导型培训制度	需求导向型	韩国、新加坡、中国香港和台湾	建立了现代公共培训制度,国家在协调技能的需求和供给方面发挥主导作用,职业培训在公开和竞争的环境下进行
	供给导向型	计划经济国家,部分经济转型国家	培训机构开展的正规职业培训主要由政府负责,在职业培训方面雇主没有或只有很小责任

资料来源:国际劳工局:《世界就业报告(1998—1999)——经济全球化背景下的就业能力培训的重要作用》,国际劳工研究所译,中国劳动社会保障出版社2000年版,第59页。有所改动。

不同国家践行着不同的职业教育培训制度,但是,合作式培训制度、以企业为主型培训制度和国家主导型培训制度的划分并不是绝对的,它们可能相互交叉而衍生出多种变异形式,在同一个国家中，也可能存在几种不同的职业教育培训制度。此外，没有任何一种类型的职业教育培训制度是绝对完善、放之四海而皆准的。然而，提高职业教育培训的供给效率，实现职业教育培训的有效供给，是任何职业教育培训制度都应当追寻的境界。实现这一点，以下几点是至为重要的。"首先是要有一个技能发展赖以存在的坚实的高质量的教育基础；基础教育必须传授更多的分析和社会技能，这一点变得越来越重要。第二是要有一种促使培训制度发挥作用的激励机制；那些在封闭的、低效率经济条件下运行的、以供给导向型为主的体制势将导致教育和培训投资的低回报效益。第三是要有培训制度得以良好运作的机构安排；雇主、工人和政府对培训制度的参与和支持程度对改善其运作效率和效果发挥着关键作用。"①

（二）公共性职业教育培训的意愿供给与实际供给

同市场上商品的供给一样，制度供给也受到许多因素的影响和制约。制度供给的约束条件包括：（1）宪法秩序。任何制度供给均是在一定的宪法秩序下进行的，宪法秩序规定着制度供给选择的空间及其进程和方式。（2）制度需求。无论是诱致性制度变迁还是强制性制度变迁，社会或者公众对制度的需求都是制度供给决策的一个重要变量。（3）成本—收益。制度供给需要耗费一定的成本，既包括个人成本和收益，也包括社会成本和收益；既包括政治成本和收益，也包括经济成本和收益。不同的行为主体具有不同的效用函数，因而对于上述成本和收益的核算标准不同。

---

① 国际劳工局：《世界就业报告（1998—1999）——经济全球化背景下的就业能力培训的重要作用》，国际劳工研究所译，中国劳动社会保障出版社2000年版，第70页。

(4)财政收入。制度供给需要耗费一定的经济成本,如果这些经济成本超过国家现时的承载能力,制度供给便难以真正实现。(5)知识积累。社会科学知识、技术进步,特别是有关制度的知识的积累也影响着制度供给创新的可能性。(6)意识形态和文化传统。作为非正式制度的意识形态、文化传统、思维方式和风俗习惯等也影响着制度供给的可能选择和实施效果。① 在上述条件的约束下,国家或者利益集团对一项制度作出整体设计,并制定出相应的具体操作规则,形成制度的意愿供给,但是,由于新的制度安排要通过各级政府部门、社会机构或者个体来贯彻、执行,而它们与制度设计者抱持的目标函数和周遭的约束条件常常是有差异的,从而导致实际制度供给与意愿制度供给的不一致。具体表现为,一方面,制度供给并不是建立在一致性同意的基础之上的,制度设计者和制度实施者对制度供给的需求和效用函数可能并不一致,在信息不对称、不确定性以及机会主义存在的情况下,为了实现自我利益的最大化,制度实施者便会对意愿制度供给作出符合自身利益的理解和局部调整,从而导致实际制度供给的失真。其次,实际制度供给偏离于意愿制度供给,还源于制度变迁中"路径依赖"的存在,即初始的制度选择会强化维护现存制度的惯性。围绕现存制度形成的既得利益集团往往会自觉抵制新的制度安排,从而使得制度供给在实施的过程中难以达到既定的意愿。

为了满足促进经济发展、扩大就业,维护社会公平公正的需要,政府往往会对公共性职业教育培训进行整体规划,提供对公共性职业教育培训的供给。但是,在公共性职业教育培训的供给过程中,常常会发生上述实际供给与意愿供给不一致的现象。究其

---

① 参见杨瑞龙:《论制度供给》,《经济研究》1993 年第 8 期。

原因,从制度分析的角度来看,主要有以下几个方面:(1)地方政府行为对公共性职业教育培训意愿供给的影响。由于公共性职业教育培训是一种由国家主导的强制性制度变迁,公共性职业教育培训的供给难以达到一致同意的理性境况,而各级地方政府有着自身独立的目标函数和效用函数,如地方财政收入最大化,维护本地区公民的核心利益等,因而会在公共性职业教育培训的供给过程中会作出一定程度的选择性执行。(2)企业行为对公共性职业教育培训意愿供给的影响。美国经济学者贝克尔(Gary S. Becker)将企业在职培训分为一般培训和特殊培训两种类型。一般培训是指对劳动者开展的基础性培训,由于这种基础性培训对提供这种培训的企业和其他企业同样都是有用的,并且,由于在一个竞争的劳动力市场上,企业所支付的工资率是由其他企业的边际生产力所决定的,一般培训提高了培训企业员工的未来边际生产力,从而导致该企业未来工资率和边际产品的增加,在工资率和边际产品增量完全相同的情况下,培训企业便得不到任何收益。因此,处于竞争的劳动力市场上的企业只有在不需付出任何费用时,才愿意提供一般培训。特殊培训是指能显著提高培训企业的生产率,而对其他企业的生产率没有太大影响的培训。由于开展特殊培训可以在短期内显著提高企业的劳动生产率,当受训者离开企业时便会失去其价值,而不会提高其他企业的劳动生产率,因而企业更愿意对这类特殊培训进行投资。① 公共性职业教育培训提供的是一种一般性培训,因而企业针对公共性职业教育培训所表现出来的支付意愿不高。(3)个体行为对公共性职业教育培训意愿供给的

---

① ［美］加里·S. 贝克尔:《人力资本——特别是关于教育的理论与经验分析》,梁小民译,北京大学出版社 1987 年版,第 10—33 页。

影响。职业教育培训是一种人力资本投资,接受职业教育培训会给受训者个体带来一定的预期收益。然而,既然是一种人力资本投资,在接受职业教育培训的过程中,受训者个人便要支付一定的培训成本,职业教育培训的成本不仅包括直接成本,而且包括由此带来的机会成本、时间成本等间接成本。然而,在现实生活中,由于劳动力市场的不完全竞争、信息的不对称和不确定性客观存在,投资职业教育培训可能获得的实际收益与其预期收益常常是偏离的,源于"经济人"利益最大化的理性核算,个体常常会减少甚至放弃对职业教育培训的实际需求。(4)培训机构行为对公共性职业教育培训意愿供给的影响。公共性职业教育培训机构往往是独立核算的经济实体,遵循着利益最大化原则,在相关方面监管不力或者缺失的情况下,它们会对公共性职业教育培训供给中的相关规则作出符合自身利益的理解,伺机寻租,以机会主义的态度实施公共性职业教育培训。当然,尽管现实中不完全竞争、信息不对称等客观存在,实现公共性职业教育培训的实际供给与意愿供给完全符合不尽可能,但是,充分调动政府、企业、培训机构和受训者个体参与公共性职业教育培训的积极性,以制度规范、激励、约束它们的行为,使公共性职业教育培训的实际供给最大限度地接近意愿供给,是实现公共性职业教育培训有效供给的关键。

第五章　公共性职业教育培训有效供给"求解"：一种尝试性的制度设计

新制度经济学将制度定义为一种社会博弈规则,它约束着人与人之间的相互行为。对于制度的起源,不同的制度主义学者有着不尽相同的理解。有学者认为,制度是政治家、立法者、企业家等制度设计者人为设计的结果。相反,有学者则认为,制度是一种自发的秩序或自组织系统,是自然演化的结果。也许,抱持这种非此即彼的态度来讨论这一问题本身就是有缺陷的,因为,制度体系及其赖以存在的人类社会是一个复杂系统,任何试图将其简化的求解方式均难有真正的解释力。制度不可能完全经由一定的技术、资源禀赋和偏好达成,制度的设计过程会受到诸多内生规则的影响和制约,同样,也不可能存在一种"完全不依赖于任何外生给定和人为设计的规则系统"。因此,制度"以一种自我实施的方式制约着参与人的策略互动,并反过来又被他们在连续变化的环境下的实际决策不断再生产出来"①。本章尝试从公共性职业教育培训的供给主体、供给内容、供给进程、供给结果四个方面,为公共性职业教育培训的有效供给提供一种可能的效率解,因为,正如美

① ［日］青木昌彦:《比较制度分析》,周黎安译,上海远东出版社2001年版,第17、28页。

国学者韦默(David L. Weimer)所认为的那样,所谓制度设计,其实是"创建相对稳定的规则和激励集合,它们相互联系,构成实现实际目标的连贯的程序"①。

一、多中心治理:公共性职业教育培训
供给主体的多元化参与

公共性职业教育培训是一种针对新型农业经营主体、农村剩余劳动力、农民工、贫困人口、下岗失业人员、大学生、退役士兵以及城乡新增劳动力等群体开展的基础性技能培训,无论从培训的对象、培训的内容还是培训的主体方面,涉及范围均十分广泛。从培训的主体来讲,公共性职业教育培训的政府管理部门涉及到中央政府、地方各级政府及其相应的许多职能部门,此外还涉及到用人企业、培训机构、非营利性机构等。因此,尽管公共性职业教育培训是一种公共产品,提供公共性职业教育培训是政府的一项基本职能,但是,鉴于公共性职业教育培训的广泛性,仅仅依赖政府单一供给主体难以实现其充分供给。并且,政府、市场、非营利性机构等单一供给所带来的弊端也常常分别引发"政府失灵"、"市场失灵"、"志愿失灵"等现象的发生,从而影响到公共性职业教育培训的供给质量和供给效率。正是在这一意义上,引入公共性职业教育培训的多中心治理机制,强调相关主体的多元化参与,是提高公共性职业教育培训供给质量和供给效率的有效途径。

---

① [美]戴维·L.韦默:《制度设计》,费方域、朱宝钦译,上海财经大学出版社2004年版,第11页。

（一）公共性职业教育培训供给的多中心治理

从公共产品的供给主体的角度，可以将公共产品的供给机制划分为政府供给、市场供给和自愿供给三种类型。公共产品的政府供给机制是指政府通过公民或者其委托的代表的集体选择程序，决定在一定时间内公共产品的供给种类、规模、结构以及以何种征税方式或收费方式筹集资金，然后通过政府公共支出提供公共产品供给的机制。公共产品的市场供给机制是指社会上的一些营利性组织根据市场需求，以获得利益最大化为目的，以收费为主要支出补偿方式，提供部分公共产品供给的机制。在这种供给机制中，作为独立的决策主体，是否参与公共产品的供给、公共产品供给的方式和规模完全取决于市场主体的选择。公共产品的自愿供给机制是指社会上的公民个体、非营利性机构，以自愿和个人选择为基础，通过接受社会捐赠或者其他公益筹资方式筹集资金，提供部分公共产品供给的机制。[1] 公共产品的政府供给、市场供给和自愿供给分别遵循着不同的效率原则，从不同的视角提供了公共产品供给的一种可能路径，然而，这三种公共产品供给机制也存在着自身难以克服的固有缺憾。首先，由于公共产品不具有一般私人产品所具有的竞争性和排他性，因而难以避免"搭便车"现象的发生；或者虽然具有一定的竞争性和排他性，也不符合效率原则，无法实现利益最大化，因此，在公共产品所具有的这种外部性以及市场上不完全竞争、不完全信息客观存在的情况下，仅仅依赖市场供给常常导致公共产品供给不足的"市场失灵"现象的发生。其次，公共产品供给"市场失灵"现象的存在和维护公共利益执政

---

[1] 樊丽明：《中国公共品市场与自愿供给分析》，上海人民出版社 2005 年版，第 6—10 页。

理念的驱使为公共产品的政府供给提供了必要的合理性。但是，公共产品供给中一致同意的困难、偏好加总的困境、信息不对称的存在、政府垄断所带来的"X无效率"等，常常会导致公共产品低效或者无效的"政府失灵"现象的出现。最后，公共产品自愿供给本身所具有的分散性、特定指向性、自愿性等特点，决定了仅仅依赖自愿供给也会导致公共产品供给不足或者低效的"自愿失灵"现象的发生。具体表现在，其一，供给不足。公民个体或者非营利性机构所筹集的公益资金难以达到经常性财政收入所具有的稳定性，因而常常不能满足开展非营利性活动的需要；同时，这种公共产品供给机制的对象往往带有特定的指向性，很难真正满足社会上对该公共产品的全部需求。其二，供给低效。公民个人或者非营利性机构提供公共产品的这种自愿供给机制具有一定的民间性和自愿性，不可避免地会遇到资源缺乏、随意性较大等问题，公共产品的供给质量也会因此受到一定的影响。可见，仅仅依赖政府、市场和自愿供给任何一种单一供给机制均无法实现公共产品供给的效率最大化，因而，公共产品的有效供给必须仰赖一种多中心的供给机制。

"多中心理论"是美国印第安纳大学政治理论与政策分析研究所奥斯特罗姆夫妇（Elinor Ostrom & Vincent Ostrom）共同创建的。最早提出"多中心"一词的是波兰尼（Michael Polanyi），他将社会任务的组织方法或者秩序分为两种，即设计的或者指挥的秩序以及自发的或者多中心的秩序，前者依靠上级的权威和控制与下级的听命和服从维系，而后者则遵循着各行为主体的相互独立、相互调适和相互制约。奥斯特罗姆夫妇继承了波兰尼的这一思想，提出了"单中心政治体制"和"多中心政治体制"两个相对的范畴。他们将前者定义为"决定、实施和变更法律关系的政府专有权归属于某一机关或者决策结构,该机关或结构在待定社会里终极性地垄断着强制权力的合法行使。"①在这种体制秩序下,除非终极的权威为无所不知的观察家行使,且假定所有的下级都完全听从指挥,才能是有效率的。事实上,由于每个人的知识和能力的有限性,单中心政治体制不仅使得中央决策者背负过重的负担,而且还常常发生下级出于取悦上级的目的而有意歪曲所传递的信息的现象,从而导致实际绩效与初始期望迥然背离。后者则是"许多官员和决策结构分享着有限的且相对自主的专有权,来决定、实施和变更法律关系。"②在多中心秩序体制中,个人、企业、公共机构均可能成为基本的分析单位和利益相关的决策者,它们能够理性地计算出风险和不确定因素影响下的预期成本和潜在收益,在一系列同时发生的博弈行为中创造性地自我产生或者自我组织起来,建立适当的有序关系模式。作为公共经济研究的始作俑者,奥斯特罗姆夫妇提出了与"市场经济"相对而言的"公共经济"这一概念。在多中心框架之下,公共经济既非是政府垄断的计划经济,也迥异于自由放任的市场经济,有着自身独特的运行法则。在公共经济领域,可以把政府看作"集体性消费单位",政府机构和私人企业则可以看作是公共产品提供方面的潜在"生产单位"。"一个单一的政府单位的内在结构可以包括两种类型的组织。或者说,一个政府单位作为集体消费单位运作,它可以与另外一个政府机构或者私人企业签订协议,来为其

---

① ［美］迈克尔·麦金尼斯:《多中心体制与地方公共经济》,毛寿龙译,上海三联书店 2000 年版,第 73 页。

② ［美］迈克尔·麦金尼斯:《多中心体制与地方公共经济》,毛寿龙译,上海三联书店 2000 年版,第 73 页。

选民生产公共服务。"①集体消费单位可以通过自己的生产单位提供公益产品或者服务,另外,它还可以有其他不同选择,如集体消费单位作为"提供者"或者"安排者",私人企业作为"生产者"或者"供给者";授予多个承包商根据集体消费单位的标准提供服务,让消费者个人自由选择购买;向家庭签发凭单使其从授权供应者那里去购买服务;部分服务自己生产,部分从其他单位或者私人企业那里购买,等。"多中心"理论,为公共产品供给主体的多元化参与提供了理论支撑,也为现实中公共产品的有效供给提供了一种可能的效率解。公共性职业教育培训的多中心治理,就是要充分调动各相关利益群体的参与积极性,并在其间建立起一种既相互独立又相互依赖,既相互竞争又彼此合作的博弈关系,从而形成公共性职业教育培训供给的效率机制。

表5—1 集体消费单位与生产单位

集体消费单位	生产单位
一般来说,它是一个表达和综合选民需求的政府	可能是一个政府单位、私人营利性企业、非营利性机构或者自愿协会
拥有强制性的权力来获得资金以支付公共服务费用,并管理消费模式	综合生产要素并为特定的集体消费单位生产物品
向生产公益产品的生产者付费	从集体消费单位获得支付以生产公益产品
收集用户意见,并监督生产单位的绩效	向集体消费单位提供有关成本以及生产可能性的信息

资料来源:[美]迈克尔·麦金尼斯:《多中心体制与地方公共经济》,毛寿龙译,上海三联书店2000年版,第111页。有所改动。

---

① [美]迈克尔·麦金尼斯:《多中心体制与地方公共经济》,毛寿龙译,上海三联书店2000年版,第108页。

（二）多中心治理中政府及其他供给主体职责

"多中心理论"消解了公共产品供给中单一主体和绝对权威的存在,将公共产品供给过程中的相关参与者视为平等的主体,它们既相互独立,具有参与决策和表达偏好的机会,同时又必须相互调适,在社会规则体系中找到各自的定位以实现相互关系的整合。也就是说,在多中心秩序体制中,尽管各个主体在形式上是相互独立的,但是它们之间却存在着契约性的竞争和合作关系,构成了一个相互依赖的关系体系,并且,也正是由于这种相互独立、相互依赖的契约性的竞争和合作关系,使得这一关系体系中各主体之间的互动行为模式是一致和可以预见的,从而避免了公共产品供给中单一主体供给机制中由于不完全竞争、信息不对称、有限理性等带来的实际供给与意愿供给的偏离。"多中心理论"消解了终极权威的存在,但是它并不排斥政府权威存在的合理性,这一政府权威不是基于单一主体的政府所具有的权威,而是政府基于民主决策机制而建立起来的制度安排。要充分实现多中心秩序的潜力,就必须将其植根于宪政、经济、政治和法律领域相互支持的制度安排之中,因为,公共产品的供给过程中需要一定的激励和约束机制,对市场上相关主体提供产品和服务的努力进行激励,同时对相关主体的不利行为进行规制。

前已述之,公共性职业教育培训的相关参与者涉及中央政府、地方各级政府及其相应的职能部门,以及用人企业、培训机构、非营利性机构等。在传统的政府单一主体供给机制中,中央政府处于公共性职业教育培训供给中绝对权威的地位。中央政府通过一定的集体决策程序,对公共性职业教育培训的供给对象、供给方式、供给规模、经费筹措等方面作出规定,以行政命令或者法规的形式依次传达给地方各级政府,而后经地方各级政府以同样的方式传达给用人企业、培训机构、受训者等相关参与者。在这一供给机制中,政府处于垄断的、中心的地位,相关参与者则处于次要的、被边缘化的位置,正如前面对公共产品单一主体供给机制缺陷所分析的那样,在不完全市场、信息不对称、有限理性等客观存在的情况下,公共性职业教育培训的供给政策经过层层传导,很难真正实现实际供给和意愿供给的一致。公共性职业教育培训的多中心治理,就是让相关参与者从次要的、边缘的位置走向平等的、中心的位置,通过这些相关主体的平等参与,在它们之间架构起一种既相互独立又相互依赖的契约性的竞争和合作关系体系,并通过一定的制度规范对这一关系体系进行激励和约束。

表5—2　公共性职业教育培训治理结构的转变

治理模式	传统治理结构	多中心治理结构
政府作用	政府垄断	宏观管理、市场机制
相关参与者地位	次要、边缘	平等、中心
中央与地方关系	分级管理	地方统筹、财政转移支付和专项支持
政府与培训机构关系	直接办学	退出微观办学领域
干预方式	行政命令	法律、制度
决策程序	相对封闭、集中	开放、科学、规范、分层
反馈机制	行政评估、自我调整	社会监督、中介评估

资料来源:本表格参考了"教育与人力资源开发公共治理结构模式的转换"。参见中国教育与人力资源问题报告课题组编著:《从人口大国迈向人力资源强国》,高等教育出版社2003年版,第118页。

公共性职业教育培训的多中心治理机制并不排斥政府在公共性职业教育培训供给过程中的主导地位。齐得曼(Adrian Ziderman)从七个方面论证了政府投资或者提供培训的正当理由:

（1）外部性。由于职业培训的社会效益大于个人效益，即职业培训具有较强的正外部性，因而仅仅依靠受训者和企业的投入往往会导致培训费用的不足。这种市场"失灵现象"的存在为政府承担培训的公共责任提供了合理性。（2）所有权。由于企业投资于员工培训并不像投资于物质资本那样拥有人力资本所有权，培训过的员工可能会流失到其他企业而加重了培训企业的生产成本，因而培训企业常常会削减培训费用或者提供不易迁移的技能培训，使得培训不足以产生较强的外溢性社会收益。（3）市场不完备。培训市场的不完备常常来自于个人或企业对相关政策的曲解而形成的负向激励，为弥补市场的不完备，政府以补贴的形式介入培训投资变得十分必要。（4）企业培训不足。企业培训不足并不足以构成政府提供培训的理由，但政府可以采取必要的措施激励企业增强培训的能力和积极性。（5）私人培训的缺陷。特别是在生产不发达的低收入国家，企业规模小且资金短缺，培训的能力有限，政府应当为满足培训需求承担过渡性和激励性责任。（6）平等。为实现社会公正，政府应当扩大对特定群体接受培训的资助。（7）困难群体。政府应当满足社会困难群体增加收入和提高就业能力的培训需求，可以通过公共培训机构的特殊项目财政投资来实现。齐得曼认为，政府对培训市场的适当干预政策应当基于以下原则：（1）政府在培训市场的职责应当是保证私人培训市场的良好运行，因而只有当私人培训市场无法正常运行时，公共部门才能予以介入。（2）虽然从理论上讲提供尽可能多的公共培训是需要的，但事实上高效率且对市场反应迅速的公共培训常常难以实现，因而将公共培训置于竞争性的培训市场环境中便显得十分必要。（3）尽管政府对培训给予财政投资具有十分正当的理由，然而政府财政预算压力的加大显然也为培训资金的多样化提供了可能性。①

表5—3　政府介入培训市场的政策选择

介入理由	资助培训	提供培训	政策补充
外部性	P	N	-无
所有权	A	N	P 征税助学金方案
市场不完备	A	N	P 解决市场资源不完备
企业培训不足	A	N	P 加大企业培训能力,征税助学金方案
私人提供的缺陷	N	A/P	P 加大私人机构培训能力
平等	A	N	P 减少对同年龄组培训者资助,引入有选择性的奖学金
困难群体	P	N	P 培训资助的目标群体,创造就业机会,收入重新分配

注:P 为最佳政策途径;A 为可接受(次优)的途径;N 为不合理政策。

资料来源:[以色列]艾德里安·齐得曼:《政府在职业培训投资中的作用》,《北京大学教育评论》2007 年第 3 期。略有改动。

　　不完全市场、公共性职业教育培训外部性的存在,以及维护社会公平正义的政府治理理念,客观上要求政府对公共性职业教育培训的供给进行干预,但是,政府对公共性职业教育培训干预并不等于对其进行垄断或者直接生产。转变政府对公共性职业教育培训的治理结构、实现公共性职业教育培训的多中心治理,是提高公共性职业教育培训供给效率的有效途径。首先,实行公共性职业教育培训联席会议制度。在中央和地方,分别实行公共性职业教育培训部际联席会议制度和公共性职业教育培训局际联席会议制

① [以色列]艾德里安·齐得曼:《政府在职业培训投资中的作用》,《北京大学教育评论》2007 年第 3 期。

度,协调中央和地方政府及其政府各部门之间的关系,发挥政府部门在统筹规划、经费支持、宏观指导、质量监控等方面的作用。其次,发挥行业组织、研究机构和非营利机构在公共性职业教育培训方面的积极作用。发挥行业组织和研究机构在市场调查、需求分析、课程开发、效果评价等方面的作用,为政府部门在公共性职业教育培训方面的决策提供信息依据;鼓励各类非营利机构通过各种途径筹募公益资金,资助或者提供各类公共性职业教育培训。最后,在企业、培训机构、受训者之间架构起一种积极的互动关系。规范并激励企业在公共性职业教育培训方面的行为,要求企业足额提取培训经费,并发挥其在提供培训场地、师资以及接收培训后劳动者就业等方面的优势;建立公共性职业教育培训成本的政府、企业、受训者共同分担激励机制,受训者个体在培训机构接受公共性职业教育培训并获得相应证书后,由培训机构提供就业服务,优先安排其进入企业工作。

二、多维度涵盖:公共性职业教育 培训供给内容的规划

公共性职业教育培训有效供给的形成是建立在国家、企业和个人对公共性职业教育培训的需求获得充分满足的基础之上的。公共性职业教育培训应当满足国家各行各业对于各类技能型劳动者的需求,企业对于不同岗位、不同工种劳动者的需求,以及个人出于提高职业技能进而提高经济收入而产生的对于职业教育培训的需求。但是,公共性职业教育培训供给对于公共性职业教育培训需求的这种满足不应是一种简单的、即时的满足,鉴于人才培养的滞后性,公共性职业教育培训应当适度先行,满足国家经济社会

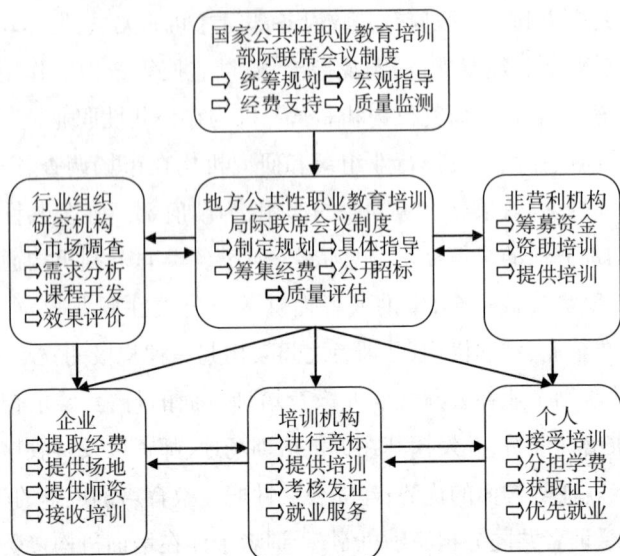

图 5—1　公共性职业教育培训的多中心治理模型

资料来源:本模型部分内容参考了"农村转移人员教育与培训工程运行机制图"。中国教育与人力资源问题报告课题组编著:《从人口大国迈向人力资源强国》,高等教育出版社 2003 年版,第 467 页。

发展和产业结构调整对于未来不同层次劳动者的需求,同时,出于维护社会公平正义的考量,公共性职业教育培训还应当兼顾各类群体,特别是应当将社会困难群体纳入关注的视域,通过职业技能培训,帮助他们走出不利经济、文化、社会地位的处境。

(一)公共性职业教育培训供给的多维度涵盖

教育公平是社会公平的基础,作为一种公共产品,公共性职业教育培训是促进教育公平进而维护社会公平正义的有效途径。因此,建立覆盖城乡、针对基层劳动者和社会困难群体的公共性职业教育培训体系,为城乡基层劳动者和社会困难群体提供均等的职业教育培训机会,是公共性职业教育培训有效供给的应有之意。由于家庭经济条件不利、教育机会缺乏、早期学业失败等原因,不少城乡基层劳动者缺乏一技之长,在激烈的市场竞争中处于不利地位;社会困难群体中,相当一部分人群也由于同样的原因,缺乏基本的谋生技能,长期处于经济、文化、社会的不利地位。受教育权利是一项基本的社会权利,受教育机会的缺乏其实是社会权利缺乏的一种反映。"同公平合理完全相反,那些最没有社会地位的人们往往享受不到普遍受教育的权利——在这方面现在文明过早地引以为荣了。在一个贫穷的社会里,他们是首先被剥夺权利的人;而在一个富裕的社会里,他们是唯一被剥夺权利的人。"因此,"不管教育有无力量减少它自己领域内个人之间和团体之间这种不平等的现象,但是,如果要在这方面取得进步,它就必须事先采取一种坚定的社会政策,纠正教育资源和力量上分配不公平的状况。"①1990 年,联合国教科文组织召开了"世界全民教育大会",会议讨论通过了《世界全民教育宣言——满足基本学习需要》,明确指出要满足所有儿童、青年和成人的基本学习需要,认为它不仅是作为一项基本人权所必需的,而且也是实现个人和社会全面、健康发展的需要。"每一个人——儿童、青年和成人——都应能获得旨在满足其基本学习需要的受教育机会。基本学习需要包括基本的学习手段(如读、写、口头表达、演算和问题解决)和基本的学习内容(如知识、技能、价值观念和态度)。这些内容和手段是人们为能生存下去、充分发展自己的能力、有尊严地生活和工作、充分参与发展、改善自己的生活质量、作出有见识的决策并

---

① 联合国教科文组织国际教育发展委员会编著:《学会生存——教育世界的今天和明天》,华东师范大学比较教育研究所译,教育科学出版社 1996 年版,第 101—102 页。

能继续学习所需要的。"①作为基本学习需要的内容之一,就个体而言,公共性职业教育培训在提高职业技能、促进就业、增加收入、改善生活质量等方面发挥着重要作用;同样,对于整个社会而言,公共性职业教育培训在促进经济发展、维护社会稳定、实现社会融合等方面也具有不容忽视的价值。1999 年,第 2 届国际技术与职业教育大会向联合国教科文组织提交的《技术与职业教育和培训:21 世纪的展望》认为,技术与职业教育是"使社会的所有成员能面对新挑战,并且找到自己作为对社会有贡献的成员应承担的角色的最有力的手段之一。"它是"达到社会和谐、交融和自我尊重的有效工具"。技术与职业教育"应当设计成综合性的、覆盖面极广的,以容纳所有学习者的需求"。它应当对所有人开放,覆盖社会中的各类人群,特别是要关注社会困难群体,即"失业者、早期辍学者、校外青年、因居住地和距离原因处不利地位者、农村居民、土著人、城市中处绝望境地者、在非正规劳动力市场中劳动条件和生活环境都很恶劣者、恶劣劳动条件下的童工、难民、移民和战后的复员士兵"。② 因此,公共性职业教育培训应当将失业人员、农村剩余劳动力、城乡新增劳动力、高校毕业生、退役军人、残疾人以及就业困难人员等各类群体纳入到关注的视野之中。

公共性职业教育培训的供给不仅要覆盖各类群体,特别是社会基层劳动者和困难群体,而且,公共性职业教育培训有效供给的形成还与其提供的劳动力的层次结构和行业结构有着密切的联

---

① 赵中建编:《教育的使命——面向二十一世纪的教育宣言和行动纲领》,教育科学出版社 1996 年版,第 15—16 页。
② 刘来泉选译:《世界技术与职业教育纵览——来自联合国教科文组织的报告》,高等教育出版社 2002 年版,第 62—63 页。

系。公共性职业教育培训供给的最终产品，表现为具有一定职业技能的劳动力，它与一定的职业、工种相联系，具有较强的倾向性。公共性职业教育培训必须满足国家、企业对于不同行业、不同技术层次的技能型劳动者的需求。从现实的劳动力市场来看，毫无一技之长或者技能水平较低的劳动者，无法满足企业的用工需求；学历水平或者技能水平较高的劳动者，一般不愿从事技能水准较低的岗位。可见，公共性职业教育培训所涵盖的行业结构和技术层次的不合理，影响着公共性职业教育培训有效供给的形成。随着经济社会的发展、产业结构的调整，国家、企业对于劳动者特别是高素质劳动者的需求不断增加，劳动力市场上求人倍率持续增长，然而，劳动力市场上的这些岗位需求并没有得到充分利用，岗位空缺和失业并存的情况一直存在，这种结构性失业问题不仅影响着增加就业目标的实现，而且也制约着经济社会的可持续性发展。

产业结构、行业结构与劳动力资源配置之间的关系不是线性的，它们相互影响、相互制约、相互促进。一方面，随着产业结构的调整，资本的有机构成发生变化，生产要素得以重新组合，劳动力资源在不同的产业、行业之间进行流动，从而引起就业结构的变化。合理的产业结构对于优化劳动力资源配置，充分、有效地发挥劳动力资源优势，促进就业、减少失业，具有重要作用。另一方面，劳动力资源的优化配置、社会就业结构的变化，对产业结构、行业结构的调整也具有一定的推动作用。劳动力资源在不同产业、不同行业、不同部门之间的重新配置，使得大量的高素质劳动力转移到新的产业、行业和部门，从而促进这些产业、行业和部门的进一步发展。同时，社会上劳动者就业结构的这种变化也会引起其收入结构、需求结构的变化，进而导致社会需求结构和消费

结构的改变,并最终引领各个企业及整个社会产品结构和产业
结构的调整。① 这些情况表明,作为一种劳动力资源供给的重要
途径,一方面,公共性职业教育培训要适应社会经济发展和产业结
构调整中国家、企业对于技能型劳动者的客观需求,提供国家、企
业所需要的不同产业、不同行业、不同层次的劳动者;另一方面,公
共性职业教育培训还应当进行科学预测、精心规划,满足和引领未
来一段时期社会对于各种产业、各个行业、各类层次劳动力资源的
可能需求。

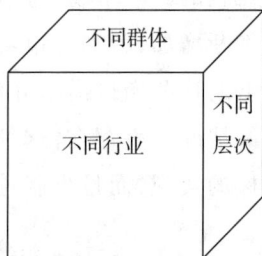

图5—2 公共性职业教育培训多维度涵盖模型

(二)多维度涵盖中公共性职业教育培训供给内容的规划

为了实现教育的发展与经济的发展相协调,以及保持教育系
统内部的相对均衡,早在20世纪60年代,国际社会上,对教育的
发展进行科学规划这一问题日益提上日程。不少国家提出了一系
列教育与人力资源规划方案,其间发展起来的教育与人力资源规
划方法,归纳起来,主要包括基于劳动力需求的教育与人力资源规
划方法、基于教育培训效益的教育与人力资源规划方法、基于社会

---

① 中国人力资源开发研究会编著:《中国人力资源开发报告(2008):中国人力
资本状况评估》,中国发展出版社2008年版,第208—210页。

需求的教育与人力资源规划方法三种。① （1）基于劳动力需求的教育与人力资源规划方法。这种教育与人力资源规划方法以经济发展对未来劳动力的需求可以预测为前提假设，认为教育培训应当最大限度地适应这一需求，培养出与其相符合的技能型劳动者。这一方法的具体步骤为，首先，根据经济发展规划，对一定时间和一定范围内所需要的劳动力数量进行估算，并依据职业分类和技术层次分别估算出不同职业和不同技术层次的劳动力需求。然后，对同期该范围内实际所具备的劳动力资源进行测算。最后，通过所需要的劳动力资源与实际所具备的劳动力资源的比较，了解劳动力资源的供需差距，并以此为依据调整教育培训计划。基于劳动力需求的教育与人力资源规划方法在消除劳动力资源供需的严重不平衡方面具有一定的作用。但是，由于教育与人力资源规划限定在一定时间内，而教育培训往往具有一定的时滞性，一项教育培训政策的实施成效需要较长的时间才可能显现出来；同时，由于相近技能种类和相近技能水平劳动力的相互替代性，准确获取不同职业类别和技能层次的劳动力数量常常难以真正实现，因此，这种教育与人力资源规划方法也经常出现与实际情况不一致的现象。（2）基于教育培训效益的教育与人力资源规划方法。随着人们对基于劳动力需求的教育与人力资源规划方法的批评加剧，一些经济学家又提出了基于教育培训效益的教育与人力资源规划方法。这种教育与人力资源规划方法主要是通过一些定量分析工具，对不同层次、不同类别教育形式的成本—收益进行核算，并通

---

① 参见［美］菲力蒲·库姆斯：《世界教育危机——八十年代的观点》，赵宝恒、李环等译，人民教育出版社1990年版，第191—196页；［法］奥利维·贝尔特朗：《人力资源规划：方法、经验与实践》，王晓辉译，人民教育出版社2002年版，第7—35页。

过与其他方面投资收益的比较,来决定在教育内部以及教育和其他投资形式之间资源的分配比例,目的是使各方面的投资均能获得最大化的边际收益。正如基于劳动力需求的教育与人力资源规划方法一样,这一教育与人力资源规划方法同样存在着一些不足。事实上,无论教育的成本还是收益,均受到诸多因素的影响,即便进行严格的定量计算,也很难保证其客观性和准确性,况且,教育的成本和收益,也并非均能用具体的数字表达出来。同时,不同层次、不同类别教育形式的成本—收益的比较,最多只能表明教育与人力资源规划需要重点关注的领域,却无法准确知道该领域所需要投资的教育与人力资源规划数量。(3)基于社会需求的教育与人力资源规划方法。出于追求教育与人力资源规划客观性的目的,前两种教育与人力资源规划方法均倾向于使用定量分析的手段,将一定时期和一定范围内所应当提供的教育与人力资源用具体的数字表达出来。然而,事实上,作为一种教育政策和社会政策,教育与人力资源规划不可能是价值中立的,它要受到意识形态、社会政治等因素的影响。在这种因素的影响下,执政者往往通过一定的集体决策和表达机制,在协调不同集团利益的基础上,决定对教育与人力资源的具体规划。这种基于社会需求的教育与人力资源规划方法具有一定的民主性,也在一定程度上兼顾到不同阶层的利益诉求,但是,其科学性和客观性显然不可避免地会大打折扣。

无论对发达国家还是发展中国家来说,实现教育与人力资源的准确预测和精确规划均并非一件易事。这主要是因为,一方面,随着经济全球化的发展和科学技术的日新月异,新兴产业层出不穷,从根本上改变着劳动力市场对于劳动者职业资格和职业能力的需求;另一方面,市场的不完备、信息的不对称以及经济社会的复杂性也使得准确和精确的教育与人力资源规划异常艰难。是否应当根据经济的发展和劳动力市场的需求来调整教育体系的发展？能否实现教育与人力资源规划的相对科学性和准确性？对于这两个问题的回答应当是肯定的。一个国家的经济发展与其人力资本存量密不可分，两者之间存在着一种相互影响、相互促进的关系。依据当前及未来经济社会发展趋势和劳动力市场对于技能型劳动者的需求对教育与人力资源进行规划，会对一个国家的经济社会发展产生重大影响。因此，尽管以上三种教育与人力资源规划方法具有自身固有的缺陷，但是，并不能因此而否定教育与人力资源规划的必要性和可能性。事实上，随着教育与人力资源规划观念的深入及其技术手段的进步，提高教育与人力资源规划的科学性和规范性，通过教育与人力资源规划促进国家经济社会的发展，逐渐成为国际社会的共识。当前，在总结已有经验的基础上，对于教育与人力资源规划，人们在以下方面逐渐达成一致看法：(1)要使教育发展与更广阔的社会经济发展进程相协调。(2)将国家规划和地方规划结合起来，使教育规划更接近于地方实际。(3)要致力于纠正社会不平等和地区之间发展的不平衡。(4)要使教育规划成为教育改革的一种有效工具，而不能让其沦为一种简单的数字游戏。(5)要重视正规教育系统的结构、质量及其改革。(6)要以适当的方式扩展到广泛而多样化的非正规教育领域，而不能仅仅局限于正规教育系统。(7)要在提高质量的同时，尽量减少教育费用，提高其运行效率。①

---

① ［美］菲力蒲·库姆斯：《世界教育危机——八十年代的观点》，赵宝恒、李环等译，人民教育出版社 1990 年版，第 196 页。

表5—4　公共性职业教育培训的规划

规划过程	具体内容
建立教育培训规划的协商机制	建立国家和地方由相关方参与的教育培训规划协商机制： ·负责经济、社会、劳务、就业规划以及负责农业、制造业和服务业的政府部门 ·各行业的雇主和员工代表 ·负责教育培训的部门和机构代表 ·社区代表及拟接受教育培训的学员代表
对劳动力供需定量与定性分析	对劳动力市场上的劳动力供给和需求进行定量分析： ·进入劳动力市场的需要接受培训的劳动者数量 　包括从各级各类学校毕业的新增劳动力、城镇就业转失业人员、农村转移的剩余劳动力等。 ·劳动力市场上的劳动力就业分布 　包括按行业、职业及其资格划分的劳动力就业分布，以及按年龄、性别、接受培训类型划分的劳动力构成等。 ·劳动力市场上的劳动力供需情况 　包括进入劳动力市场的教育培训结业人员所受教育培训的种类、专业、层次，以及劳动力市场上所需要的劳动力的类型。 对劳动力市场上的劳动力供给和需求进行定性分析： ·对国家经济社会发展中对劳动力资源的长期需求和短期需求进行评估 ·对社会上需要提供帮助的困难群体的特殊教育培训需求进行评估
对教育培训进行宏观规划	·建立劳动力流动模型，预测劳动力资源及其流向 ·考虑到不同类型劳动力的替代可能性 ·将规划融入国家经济社会的整体规划之中 ·使教育培训与其他类型的教育形式相协调 ·使企业招聘、管理、薪酬政策与规划相协调 ·使地方规划和国家整体规划相协调 ·制订合理的当前及未来的财政分配方案 ·制订教育培训的具体实施方案及其保障机制

　　在公共性职业教育培训供给政策的制订和规划中，政府部门负有主要责任。基于公共性职业教育培训在促进经济发展、维护

社会公平方面的重要作用，政府应当将公共性职业教育培训不仅作为一项教育政策，而且作为一项经济和社会政策，纳入到国家的宏观规划之中，并通过建立统一的制度框架，保障公共性职业教育培训的有效供给。但是，实现公共性职业教育培训的科学规划，进而实现其有效供给，仅仅依赖政府部门是不够的，在公共性职业教育培训的规划过程中，应当充分调动各级政府部门、各行业雇主及员工、各类教育培训机构以及社区和学员代表，建立公共性职业教育培训规划的协商机制，对公共性职业教育培训的供给方案进行协商。同时，为了保证公共性职业教育培训供给方案的科学性和规范性，还应当综合运用定量分析和定性分析的方法，从全方位考察劳动力市场上劳动力资源供给和需求的现实情况，即一方面，要采用定量分析的方法，对进入劳动力市场的需要接受培训的劳动者数量、劳动力市场上的劳动力就业分布和劳动力市场上的劳动力供需情况进行科学调查、统计和分析；另一方面，还要通过定性分析的方法，结合国家经济社会发展的需要，对劳动力资源的长期需求和短期需求以及社会上需要提供帮助的困难群体的特殊教育培训需求进行综合评估。并通过建立劳动力流动模型，对劳动力资源及其流向进行科学预测，进而在国家教育、经济、社会发展的整体框架中，对一定时期公共性职业教育培训的供给内容、供给规模、供给方式等方面进行宏观规划。

三、多层次博弈：公共性职业教育培训供给进程的激励

现代博弈理论认为，一项活动中具有多个决策主体，它们之间存在着一种相互影响、相互制约的关系。单个决策主体的个人效

用函数不仅依赖于它自己的选择,而且依赖于其他个体的选择,也就是说,单个决策主体的最优选择其实是其他决策主体选择的函数。博弈可以划分为合作博弈和非合作博弈。合作性博弈是指为了维护自我利益,各相关主体通过谈判达成某种协议或者形成一定的联盟;而非合作性博弈是指受某些因素的制约,各相关主体之间无法达成一定的约束性协议。合作博弈强调的是集体理性,而非合作博弈则强调的是个人理性。社会中存在着大量的合作博弈,也存在着一些非合作博弈。非合作博弈其实反映的是一种个人理性与集体理性的冲突。"解决个人理性与集体理性之间冲突的办法不是否认个人理性,而是设计一种机制,在满足个人理性的前提下达到集体理件。"①实现公共性职业教育培训的有效供给,就是要在各相关利益群体之间建构起一种多层次博弈框架,在这一框架下,既顾及到各相关参与群体彼此的利益关切,同时又要通过一定的制度规范、约束各相关参与群体可能存在的一些不利行为。

(一)公共性职业教育培训供给的多层次博弈

美国学者奥斯本(David Osbor)和盖布勒(Ted Geibler)认为,无论传统的保守主义还是自由主义,均无法有效提高政府提供公共产品或服务的绩效。解决这一问题,既不能依靠增加政府开支,也不能依靠缩减政府预算;既不能依靠新增政府官僚机构,也不能依靠对现有机构的"私有化",而应当对政府进行改革,即把市场竞争机制引入到公共产品或服务的提供中,通过各方协调参与而

---

① 张维迎:《博弈论与信息经济学》,上海三联书店、上海人民出版社 2004 年版,第 6 页。

不是政府垄断,通过授权而不是直接服务,通过按效果拨款而不是直接投资,通过满足顾客的需要而不是官僚政治的需要,提高政府提供公共产品或服务的质量和效率。他们介绍了美国普遍存在的一些公共产品提供方式,主要包括:(1)竞争选择。可供选择的竞争方式主要有公对私的竞争、私对私的竞争和公对公的竞争。通过公共部门、私人部门之间或者内部的竞争,可以达到良好的服务效果。(2)公私合伙。公私合伙主要包括合同外包、特许经营和共同生产三个方面。合同外包,亦称合同承包,即政府作为顾客与委托人将公共服务的生产权和提供权转让给私人部门或非营利性部门。政府用财政拨款购买承包商的公共产品和服务;特许经营指政府以特许一定期限的经营权的形式吸引中标的私人部门参与基础设施建设或提供某种特定的服务项目;共同生产是指由民众、团体、志愿者与政府合作,共同推进公共事务。(3)民营化。民营化是指将原来由政府控制或拥有的职能承包或出售给私营企业,依靠市场的力量来提高公共服务的供给效率。(4)使用者付费。使用者付费指政府或私人部门向获取公共服务的民众收费,或者政府向提供公共服务的政府或非政府部门付费,从而把价格机制引入公共服务领域。(5)自由化。自由化主要体现为放松规制,包括放松市场规制、社会规制和行业规制。重点是放松市场规制,减少政府对市场的约束,扩展市场行为的自主性空间。(6)政府采购。政府采购是指政府直接向市场购买产品,从而确保政府可以在保证质量的前提下,以低廉的价格供给公共服务。(7)政府资助。政府资助指政府对于那些盈利性不高、投资风险大的公共产品的提供者给予一定的经济资助,方式可以采用补贴、津贴、贷款、减税等。(8)政府参股。政府参股是指政府在公共产品的私人投资生产中,以适当比例的参股或控股,予以资金支持,等。①

无独有偶,美国学者萨瓦斯(E.S.Savas)认为,公共产品或服务的提供或者安排与生产之间有着重要的区别,它构成政府角色定位的基础。公共产品或服务制度安排的选择是一个成本—收益的权衡过程。在公共产品或服务的供给过程中,当安排者和生产者合二为一时,就会产生维持和管理科层制的官僚制成本;当安排者和生产者分离时,又会产生聘用和管理生产者的交易成本。两种成本的比较和取舍决定了政府对于公共产品或服务的制度选择。传统的政府治理理论忽视了公共产品或服务安排与生产之间的区别,错误地认为政府放弃了生产者的角色,就放弃了提供者和安排者的职能,因而采用政府垄断和直接生产的方式,不可避免地导致公共产品或服务质量不高、效率低下,造成公共资源的浪费和财政的拮据。在萨瓦斯看来,公共产品或服务的提供可以有不同的制度安排,如政府服务、政府出售、政府间协议、合同承包、特许经营、补助、凭单、市场、志愿服务等。在这些不同的制度安排中,政府、私营部门、消费者扮演着不同的角色,如表5—5所示。不同的制度安排具有不同的特征,在服务的具体性、生产者的多元化、效率和效益、服务的规模、成本和收益的关联、消费者的回应性、寻租和腐败的可能性、促进收入再分配、对政府指导的回应性、政府的规模等方面,分别具有不同的权重,如表5—6所示。从表中可以看出,合同承包、凭单、市场、志愿服务几乎具备了以上所有特征中的积极的方面,而政府服务、政府出售、政府间协议等则具有较

①　张文礼、吴光芸:《论服务型政府与公共服务的有效供给》,《兰州大学学报(社会科学版)》2007年第3期。参见[美]戴维·奥斯本、[美]特德·盖布勒:《改革政府:企业家精神如何改革着公共部门》,周敦仁等译,上海译文出版社2006年版,第251—259页。

少的积极因素。当然,这并不能成为简单否定公共产品或服务政府提供或者安排的理由,因为,政府服务、政府出售、政府间协议等公共产品供给方式在提供非具体性服务、促进收入再分配、对政府指导的回应性等方面同样具有一定的积极意义。此外,上述公共产品或者服务的供给制度安排并不是孤立的,鉴于各种制度安排之间的互补性,在公共产品或者服务的供给中,可以根据公共产品或者服务的具体性质和特征,采用公共产品或者服务的单一制度安排、多样化制度安排或者混合制度安排等多种方式。

表5—5　公共产品或服务的制度安排

各种选择	机制安排			具体说明
	安排者	生产者	成本支付	
政府服务	政府	政府	政府	由政府部门提供,政府既是安排者又是生产者
政府出售	消费者	政府	消费者	由消费者从政府机构和其他生产者那里购买服务
政府间协议	政府1	政府2	政府1	一个政府雇用或者付费给其他政府以提供服务
合同承包	政府	私营部门	政府	政府与政府、私营企业、非营利组织签订服务合同
特许经营	政府	私营部门	消费者	政府给予私营部门特权,让其在特定领域提供服务
补助	政府和消费者	私营部门	政府和消费者	政府以资金、免税或其他税收优惠的形式补贴生产者
凭单	消费者	私营部门	政府和消费者	政府补贴消费者,由消费者在市场上自由选择
自由市场	消费者	私营部门	消费者	由消费者安排服务、选择生产者
志愿服务	志愿者	志愿者或私营部门	慈善机构或个人	由慈善组织直接或者委托私营部门提供服务

资料来源:[美]E.S.萨瓦斯:《民营化与公私部门的伙伴关系》,周志忍等译,中国人民大学出版社2002年版,第106页。根据文中内容有所调整。

表5—6 公共产品或服务不同制度安排的特征

要素特征	政府服务	政府出售	政府间协议	合同承包	特许经营	补助	凭单	自由市场	志愿服务
提供非具体性服务	++						++	++	++
生产者的多元化				++			++	++	
效率和效益		+	+	++	+	+	++	++	+
服务的规模			+	++	++	++	++	++	++
成本和收益的关联度		+	+	++	+	++	++	++	
消费者的回应性		++			++	+	++	++	
寻租与腐败的可能性			++						++
促进收入的再分配	++		++	++			++	++	+
对政府指导的回应性	++		+		+	+			
限制政府规模				++	++	++	++	++	++

注:++表示特征十分明显;+表示特征不明显;空白表示缺乏。
资料来源:〔美〕E.S.萨瓦斯:《民营化与公私部门的伙伴关系》,周志忍等译,中国人民大学出版社2002年版,第102页。根据文中内容有所调整。

"私人品的效率解与公共品的效率解,都是建立在一系列严格假定条件基础上的,是相对于其各自的效率条件而言的。如果一个社会不能满足或不能完全满足完全竞争性市场所严格假定的条件,那么,私人品的市场配置也不能够实现帕累托效率,出现所谓的市场失灵问题;如果一个社会能够满足或部分地满足市场和私人部门供给公共品的效率条件,那么,市场和私人部门也许会有公共品供给的帕累托最优或次优效率解。"①可见,并不能机械地将是私人产品还是公共产品作为是由市场私人部门供给还是由政府公共部门供给的充分理由,究竟采用何种供给方式,应当依据两

————————
① 卢洪友、张军:《中国公共品供给制度变迁与制度创新》,《财政研究》2003年第3期。

者对效率条件的满足程度而定。公共产品的特殊性质决定了单纯的市场供给和政府供给均无法实现其供给效率的最大化,因此,实现公共产品的有效供给,应当在坚持政府对公共产品供给负有主导责任的基础上,在公共产品供给中引入一定的市场竞争机制。通过引入市场化竞争机制,强化各相关利益群体的多元化参与,可以将市场这只"看不见的手"、政府这只"看得见的手"以及其他相关利益群体这只"潜在的手"结合起来,在公共产品的提供者、生产者、消费者之间架构起一种契约性的、博弈性的制度安排和冲突协调机制,使得权利和责任不断在各行为主体间交互选择与流动,是减少公共产品供给中机会主义道德风险、寻租腐败滋生以及"X无效率"的有效路径。有学者将公共产品的供给过程分为两个层次的博弈过程:"第一层次的博弈指公共产品供给主体间的博弈,这一层次的博弈决定公共产品供给数量在各个供给主体之间的分配;第二层次的博弈为公共产品供给主体与公共产品的消费者之间的博弈,这一层次的博弈决定公共产品供给的质量。"[①]因此,解决当下我国劳动力市场中"既供给过剩,又供给不足"和公共性职业教育培训中"既供给不足,又需求不足"两难困境的有效途径,应当是充分调动起政府部门、培训机构(政府培训机构及私人培训机构)、用人单位、非营利性机构、受训者个人的参与积极性,明晰各主体间的责权利关系并以制度的形式确立下来,通过各参与主体在制度框架下的利益博弈,实现劳动力供给与市场需求相一致以及公共性职业教育培训供给与社会需求相契合。

---

① 王磊:《公共产品供给主体选择与变迁的制度经济学分析》,经济科学出版社 2009 年版,第 105 页。

(二)多层次博弈中公共性职业教育培训供给进程的激励

激励理论是管理学、心理学、经济学等学科的一个重要研究领域。对于公共产品需求和供给激励问题的理论研究,先后经历了几个不同的发展阶段:①(1)激励相容性。所谓激励相容性,是指在一定的经济环境和行为准则下,一种激励机制既能保证个体利己行为的实现,同时又可以使资源配置达到预定的效率标准。(2)激励相容的不可能性。与激励相容性的理论假设相反,一些学者提出了激励相容不可能性原理。所谓激励相容不可能性,是指在一定的经济环境中,在参与个体数目有限的情况下,无论是公共产品还是私人产品,同时实现个体利益的最大化和资源配置的有效率是不可能的。(3)个体行为博弈中的激励相容。激励相容的不可能性是建立在个体理性无法实现集体理性的理论假设之上的,它假定了参与个体之间相互不去关心或预测其他个体的行动而只是独自采取行动。事实上,这种假设多数情况下是与现实不相符的。依据现代博弈理论,在一项活动中,个体的决策不仅依赖于它自己的选择,而且依赖于其他个体的选样,个体的最优选择只能是其他个体选择的函数。正是在这种个体行为博弈下,使得个体理性和集体理性同时得以实现。(4)激励相容约束及其机制设计。尽管个体行为的博弈可以同时实现个体利己行为和资源的有效配置,但是,它的实现不可能总是自发而均衡的。因此,应当把激励相容性条件作为一种约束强加到博弈规则中去,使得相关参与个体自愿或被迫遵守一定的行为准则,在满足一定的个体理性的前提下,达到集体理性,从而实现资源配置的最优化。这需要一

---

① 参见李成威:《公共产品的需求与供给:评价与激励》,中国财政经济出版社2005年版,第33—34页。

种制度设计使之实现。

从公共产品的供给过程来讲,公共产品有效供给的形成需要经过三个阶段,即公共产品有效需求的形成、公共产品的提供和公共产品的生产。也就是说,公共产品的供给包括以下几个方面:首先,需要消费者真实表露出对公共产品的偏好,并愿意负担相应的各种成本。然后,通过一定的集体决策机制决定公共产品的供给规模、供给方式、资金筹集等。最后,安排公共产品的生产,并对其生产过程进行管理和监督。因此,在公共产品的供给过程中,存在着两个激励问题:(1)对消费者公共产品偏好表达的激励。一方面,通过一定的激励机制,使消费者表达出对于公共产品的真实需求;另一方面,依据收益—成本分享和分担原则,建立公共产品的经费筹措机制。(2)对公共产品生产的激励。公共产品的提供不等于公共产品的生产,公共产品的提供者有可能委托某些机构进行公共产品的生产,并对生产过程实施管理和监督。这样,在公共产品的提供者和生产者之间便存在着一种委托代理关系。正是这种委托代理关系的存在,使得激励问题得以产生。①

前已述之,自 20 世纪 90 年代始,针对国有企业下岗失业和转业人员、农村剩余劳动力、城乡新增劳动力等群体,我国开展了大规模的公共性职业教育培训。在不断总结实践经验的基础上,在提高公共性职业教育培训的针对性和有效性、强化公共性职业教育培训的激励、管理和监督方面,我国先后颁布了一系列政策法规,采取了一系列的保障措施。(1)提高公共性职业教育培训的针对性和有效性。如,在《关于印发第二期"三年千万"再就业培

---

① 参见李成威:《公共产品的需求与供给:评价与激励》,中国财政经济出版社2005 年版,第 36—37 页。

训计划的通知》中,劳动和社会保障部指出,要深入开展调查研究,通过多种渠道了解所在地区下岗失业人员的状况,包括数量、年龄、文化素质、技能结构、就业需求、培训意愿等,结合所在地区经济发展和产业结构调整情况,分析劳动力市场对劳动者技能素质的需求状况,根据劳动力现状和市场需求,制定再就业培训工作计划。[1] 在人力资源和社会保障部颁布的《关于进一步规范农村劳动者转移就业技能培训工作的通知》中,要求不同部门和机构,依据不同类别劳动者群体的特点,有针对性地开展分类职业教育培训。对于进城务工的农村劳动者,根据企业岗位实际需求和产业发展的潜在需求开展订单培训;对于用人单位已经雇用的进城务工农村劳动者,由用人单位依托所属培训机构或者委托所在地定点培训机构,结合岗位要求,开展技能提升培训;对未能继续升学且有进城求职愿望的农村应届初高中毕业生,主要依托具备相应培训条件的技工院校等职业学校,开展一定的劳动预备制专业技能培训。[2] (2)强化公共性职业教育培训的激励、管理和监督。在《关于印发第二期"三年千万"再就业培训计划的通知》中,劳动和社会保障部要求,面向社会各类培训资源,通过项目招投标方式,选择一批培训设施较好、培训能力较强、培训质量较高的培训机构,作为再就业培训基地或定点培训学校。再就业培训经费的拨付,积极实施政府购买培训成果,依据培训的合格率和培训后一定期限内的再就业率核拨培训经费,将培训经费和培训质

---

① 原劳动和社会保障部:《关于印发第二期"三年千万"再就业培训计划的通知》,2010 年 12 月 20 日,见 http://trs.molss.gov.cn/was40/mainframe.htm。

② 人力资源和社会保障部:《关于进一步规范农村劳动者转移就业技能培训工作的通知》,2010 年 12 月 20 日,见 http://www.mohrss.gov.cn/Desktop.aspx? path=/sy/NewFile。

量联系起来。① 在《农村劳动力转移培训阳光工程项目管理办法》中，明确要求项目实施地区依据公开、公平、公正的原则，面向各类培训单位进行项目招标。培训补助资金以培训券或现金等形式直接补贴给受培训农民，也可以通过降低收费标准的方式补贴给培训机构。采取培训券补助方式的，直接将培训券发给受培训农民，由农民作为培训学费交到培训机构。培训机构凭培训券、收费凭证和受培训农民考核合格证明等有关材料到当地财政部门申报补助资金；采取降低收费补助方式的，培训机构凭项目合同书、经验收合格并由农民签名的受训人员名单、收费凭证等有关材料，到当地财政部门申报补助资金。②

　　从上面的分析中可以看出，在我国公共性职业教育培训供给过程中，已经初步形成了一定的激励和约束机制。首先，在对公共性职业教育培训偏好表达的激励方面，已经注意到通过劳动力市场需求调查和劳动力现状分析，有针对性地开展公共性职业教育培训；同时，也开始注重根据不同群体的类别特征，分别实施不同类型的公共性职业教育培训。其次，在对公共性职业教育培训生产过程的激励方面，也开始引入一些市场竞争机制，如，通过招投标的方式选择培训机构，通过政府购买培训成果、发放培训券的方式拨付培训经费等。但是，在我国，公共性职业教育培训有效供给所赖以存在的市场运行机制、各利益主体的权利和义务关系还没有真正搭建起来，或者还没有以契约的形式规定下来，或者即便有

---

① 原劳动和社会保障部：《关于印发第二期"三年千万"再就业培训计划的通知》，2010 年 12 月 20 日，见 http://trs.molss.gov.cn/was40/mainframe.htm。

② 原农业部、财政部等：《农村劳动力转移培训阳光工程项目管理办法（试行）》、《农村劳动力转移培训财政补助资金管理办法》，2010 年 12 月 20 日，见 http://www.nmpx.gov.cn/yangguanggongcheng/xiangmuguanli/。

成文的规范却由于有效监管的缺失而没有真正践行。这主要表现在,一方面,在国家、企业、个人三个方面的需求主体中,针对企业和个人的公共性职业教育培训需求偏好表达机制和激励机制还未真正建立起来。这不仅影响着公共性职业教育培训的针对性和有效性,而且也影响着两者在公共性职业教育培训参与意愿,特别是在公共性职业教育培训支付意愿方面的积极性。另一方面,在公共性职业教育培训的提供和生产过程中,政府部门、政府培训机构及私人培训机构、用人单位、受训者等相关参与主体之间,还未建构起一种制度化的利益博弈框架,不可避免地影响着我国公共性职业教育培训的供给效率和供给质量。因此,实现公共性职业教育培训的有效供给,应当充分调动中央政府部门、地方政府部门、用人企业、培训机构、中介机构、培训者个人等相关利益主体的积极性,在各利益主体之间架构起一种竞争与合作的博弈关系,并以制度化的形式确定下来。中央政府对于地方公共性职业教育培训的经费投入数量,应当依据地方配套资金的数额以及公共性职业教育培训的实际绩效确定。在公共性职业教育培训的供给过程中,地方政府应当采用项目招标、培训券、购买培训成果、依据效果补贴培训等方式,对培训机构和用人企业的行为进行激励。同时,通过订单培训、劳动力市场准入制度等,强化公共性职业教育培训与劳动力市场就业的联系,提高个人参与培训的积极性。

四、多样化认证:公共性职业教育培训供给结果的转换

公共性职业教育培训有效供给的实现受到诸多因素的制约,公共性职业教育培训有效需求的形成是其中不容忽视的因素之

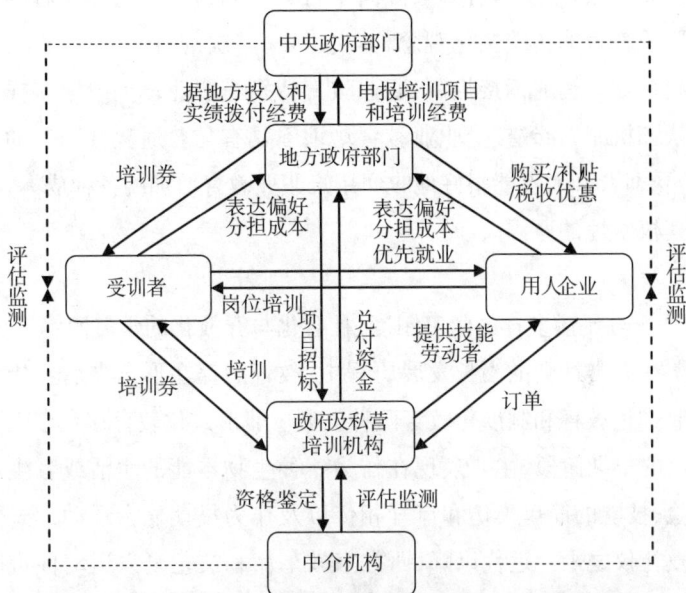

图5—3　公共性职业教育培训的多层次博弈模型

一。公共性职业教育培训的需求主体包括国家、企业和个人。从国家这一需求主体来说，近年来，基于经济社会发展和维护社会公平正义的考虑，国家对公共性职业教育培训的有效需求明显增强，开展了大规模的公共性职业教育培训。但是，在我国，企业和个人对于公共性职业教育培训的有效需求一直未能充分释放出来。究其原因，从企业方面来讲，一方面，多数企业属于劳动密集型，对技能型劳动者的需求有限；另一方面，由于劳动人事制度和劳动力市场制度不健全，不少企业从节约成本考虑，对劳动力市场准入制度、资格证书制度等置若罔闻。这种情况不仅影响着企业对公共性职业教育培训的需求，而且还影响着个人接受公共性职业教育培训的意愿。此外，对于影响个人接受公共性职业教育培训意愿的主要因素,不少学者一般倾向于将其归因为社会上存在着的轻视职业教育的传统文化观念,其实,从深层次剖析,职业教育与普通教育缺乏沟通衔接机制,职业教育特别是职业培训缺乏多样化的认证机制,导致接受职业教育培训不具有与普通教育同等的价值,受训者个人不能很好地收回用于职业教育培训的各种成本,才是其根本性的原因。

(一)灵活多样的学习制度:社会化与开放化的学习网络

在人类社会的漫长发展历程中,教育的存在形态先后经历了非形式化教育和制度化教育两种类型。非形式化教育存在于人类社会的早期阶段,主要表现在作为一种生物本能的生活或者生产经验、技能的简单模仿和口耳相传以及作为早期社会活动形式的宗教礼仪之中。近代以降,西方宗教革命和文艺复兴运动促进了普通民众接受教育意识的觉醒,而此后兴起的产业革命则从客观上催生了制度化的学校教育的萌芽。不可否认,制度化的教育形态有其存在的合理性,一方面,它扩大了普通民众的受教育机会,满足了人们接受教育的愿望;另一方面,这种制度化的教育形态,不仅满足了技术革命对于技能型劳动者的客观需求,而且也为技术革命提供了强大的劳动力资源支撑,进一步促进了技术革命向纵深发展。然而,随着制度化学校教育规模的扩大及其体系的日渐成熟,这种制度化的学校教育形态逐渐走向封闭和保守,不断自我形塑而趋于神圣化。"这些教育活动,从各个时代和无数历史对比看来,不可避免地倾向于同一个结论:即建立一种具有普遍使命的、结构坚固而权力集中的学校体系。然而,当这些机构似乎接近完成的时候,出现了或再度出现了越来越多的校外活动与校外机构,其中大部分往往跟正规的、官方的教育没有任何有机联系。

这些正规的、官方的教育十分狭隘,十分死板,以致它们不能包括这些校外活动与校外机构。"①

　　制度化的学校教育所具有的难以克服的弊端先后遭到不少学者的批评,其中,美国学者伊里奇(Ivan Illich)提出了"非学校化社会"(Deschooling Society)的理念,对现代学校教育制度的种种流弊,进行了猛烈的抨击。"多少世代以来,我们企图通过提供越来越多的学校教育,使这个世界变得更加美好。可是,迄今为止,这种努力失败了。相反,我们已懂得:驱使所有儿童都去爬没有尽头的教育阶梯,非但无助于增进平等,而且必然偏袒那些启蒙较早、更为健壮或有较好准备的人;强制性的教学泯灭多数人独立学习的愿望;知识被看成是一种商品,成包批发出售,一旦购得,便被视作私有财产,并且总是那么稀奇。"②伊里奇认为,人类创造了学校教育制度,并赋予其在教育方面的特定价值,而后不自觉地将自己的教育需求一味交付于这些专门的学校教育机构,最终导致学校教育的神圣化,人类自身却日益丧失了自觉、自为、自律的学习能力,也因此丧失了作为人的价值和本性的快乐和尊严。这种制度化的学校教育神话使人们错误地认为,只有通过学校教育获得的知识才是有价值的,学校中不传授的知识和校外学到的知识几乎没有意义,因此,也正是在这个层面上,个人在社会中获得成功的程度取决于他所接受的学校教育的多少。在伊里奇看来,应当改变这种过分依赖学校教育的状况,以一种学习网络代替学校教育形

---

① 联合国教科文组织国际教育发展委员会编著:《学会生存——教育世界的今天和明天》,华东师范大学比较教育研究所译,教育科学出版社 1996 年版,第 199 页。

② [美]伊里奇:《学校教育的抉择》,载瞿葆奎主编:《教育学文集:教育与社会发展》,人民教育出版社 1989 年版,第 650—664 页。

式,在这种新型的教育形式中,所有希望学习的人都可以随时获得可以利用的资源,所有希望从别人那里获得知识和所有希望与他人分享知识的人们都有充分的机会。"学和教是那些明白他们的自由是天赋的而不是他人赐予的人来进行的。大多数人在从事他们乐意的工作的大部分时间里学习;大多数人具有好奇心,他们要赋予他们所接触到的一切事物以意义;大多数人能与别人亲密交往,除非他被非人道的工作折磨得疲惫不堪或者被学校教育囚禁住。"①

伊里奇取消学校教育代之以学习网络的观点,不免有些矫枉过正之嫌,但是,他对制度化的学校教育形态的批评却足以引起人们对于早已习以为常的学校教育制度的反思。制度化的学校教育形态存在着一些自身固有的缺陷,突出表现在以下几个方面:首先,尽管制度化的学校教育活动为人们提供了进行社会流动的机会和可能,但是,置身于复杂政治、经济、文化环境之中的学校教育活动难免有其有限性和保守惯性,因而它在一定程度上仍然不可避免地执行着复制现存社会结构的功能。其次,制度化的学校教育活动依据不同学生的年龄、智力水平、学业成绩等将他们分为不同的教育等级,在学校教育的各个阶段层层筛选,不断塑造着社会所需要的少数精英分子,却在一定程度上消解了其他学生进一步接受教育进而获取成功的种种可能性。"第一个弱点是它忽视了(不是单纯地否认)个人所具有的微妙而复杂的作用,忽视了个人所具有的各式各样的表达形式和手段。第二个弱点是它不考虑各种不同的个性、气质、期望和才能。"因此,这种学校教育制度"奖励强者、幸运者和顺从者,而责备和惩罚不幸者、迟钝者、不能适应

---

① [美]伊里奇:《学校教育的抉择》,载瞿葆奎主编:《教育学文集:教育与社会发展》,人民教育出版社 1989 年版,第 650—664 页。

环境者以及那些与众不同的和感到与众不同的人们。"①最后,制度化的学校教育是一个封闭的体系,它通过自身所具有的赋予特定群体毕业文凭这一符号资本的唯一性和合法性,将其他教育形态作为一种"次等教育"或者"非正规教育"而排除在所谓的正规教育体系之外。其实,在当前信息技术迅猛发展和科学技术日新月异的时代背景下,仅仅依赖正规学校教育这一途径,指望通过一次性的学校教育便可享用终生,已经变得越来越不可能。"社会不能通过一个单独的机构对它的所有一切组成部分(无论在任何领域内)发挥其广泛而有效的作用,不管这个机构多么广大。如果我们承认教育现在是,而且将来也越来越是每一个人的需要,那么我们不仅必须发展、丰富、增加中小学和大学,而且我们还必须超越学校教育的范围,把教育的功能扩充到整个社会的各个方面。"②教育不仅应当在空间上获得扩展,而且它还应当贯穿到人的终生,只有做到了这些,才能实现真正意义上的教育公平,"当教育一旦成为一个连续不断的过程时,人们对于成功与失败的看法也就不同了。如果一个人在他一生的教育的过程中在一定年龄和一定阶段上失败了,他还会有别的机会。他再也不会终身被驱逐到失败的深渊中去了。"③

---

① 联合国教科文组织国际教育发展委员会编著:《学会生存——教育世界的今天和明天》,华东师范大学比较教育研究所译,教育科学出版社 1996 年版,第 105 页。
② 联合国教科文组织国际教育发展委员会编著:《学会生存——教育世界的今天和明天》,华东师范大学比较教育研究所译,教育科学出版社 1996 年版,第 201 页。
③ 联合国教科文组织国际教育发展委员会编著:《学会生存——教育世界的今天和明天》,华东师范大学比较教育研究所译,教育科学出版社 1996 年版,第 107 页。

（二）社会流动的"立交桥"：正规教育与非正规教育的转换

20 世纪 70 年代，正是在对制度化的学校教育的批判和反思的基础上，非正规教育的价值被人们重新发现，"非正规教育"这一词汇开始频繁出现在不少学术文献中。库姆斯将教育区分为正规教育（formal education）、非正规教育（nonformal education）和非正式教育（informal education）三种类型。在他看来，正规教育是指"具有层次结构的、按年龄分级的'教育制度'，它从初等学校延伸到大学，并且除了普通的学术性学习以外，还包括适合于全日制职业技术训练的许许多多专业课程和机构。"非正规教育是指"任何在已建立的正规制度之外的有组织的教育活动——不论它是单独进行还是作为某种更广泛的活动的重要特征——其意在于为确定的学习对象和学习目标服务。"而非正式教育则是指"每一个人从日常经验中获得态度、价值观、技能和知识并在自身环境中——家庭与邻里、工作与娱乐场所、市场、图书馆以及大众媒介——受到教育影响和获取教育资源的真正的终身过程。"①库姆斯认为，由于教育成本高昂，加之社会上劳动力技术的稀缺，一味去普及正规的普通义务教育对于满足普通民众的多元教育需求，促进国家的经济发展，未必是一条最有效的途径。而开展非正规教育所花费的教育成本一般会远远低于正规学校教育，并且，同正规学校教育相比，非正规教育与实际工作技能联系密切，形式灵活多样，具有很大的实用性和针对性。

非正规教育具有上述正规学校教育所无法比拟的优点，然而，在一些国家正规学校教育独揽天下、一枝独秀的格局下，与正规教

---

① ［加］拉德克利夫、［美］科利塔：《非正规教育》，载瞿葆奎主编：《教育学文集：教育制度》，人民教育出版社 1990 年版，第 480—488 页。

育的系统性、权威性相比，非正规教育所具有的这些优点也恰恰容易成为其备受质疑之处。"非正规教育一般缺少正规教育颁发'证书'的能力，这使它在就业市场处于次等地位。"①这种情况的客观存在，不仅影响着人们接受非正规教育的积极性，也影响着非正规教育的进一步发展及其优势的充分发挥。其实，这主要涉及的是一个如何改进社会上对于教育成果的评价机制的问题。破解这一问题的根本途径在于，一方面，应当消解正规教育所独具的权威性；另一方面，应当强化对各类非正规教育的评价与认证，加强非正规教育与正规教育的沟通和衔接。在这一问题上，近些年来，国际上不少国家进行了一些有益的尝试。例如，日本着手改革学习评价体系，允许符合一定条件的教育机构之间相互承认或者置换学分。1991年，日本成立了"学位授予机构"，为那些不具备学位授予资格的高中后教育机构的毕业生获得学位开辟了途径。为了改革偏重学历的人事制度，日本终身学习审议会还建议公共性职业资格取消对基本学历要求的限定。韩国建立了对各种非正规教育的学习成果进行认定并授予学分的"学分银行"制度。1997年，韩国颁布了《学分承认法》，学生可以在职业教育培训机构听课，在大学或学院里作为部分时间制学生注册，获得各种国家资格证书，通过学位水平自学考试，获得学分或学位。在欧美一些国家，为了对各种场合中进行的学习给予评价和认证，成人过去的学习经历、基于工作场所的经验学习，都可以通过多种途径得到认可，并拥有各种获得学分、学位的机会。2000年，欧洲委员会出台了一份"终身学习备忘录"，要求成员国改进对学习成果的认识和

---

① ［加］拉德克利夫、［美］科利塔：《非正规教育》，载瞿葆奎主编：《教育学文集：教育制度》，人民教育出版社1990年版，第480—488页。

评价,尤其是要加强对非正规学习和非正式学习成果的认证,提高非正规教育和非正式教育的社会地位。澳大利亚建立了全国统一的国家资格框架,实行统一证书制度和课程内容的模块结构,不同院校、不同学科、不同证书、不同课程之间,普通教育、职业教育、高等教育之间,职前教育、职后教育之间以及不同地域的教育之间,均可以实现学分和资历的转换、沟通和衔接。①

  在我国,尽管政府早已提出要建立全民学习、终身学习的学习型社会,但是,当前,我国教育体系仍然根深蒂固地保持着传统国民教育体系的主要特征。主要表现为,正规学校教育、学历教育、普通教育仍然是教育体系的主体,非正规教育、非学历教育、职业教育培训依然处于被边缘化的从属地位;整个教育体系相对封闭,正规教育与非正规教育、学历教育与非学历教育、普通教育与职业教育培训等各级各类教育类型之间缺乏必要的相互沟通与衔接机制。教育体系是整个社会制度体系的一个组成部分,与这一传统国民教育体系相呼应,我国劳动人事观念和用人制度长期以来表现出重学历和文凭、轻能力和经验,重正规教育、轻非正规教育,重普通教育、轻职业教育培训,重初始教育、轻继续教育等倾向,因而从社会的角度更加强化了上述传统国民教育体系的"学历化"和"封闭化"特征。这些情况的客观存在,显然与建立全民学习、终

---

① 参见国家教育发展研究中心编著:《2001 年中国教育绿皮书——中国教育政策年度分析报告》,教育科学出版社 2001 年版,第 179 页;中国教育与人力资源问题报告课题组编著:《从人口大国迈向人力资源强国》,高等教育出版社 2003 年版,第 338 页;吴晓义:《终身学习视野下学校教育与社会培训的沟通及衔接》,《北京大学教育评论》2007 年第 3 期;郑海燕:《欧盟的教育与培训政策》,《国外社会科学》2005 年第 1 期;叶之红:《澳大利亚职业教育培训促进全民学习终身学习的经验》,《教育发展研究》2003 年第 4—5 期。

身学习的学习型社会的初衷背道而驰,与现代社会人们多样化的学习需求格格不入,也从根本上违背了教育机会均等和教育实质公平的原则。"一个全面的开放教育体系帮助学习者在这个体系中能够纵横移动,并扩大他们可能得到的选择范围。"然而,"流动性和选择的多样性是相辅相成的,这一方面是以另一方面为前提的。除非个人能够沿着任何途径达到他的目标而不受公式化准则的阻碍,否则,他就没有真正的选择自由;他的进步只能依靠他的能力与愿望。除非有各种各样可以充分选择的途径,否则,流动性就没有意义了。"因此,"在不同的教育学科、课程、等级之间,在正规教育与非正规教育之间,一切人为的、过时的障碍,都应一律加以废除。"①

"各个国家都需要有一个连贯的教育政策和协调一致的教育体系,技术与职业教育应是其中一个基本的部分。技术与职业教育应与其他教育建立紧密的联系,特别是与普通学校和大学,为学习者提供无障碍的通道。着重点应放在衔接、资格认定和承认以往的学习上,以增加他们的机遇。"②2010 年,我国出台的《国家中长期教育改革和发展规划纲要(2010—2020 年)》指出,要"搭建终身学习'立交桥'","建立继续教育学分积累与转换制度,实现不同类型学习成果的互认和衔接","促进各级各类教育纵向衔接、横向沟通,提供多次选择机会,满足个人多样化的学习和发展需要。"公共性职业教育培训是我国公共教育体系的重要组成部分,

---

① 联合国教科文组织国际教育发展委员会编著:《学会生存——教育世界的今天和明天》,华东师范大学比较教育研究所译,教育科学出版社 1996 年版,第 230—231 页。

② 刘来泉选译:《世界技术与职业教育纵览——来自联合国教科文组织的报告》,高等教育出版社 2002 年版,第 59 页。

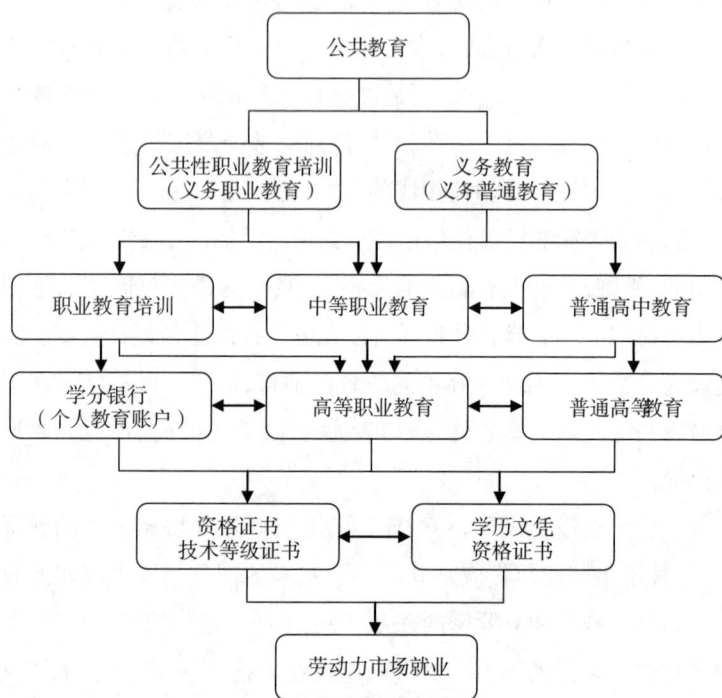

图5—4 公共性职业教育培训的多样化认证模型

提高公共性职业教育培训供给的有效性,从供给结果的角度讲,应当加强其与其他教育类型之间的沟通和衔接,强化对公共性职业教育培训学习成果的多样化认证,使得公共性职业教育培训学习成果与普通教育学习成果具有同样的价值,通过公共性职业教育培训受训者可以获得与普通教育同等的成功机会。因此,在保持现有义务教育制度即义务普通教育不变的前提下,应当将公共性职业教育培训作为一种义务职业教育纳入到义务教育体系中来,对于完成义务普通教育的青少年,一部分进入普通高中学习学术课程,另一部分未能进入普通高中学习的青少年则必须进入中等职业学校接受一定年限的义务职业教育。同时,通过各级各类职业教育培训机构,针对社会上技能缺乏和有教育培训需求的特定群体和基层劳动者开展一定程度的职业教育培训。同样,对于完成普通高中学习的青少年,除一部分进入普通高等教育系统以外,另一部分未能进入普通高等学校学习的青少年也应当接受一定程度的高等职业教育。与此同时,应当建立统一的国家资格框架,并在此框架下对职业教育培训、中等职业教育、高等职业教育、普通高等教育的课程设置进行改革,实行模块化课程和完全学分制,通过建立学分银行或者个人教育账户,实现不同类型、不同层次、不同地域教育培训之间的衔接和转换,并依据学历文凭、资格证书、技术等级证书等多样化的认证方式确立劳动力市场准入制度。

结语　走向"义务教育后"的
公共性职业教育培训

　　教育是一项具有公益性和普惠性的事业。提供基本公共教育服务,实现基本公共教育服务均等化,是当代政府的主要职能之一。当前,我国已经全面普及九年义务教育,并建立了覆盖城乡的免费义务教育制度,义务教育已经进入全面提高质量和促进均衡发展阶段。毋庸置疑,这对于个体的全面发展,国民素质的提升,以及整个国家的文明进步,均具有非凡意义。但是,提供基本公共教育服务并不等同于普及九年义务教育,公共教育服务均等化也不仅仅意味着实现义务教育均衡发展。在我国,受传统教育观念的驱使,义务教育阶段的课程设置主要以学术课程为主,对职业技能教育的渗透不够,培养目标在现实中主要表现在为升学作准备上,因此,当前我国开展的义务教育,其实是一种义务普通教育。这种义务教育制度设计,其实忽略了这样一种情况的存在,即在义务教育阶段之后,除了一部分青少年能够继续升入高一级学校系统学习之外,还有相当一部分青少年由于各种原因失学而流入社会,这些失学青少年由于未接受一定程度的职业教育培训而无一技之长。与此同时存在的是,在我国经济结构、产业结构调整过程中,仍会涌现出相当数量的转岗转业、就业转失业人员;农村经济的发展和农业生产方式的变化,仍需要大量的农村富余劳动力向非农产业转移;每年也还会有数额巨大的新增城乡劳动力流入劳动力市场。在以上这些群体之中,相当一部分人员文化知识和技能水平偏低,缺乏必要的谋生手段和就业能力,处于不利的经济、文化、社会地位,游离于社会的边缘。这种情况的客观存在,不仅影响着我国经济社会的健康发展,而且关系到整个社会公平正义的维护。

提供基本公共教育服务,就是要让全体社会成员享受到维护基本生存权和发展权所必需的、基础性的教育服务,使其具备维持自身生存和发展所应当掌握的文化知识和职业技能,从而获得体面的工作,过上有尊严的生活;实现基本公共教育服务均等化,就是要让全体社会成员,特别是社会困难群体,均能充分享受到机会均等、结果公平的基本公共教育服务。正是在这一意义上,基本公共教育服务应当走出狭窄的视域,走出原有普通教育的阈限,走出传统学校教育的窠臼,走向"义务教育后",即在保持现有义务教育制度即义务普通教育不变的前提下,将公共性职业教育培训作为一种义务职业教育囊括其中,为中途失学青少年提供一定程度的职业技能培训,为转业、失业人员提供一定程度的就业培训,为农村剩余劳动力提供一定程度的转移培训,为城乡新增劳动力提供一定程度的劳动预备制培训。

值得欣慰的是,近年来,国家先后斥以巨资,针对新型农业经营主体、农村剩余劳动力、农民工、贫困人口、下岗失业人员、大学生、退役士兵以及城乡新增劳动力等群体开展了大规模的公共性职业教育培训。这些公共性职业教育培训,在促进经济发展、增加就业、改善民生等方面发挥了一定的积极作用。然而,我国现有的公共性职业教育培训,在供给过程中也存在着一些不容忽视的问题,主要表现为,公共性职业教育培训既供给不足,又需求不足,即一方面,公共性职业教育培训的供给数量和质量不能满足经济发展对于技能型劳动者的需求;另一方面,劳动者个体和用人单位对公共性职业教育培训有购买能力的购买意愿明显不足。这一情况,反映在劳动力市场上,体现为劳动力既供给过剩,又供给不足,即在现实中,企业所需要的技能型劳动者出现短缺和大量缺乏相应职业技能的劳动者难以找到工作岗位两种情况同时并存。究其原因,主要是我国公共性职业教育培训供给中,还未形成相关参与主体的多元化机制,还未在相关利益群体之间架构起一种契约性的既竞争又合作的激励和约束关系,还未形成系统的规划、实施、认证、评价等科学和规范的管理流程。这些情况的客观存在,使得我国公共性职业教育培训的实际供给常常偏离于其意愿供给。

正是基于以上思考,本书将职业教育培训的"公共性"和"有效性"作为研究的逻辑起点和根本旨趣,借鉴制度分析的研究范式,运用国家理论、公共性理论、制度伦理理论,博弈理论等分析工具,对公共性职业教育培训的公共属性、供给绩效、伦理价值及有效供给路径进行深度考量,得出以下初步结论:(1)依据提供主体、受益群体及其使用的权力与资源,职业教育培训可以分为企业利用自身资源或者委托其他培训机构进行的员工培训,社会培训机构提供的受训者个人付费的营利性技能培训,公益性组织利用某些社会资源提供的非营利性职业培训,以及政府公共机构利用公共权力与公共资源提供的公共性职业教育培训。(2)依据萨缪尔森对公共产品的经典定义,即不具有排他性和竞争性,职业教育培训并非严格意义上的公共产品。然而,针对社会基层劳动者和弱势群体开展的公共性职业教育培训,对于经济发展、增加就业、促进公平具有重要意义,其外部收益远远大于个体收益,因此,仅仅仰赖市场供给手段会导致"市场失灵"现象的发生。此外,判断一种物品是否属于公共产品,并不能完全取决于其排他性和竞争性的物理特征,出于维护公共利益考虑和执政理念驱使,政府一旦选取公共供给的方式对特定群体进行职业培训,它也就必然成为了一种公共产品。(3)公共性职业教育培训的有效供给是指在一定时期内,一个国家或者地区及其各级各类教育机构运用公共权力和公共资源,向社会基层劳动者或者困难群体提供的公共性职业教育培训不仅在数量、质量和结构上满足个人、用人单位和社会有支付能力和支付意愿的教育需求,而且同时符合公平和效率原则。公共性职业教育培训有效供给的衡量包括数量均衡、质量满意、结构合理、公平优先、兼顾效率五项原则。(4)制度不仅体现着特定的政治观念、经济利益、文化价值,而且也具有鲜明的伦理意蕴,因此,制度安排及其实施应当体现一定的伦理层面的终极关照。公共性职业教育培训所具有的人力资本投资、文化资本赋予、社会福利政策以及社会公共产品性质,使得公共性职业教育培训有效供给在促进经济发展、强化社会流动、救治社会失业、维护公平正义方面具有不可忽视的重要价值和伦理意义。(5)实现公共性职业教育培训的有效供给,在供给主体方面,应当引入多中心治理机制,强调相关主体的多元化参与,在它们之间架构起一种既相互独立又相互依赖的契约性的竞争和合作关系;在供给内容方面,应当实现多维度涵盖,将关注的视域拓展到各类基层劳动者群体,并通过一系列科学、规范的宏观规划,使之与当前及未来一段时间社会不同行业、不同工种对技能型劳动者的需求相契合;在供给过程方面,应当引入一定的激励机制,在相关参与主体之间建构起一种多层次博弈框架和约束性的制度安排;在供给结果方面,应当推行学习成果的多样化认证,在统一的国家资格框架下,实现不同类型、不同层次、不同地域教育培训之间的衔接和转换。

将近些年来国家针对新型农业经营主体、农村剩余劳动力、农民工、贫困人口、下岗失业人员、大学生、退役士兵以及城乡新增劳动力等基层劳动者开展的各类公益性职业教育培训统筹界定为公共性职业教育培训,借鉴其他相关学科理论研究成果,运用制度分析的研究范式,对其有效供给模型进行了理论建构,本书不可不谓之一种学术历险;同时,限于研究条件、研究资料、研究水平和论文篇幅等因素的影响和制约,本书也难免存在着一些不足和缺憾:(1)将公共性职业教育培训有效供给问题置于多学科理论和制度分析范式框架下进行研究,其圆润性和自洽性尚需进一步加强。(2)对于我国公共性职业教育培训供给制度现状的审视,主要依据已有文献和数据的文本分析,尚缺乏深入实际的调查研究,以及在其基础上的第一手材料分析。(3)对于国外公共性职业教育培训供给制度的比较借鉴,散见于部分问题的阐述中,尚缺少对其供给制度安排和实施路径的系统梳理。(4)对公共性职业教育培训有效供给的制度设计,只停留在其理想范型的理论建构上,其操作性、可行性尚缺乏进一步的论证和检验。令人稍稍欣慰的是,以上研究的不足和缺憾,为该问题的后续研究预留了一定的空间,作者将对其保持进一步的关注。

参 考 文 献

一、中文著作类

[美]阿瑟·奥肯:《平等与效率》,王奔洲等译,华夏出版社 1987年版。

[美]阿特金森、[美]斯蒂格利茨:《公共经济学》,蔡江南等译,三联书店上海分店 1992 年版。

[印度]阿马蒂亚·森:《贫困与饥荒——论权利与剥夺》,王宇、王文玉译,商务印书馆 2001 年版。

[英]安东尼·吉登斯:《第三条道路——社会民主主义的复兴》,郑戈译,北京大学出版社 2000 年版。

[英]安迪·格林:《教育与国家形成:英、法、美教育体系起源之比较》,王春华等译,教育科学出版社 2004 年版。

[英]安德鲁·海伍德:《政治学核心概念》,吴勇译,天津人民出版社 2008 年版。

[美]艾伦·布坎南:《伦理学、效率与市场》,廖申白、谢大京译,中国社会科学出版社 1991 年版。

[美]埃莉诺·奥斯特罗姆等:《公共服务的制度建构——都市警察服务的制度结构》,宋全喜、任睿译,上海三联书店 2000 年版。

[法]奥利维·贝尔特朗:《人力资源规划:方法、经验与实践》,王晓辉译,人民教育出版社 2002 年版。

[古希腊]柏拉图:《理想国》,郭斌和、张竹明译,商务印书馆 1986年版。

[法]P.布瓦松纳:《中世纪欧洲生活和劳动(五至十五世纪)》,潘源来译,商务印书馆 1985 年版。

[英]W.I.B.贝弗里奇:《科学研究的艺术》,陈捷译,科学出版社 1979

年版。

[美]彼得·纽曼等编:《新帕尔格雷夫货币金融大辞典》第2卷,胡坚等译,经济科学出版社2000年版。

[美]保罗·萨缪尔森、威廉·诺德豪斯:《经济学(第18版)》,萧琛等译,人民邮电出版社2008年版。

辞海编辑委员会编:《辞海》,上海辞书出版社1999年版。

辞海编辑委员会编:《辞海(1999年缩印本)》,上海辞书出版社2002年版。

陈弱水:《公共意识与中国文化》,新星出版社2006年版。

陈佳贵、王延中:《中国社会保障发展报告No.2(2001—2004)》,社会科学文献出版社2004年版。

蔡昉主编:《中国人口与劳动问题报告(No.10):提升人力资本的教育改革》,社会科学文献出版社2009年版。

[法]E.迪尔凯姆:《社会学方法的准则》,狄玉明译,商务印书馆1995年版。

[美]道格拉斯·C.诺思:《经济史中的结构与变迁》,陈郁、罗华平等译,上海三联书店、上海人民出版社1994年版。

[美]道格拉斯·C.诺思:《制度、制度变迁与经济绩效》,杭行译,上海三联书店、上海人民出版社2008年版。

[英]戴维·米勒、韦农·波格丹诺编:《布莱克维尔政治学百科全书》,邓正来译,中国政法大学出版社1992年版。

[美]戴维·L.韦默:《制度设计》,费方域、朱宝钦译,上海财经大学出版社2004年版。

[美]戴维·奥斯本、[美]特德·盖布勒:《改革政府:企业家精神如何改革着公共部门》,周敦仁等译,上海译文出版社2006年版。

[英]弗里德利希·冯·哈耶克:《自由秩序原理》,邓正来译,生活·读书·新知三联书店1997年版。

[美]菲力蒲·库姆斯:《世界教育危机——八十年代的观点》,赵宝恒、李环等译,人民教育出版社1990年版。

范先佐:《教育经济学》,人民教育出版社1999年版。

范先佐:《教育经济学》,人民教育出版社2003年版。

樊丽明:《中国公共品市场与自愿供给分析》,上海人民出版社 2005
年版。

冯建军:《教育公正——政治哲学的视角》,福建教育出版社 2008
年版。

国际劳工局:《世界就业报告(1998—1999)——经济全球化背景下的
就业能力培训的重要作用》,国际劳工研究所译,中国劳动社会保障出版社
2000 年版。

国际劳工组织:《变化中的劳动力市场:公共就业服务》,劳动和社会
保障部国际合作司/培训就业司译,中国劳动社会保障出版社 2002 年版。

国务院研究室编:《中国农民工调研报告》,中国言实出版社 2006
年版。

国家统计局人口和就业统计司编:《中国人口和就业统计年鉴
(2009)》,中国统计出版社 2009 年版。

国家教育委员会职业技术教育司编:《全国职业技术教育工作会议文
件汇编》,北京师范大学出版社 1986 年版。

国家教育委员会政策法规司编:《十一届三中全会以来重要教育文献
选编》,教育科学出版社 1992 年版。

国家教育发展研究中心编著:《2001 年中国教育绿皮书——中国教育
政策年度分析报告》,教育科学出版社 2001 年版。

广东、广西、湖南、河南辞源修订组,商务印书馆编辑部编:《辞源》,商
务印书馆 1979 年版。

顾明远主编:《教育大辞典》,上海教育出版社、上海科技出版社 1998
年版。

关裕泰主编:《职业培训概论》,中国劳动出版社 1991 年版。

高鸿业、吴易风等编著:《现代西方经济理论与学派》,中国经济出版
社 1988 年版。

郭湛:《社会公共性研究》,人民出版社 2009 年版。

郭广银、杨明主编:《应用伦理的热点探索》,江苏人民出版社 2004
年版。

[美]格伦斯基:《社会分层(第 2 版)》,王俊等译,华夏出版社 2005
年版。

[英]霍恩比:《牛津高阶英汉双解词典(第6版)》,石孝殊等译,商务印书馆2004年版。

[英]霍布斯:《利维坦》,黎思复、黎廷弼译,商务印书馆1986年版。

[美]华勒斯坦等:《开放社会科学:重建社会科学报告书》,刘锋译,生活·读书·新知三联书店1997年版。

[英]哈耶克:《通往奴役之路》,王明毅等译,中国社会科学出版社1997年版。

[英]哈耶克:《致命的自负》,冯克利等译,中国社会科学出版社2000年版。

[德]哈贝马斯:《公共领域的结构转型》,曹卫东等译,学林出版社1999年版。

[美]汉娜·阿伦特:《人的条件》,竺乾威等译,上海人民出版社1999年版。

黄运武等主编:《商务大辞典》,中国对外经济贸易出版社1998年版。

胡培兆:《有效供给论》,经济科学出版社2004年版。

华桂宏:《有效供给与经济发展》,南京师范大学出版社2000年版。

洪银兴、刘建平主编:《公共经济学导论》,经济科学出版社2003年版。

何东昌主编:《中华人民共和国重要教育文献(1949—1975)》,海南出版社1998年版。

何东昌主编:《中华人民共和国重要教育文献(1976—1990)》,海南出版社1998年版。

何东昌主编:《中华人民共和国重要教育文献(1991—1997)》,海南出版社1998年版。

[美]加里·S.贝克尔:《人力资本——特别是关于教育的理论与经验分析》,梁小民译,北京大学出版社1987年版。

[英]简·莱恩:《新公共管理》,赵成根等译,中国青年出版社2004年版。

教育部发展规划司编:《中国教育统计年鉴(2008)》,人民教育出版社2009年版。

姜大源:《职业教育学研究新论》,教育科学出版社2007年版。

[美]R.科斯等:《财产权利与制度变迁——产权学派与新制度学派译

文集》,刘守英等译,上海三联书店 1992 年版。

[美]康芒斯:《制度经济学》,于树生译,商务印书馆 1995 年版。

[德]柯武刚、史漫飞:《制度经济学——社会秩序与公共政策》,韩朝华译,商务印书馆 2000 年版。

[美]M.卡诺依编著:《教育经济学国际百科全书》,闵维方等译,高等教育出版社 2000 年版。

联合国开发计划署:《中国人类发展报告:经济转轨与政府的作用》,中国财政经济出版社 1999 年版。

联合国开发计划署驻华代表处、中国发展研究基金会:《中国人类发展报告 2005:追求公平的人类发展》,中国对外翻译出版公司 2005 年版。

联合国教科文组织编:《教育——财富蕴藏其中》,教育科学出版社 1996 年版。

联合国教科文组织国际教育发展委员会编著:《学会生存——教育世界的今天和明天》,华东师范大学比较教育研究所译,教育科学出版社 1996 年版。

[英]洛克:《政府论》,叶启芳、瞿菊农译,商务印书馆 1964 年版。

[法]卢梭:《论人类不平等的起源和基础》,李常山译,商务印书馆 1962 年版。

[法]卢梭:《社会契约论》,何兆武译,商务印书馆 1980 年版。

[美]罗杰·弗朗茨:《X 效率:理论、论据和应用》,费方域等译,上海译文出版社 1993 年版。

刘英杰主编:《中国教育大事典》,浙江教育出版社 1993 年版。

厉以宁主编:《教育的社会经济效益》,贵州人民出版社 1995 年版。

李琮主编:《世界经济百科辞典》,经济科学出版社 1994 年版。

李怀康等主编:《职业培训》,法律出版社 1996 年版。

李军鹏:《公共服务型政府》,北京大学出版社 2004 年版。

李其庆主编:《全球化与新自由主义》,广西师范大学出版社 2003 年版。

李向东、卢双盈主编:《职业教育学新编》,高等教育出版社 2005 年版。

李成威:《公共产品的需求与供给:评价与激励》,中国财政经济出版社 2005 年版。

刘来泉选译:《世界技术与职业教育纵览——来自联合国教科文组织的报告》,高等教育出版社 2002 年版。

卢现祥:《西方新制度经济学》,中国发展出版社 2003 年版。

梁茂信:《美国人力培训与就业政策》,人民出版社 2006 年版。

[美]雷蒙德·A.诺伊:《雇员培训与开发》,徐芳译,中国人民大学出版社 2007 年版。

[德]马克思、[德]恩格斯:《马克思恩格斯选集》第二卷、第四卷,中共中央马克思、恩格斯、列宁、斯大林著作编译局编译,人民出版社 1995 年版。

[德]马克斯·韦伯:《经济与社会》,林荣远译,商务印书馆 1997 年版。

[法]米歇尔·福柯:《知识考古学》,谢强、马月译,生活·读书·新知三联书店 2003 年版。

[美]米尔顿·弗里德曼:《资本主义与自由》,张瑞玉译,商务印书馆 1986 年版。

[美]米尔顿·弗里德曼、罗斯·弗里德曼:《自由选择:个人声明》,胡骑等译,商务印书馆 1982 年版。

[英]马尔科姆·卢瑟福:《经济学中的制度:老制度经济学和新制度经济学》,陈建波、郁仲莉译,中国社会科学出版社 1999 年版。

曼昆:《经济学原理》,梁小民译,生活·读书·新知三联书店、北京大学出版社 1999 年版。

[美]迈克尔·麦金尼斯:《多中心体制与地方公共经济》,毛寿龙译,上海三联书店 2000 年版。

[英]T.H.马歇尔、安东尼·吉登斯等:《公民身份与社会阶级》,郭忠华、刘训练等译,江苏人民出版社 2008 年版。

蒙丽珍主编:《财政学》,中国财政经济出版社 2007 年版。

马骥雄主编:《战后美国教育研究》,江西教育出版社 1991 年版。

倪愫襄:《制度伦理研究》,人民出版社 2008 年版。

[法]皮埃尔·布迪厄:《文化资本与社会炼金术》,包亚明译,上海人民出版社 1997 年版。

[法]布迪厄、[法]帕斯隆:《再生产——一种教育系统理论的要点》,

邢克超译,商务印书馆 2002 年版。

[法]皮埃尔·布迪厄、[美]华康德:《实践与反思——反思社会学导引》,李猛等译,中央编译出版社 2004 年版。

瞿葆奎主编:《教育学文集·英国教育改革》,人民教育出版社 1989 年版。

瞿葆奎主编:《教育学文集:教育与社会发展》,人民教育出版社 1989 年版。

瞿葆奎主编:《教育学文集:教育制度》,人民教育出版社 1990 年版。

曲恒昌、曾晓东:《西方教育经济学研究》,北京师范大学出版社 2000 年版。

[日]青木昌彦、[日]奥野正宽:《经济体制的比较制度分析》,魏加宁等译,中国发展出版社 1999 年版。

[日]青木昌彦:《比较制度分析》,周黎安译,上海远东出版社 2001 年版。

[美]乔治·弗雷德里克森:《公共行政的精神》,张成福等译,中国人民大学出版社 2003 年版。

[美]E.S.萨瓦斯:《民营化与公私部门的伙伴关系》,周志忍等译,中国人民大学出版社 2002 年版。

施惠玲:《制度伦理研究论纲》,北京师范大学出版社 2003 年版。

王道俊、王汉澜主编:《教育学》,人民教育出版社 1989 年版。

王善迈主编:《教育经济学概论》,北京师范大学出版社 1989 年版。

王善迈:《教育投入与产出研究》,河北教育出版社 1996 年版。

王承绪、徐辉主编:《战后英国教育研究》,江西教育出版社 1992 年版。

王磊:《公共产品供给主体选择与变迁的制度经济学分析——一个理论分析框架及在中国的应用》,经济科学出版社 2009 年版。

[德]沃尔夫冈·布列钦卡:《教育科学的基本概念:分析、批判和建议》,胡劲松译,华东师范大学出版社 2001 年版。

翁文艳:《教育公平与学校选择制度》,北京师范大学出版社 2003 年版。

许慎:《说文解字注》,上海古籍出版社 1988 年版。

[英]休谟:《人性论》,关文运译,商务印书馆 1980 年版。

［日］细谷俊夫编著：《技术教育概论》，肇永和、王立精译，清华大学出版社 1984 年版。

［美］西奥多·W. 舒尔茨：《人力资本投资——教育和研究的作用》，蒋斌、张蘅译，商务印书馆 1990 年版。

［美］西奥多·W. 舒尔茨：《论人力资本投资》，吴珠华等译，北京经济学院出版社 1990 年版。

薛晓源、陈家刚主编：《全球化与新制度主义》，社会科学文献出版社 2002 年版。

许彬：《公共经济学导论——以公共产品为中心的一种研究》，黑龙江人民出版社 2003 年版。

［古希腊］亚里士多德：《政治学》，吴寿彭译，商务印书馆 1965 年版。

［古希腊］亚里士多德：《尼各马可伦理学》，廖申白译，商务印书馆 2003 年版。

［英］亚当·斯密：《国民财富的性质和原因的研究》，郭大力、王亚南译，商务印书馆 1972 年版。

［英］约翰·穆勒：《政治经济学原理——及其在社会哲学上的若干应用》，胡企林、朱泱译，商务印书馆 1991 年版。

［美］约翰·罗尔斯：《正义论》，何怀宏等译，中国社会科学出版社 1988 年版。

［英］约翰·伊特韦尔等编：《新帕尔格雷夫经济学大辞典》第四卷，陈岱孙等编译，经济科学出版社 1992 年版。

［英］约翰·伊特韦尔等编：《新帕尔格雷夫经济学大辞典》第三卷，陈岱孙等编译，经济科学出版社 1996 年版。

［匈］亚诺什·科尔内：《短缺经济学》，张晓光等译，经济科学出版社 1986 年版。

［法］雅克·哈拉克：《投资于未来——确定发展中国家教育重点》，尤莉莉、徐贵平译，教育科学出版社 1993 年版。

［美］雅各布·明塞尔：《人力资本研究》，张凤林译，中国经济出版社 2001 年版。

［美］约瑟夫·E. 斯蒂格利茨：《社会主义向何处去——经济转型的理论与证据》，周立群等译，吉林人民出版社 1998 年版。

[美]斯蒂格利茨:《经济学》,梁小民等译,中国人民大学出版社 2000年版。

[美]约瑟夫·E.斯蒂格利茨:《公共部门经济学》,郭庆旺等译,中国人民大学出版社 2005 年版。

尹伯成、华桂宏:《供给学派》,武汉出版社 1996 年版。

杨善华主编:《当代西方社会学理论》,北京大学出版社 1999 年版。

杨雪冬、薛晓源主编:《"第三条道路"与新的理论》,社会科学文献出版社 2000 年版。

袁伦渠:《中国劳动经济史》,北京经济学院出版社 1990 年版。

岳军:《公共投资与公共产品有效供给研究》,上海三联书店 2009年版。

中国社会科学院语言研究所词典编辑室编:《现代汉语词典(第 5版)》,商务印书馆 2005 年版。

中国教育年鉴编辑部编:《中国教育年鉴(2009)》,人民教育出版社 2009 年版。

中国人力资源开发研究会编著:《中国人力资源开发报告(2008):中国人力资本状况评估》,中国发展出版社 2008 年版。

中国教育与人力资源问题报告课题组编著:《从人口大国迈向人力资源强国》,高等教育出版社 2003 年版。

中国(海南)改革发展研究院编:《基本公共服务与中国人类发展》,中国经济出版社 2008 年版。

中国(海南)改革发展研究院编:《百姓·民生——共享基本公共服务100 题》,中国经济出版社 2008 年版。

周天勇:《效率与供给经济学》,经济科学出版社 1997 年版。

周建明:《有效供给不足——对传统公有制经济体制的考察》,上海社会科学院出版社 1992 年版。

郑杭生主编:《社会学概论新修》,中国人民大学出版社 1998 年版。

赵中建编:《教育的使命——面向二十一世纪的教育宣言和行动纲领》,教育科学出版社 1996 年版。

张人杰主编:《国外教育社会学基本文选》,华东师范大学出版社 1989年版。

张维迎:《博弈论与信息经济学》,上海三联书店、上海人民出版社 2004 年版。

[美]朱丽·汤普森·克莱恩:《跨越边界——知识 学科 学科互涉》,姜智芹译,南京大学出版社 2005 年版。

[美]詹姆斯·M.布坎南:《公共物品的需求与供给》,马珺译,上海人民出版社 2009 年版。

二、中文论文类

[以色列]艾德里安·齐得曼:《政府在职业培训投资中的作用》,《北京大学教育评论》2007 年第 3 期。

[美]彼得·豪尔、罗斯玛丽·泰勒:《政治科学与三个新制度主义》,《经济社会体制比较》2003 年第 5 期。

方军:《制度伦理与制度创新》,《中国社会科学》1997 年第 3 期

郭湛、王维国:《公共性的样态和内涵》,《哲学研究》2009 年第 8 期。

高兆明:《制度伦理与制度"善"》,《中国社会科学》2007 年第 6 期。

何筠、汤新发:《论我国公共职业培训机制的选择和创新》,《中国职业技术教育》2005 年第 33 期。

何筠:《我国公共就业培训问题研究》,博士学位论文,南昌大学,2007 年。

胡汝银:《短缺归因论》,《经济研究》1987 年第 7 期。

洪朝辉:《论中国城市社会权利的贫困》,《江苏社会科学》2003 年第 2 期。

黄新华、于正伟:《新制度主义的制度分析范式:一个归纳性评述》,《财经问题研究》2010 年第 3 期。

厉以宁:《关于教育产业的几个问题》,《高教探索》2000 年第 4 期。

梁禹祥、南敬伟:《诠释制度伦理》,《道德与文明》1998 年第 3 期。

卢现祥:《制度分析的三种方法:诠释与综合》,《福建论坛(人文社会科学版)》2008 年第 12 期。

卢洪友、张军:《中国公共品供给制度变迁与制度创新》,《财政研究》2003 年第 3 期。

李文华、李相波:《经济分析法学评介》,《河北法学》2000 年第 1 期。

李小科:《澄清被混用的"新自由主义"——兼谈对 New Liberalism 和 Neo-Liberalism 的翻译》,《复旦学报(社会科学版)》2006 年第 1 期。

李丹、徐辉:《欧美国家的工作福利政策及其启示》,《厦门大学学报(哲学社会科学版)》2008 年第 4 期。

李延平:《职业教育公平问题研究》,博士学位论文,陕西师范大学,2008 年。

林安男:《公共职业训练机构职训从业人员专业能力分析研究》,硕士学位论文,台湾高雄师范大学工业科技教育学系,2004 年。

毛寿龙:《〈坐而论道、为公立学:制度分析与公共政策分析〉评析》,《甘肃行政学院学报》2005 年第 4 期。

石伟平:《能力本位职业教育与培训:背景与特征》,《外国教育资料》1997 年第 6 期。

施惠玲:《制度伦理研究述评》,《哲学动态》2000 年第 12 期。

尚晓援:《"社会福利"与"社会保障"再认识》,《中国社会科学》2001 年第 3 期。

孙琳:《公共职业培训另一种路径的选择与拓展》,《职业技术教育》2006 年第 12 期。

任社宣:《进一步规范农村劳动者转移就业技能培训工作——人力资源和社会保障部相关司局负责人答记者问》,《中国人事报》2009 年 5 月 20 日。

万俊人:《之间或之外:关于"第三条道路"——读〈"第三条道路"与新的理论〉》,《马克思主义与现实》2000 年第 3 期。

万俊人:《公共性的政治伦理理解》,《读书》2009 年第 12 期。

王善迈:《关于教育产业化的讨论》,《北京师范大学学报(人文社会科学版)》2000 年第 1 期。

王思斌:《改革中弱势群体的政策支持》,《北京大学学报(哲学社会科学版)》2003 年第 6 期。

王保树、邱本:《经济法与社会公共性论纲》,《西北政法学院学报》2000 年第 3 期。

王桂艳:《正义、公正、公平辨析》,《南开学报(哲学社会科学版)》2006 年第 2 期。

王海东、希建华:《成人教育作为一门学科的发展与研究》,《开放教育研究》2004 年第 6 期。

汪丁丁:《制度分析的特征及方法论基础》,《社会科学战线》2004 年第 6 期。

吴超林:《中国教育有效需求不足之经济分析》,《学术研究》1992 年第 3 期。

吴开俊:《教育有效供给与教育结构关系刍议》,《广州大学学报(综合版)》2000 年第 5 期。

吴克明:《教育供求新探》,《教育与经济》2001 年第 3 期。

吴宏超、范先佐:《我国教育供求研究的回顾与反思》,《教育与经济》2006 年第 3 期。

吴晓义:《终身学习视野下学校教育与社会培训的沟通及衔接》,《北京大学教育评论》2007 年第 3 期;

魏姝:《政治学中的新制度主义》,《南京大学学报(哲学·人文科学·社会科学)》2002 年第 1 期。

徐桂华、杨定华:《外部性理论的演变与发展》,《社会科学》2004 年第 3 期。

徐月宾、张秀兰:《中国政府在社会福利中的角色重建》,《中国社会科学》2005 年第 5 期。

辛炳隆:《台湾职业训练制度之研究——公共职训委托民间办理》,硕士学位论文,台湾政治大学劳工研究所,1990 年。

叶忠海:《成人教育和职业教育关系研究》,《教育研究》1996 年第 2 期。

叶忠:《略论教育的有效供给》,《教育评论》2000 年第 3 期。

叶忠:《论教育供给有效性的衡量》,《河北师范大学学报(教育科学版)》2001 年第 2 期。

叶之红:《澳大利亚职业教育培训促进全民学习终身学习的经验》,《教育发展研究》2003 年第 4—5 期。

杨瑞龙:《论制度供给》,《经济研究》1993 年第 8 期。

杨清荣:《制度伦理的社会实践维度》,《哲学动态》2008 年第 11 期。

中华人民共和国国务院新闻办公室:《中国的就业状况和政策》,《人民日报》2004 年 4 月 27 日。

张成福:《论公共行政的公共精神——兼对主流公共行政理论及其实践的反思》,《中国行政管理》1995 年第 5 期。

张永麟:《韩国职业培训与职业技能鉴定制度》,《中国劳动》1997 年第 3 期。

张人杰:《"教育产业化"的命题能成立吗?》,《教育评论》2000 年第 1 期。

张敏杰:《工作福利政策及对中国的启示》,《浙江社会科学》2006 年第 4 期。

张玉文:《"雨露计划"实施以来已带动 400 多万人脱贫》,中国教育报 2007 年 4 月 24 日。

张国、李剑平:《政府花钱,为啥还有老百姓不买账》,《中国青年报》2009 年 2 月 9 日。

张文礼、吴光芸:《论服务型政府与公共服务的有效供给》,《兰州大学学报(社会科学版)》2007 年第 3 期。

周雪光:《制度是如何思维的?》,《读书》2001 年第 4 期。

朱德米:《新制度主义政治学的兴起》,《复旦学报(社会科学版)》2001 年第 3 期。

朱德米:《当代西方政治科学的最新进展——行为主义、理性选择理论和新制度主义》,《江西社会科学》2004 年第 4 期。

邹吉忠:《论制度思维方式与制度分析方法》,《哲学动态》2003 年第 7 期。

祝灵君:《政治学的新制度主义:背景、观点及评论》,《浙江学刊》2003 年第 4 期。

郑海燕:《欧盟的教育与培训政策》,《国外社会科学》2005 年第 1 期。

周德友:《公共职训机构组织转型之研究——以台北市职训中心为例》,硕士学位论文,台湾玄奘大学公共事务管理研究所,2007 年。

三、外文类

Buchanan, J. M., *An Economic Theory of Clubs*. Economica, New Series, Vol.32, Issue125, 1965.

Brunello, G., & Paola, M. D, *Market Failure and the Under-Provision of Training*, Brussels: EC-OECD Seminar on Human Capital and Labour Market Performance, 2004.

Bosch, G, & Charest, J., "Vocational Training and the Labour Market in Liberal and Coordinated Economies", *Industrial Relations Journal*, Vol.39, Issue 5, 2008.

Carnoy, M., "Efficiency and Equity in Vocational Education and Training Policie", *International Labour Review*, Vol.133, No.2, 1994.

Cockx, B.& Bardoulat, I., *Vocational Training: Does it speed up the Transition Rate out of Unemployment?* http://sites. uclouvain. be/econ/DP/IRES/9932.pdf.

Casanova, F., *Vocational Training and Labour Relations*, Montevideo: CINTERFOR/ILO, 2003.

Quality, Relevance and Equity: An integrated approach to vocational training, Montevideo: CINTERFOR/ILO, 2006.

Eichler, M., & Lechner M, *Public Sector Sponsored Continuous Vocational Training in East Germany: Institutional Arrangements, Participants, and Results of Empirical Evaluation*, http://www. alexandria. unisg. ch/EXPORT/DL/Michael_Lechner/15769.pdf.

Jarvis, P., *The Sociology of Adult & Continuing Education.* Dover, N.H.: Croom Helm, 1985.

Middleton, J. and Others, *Vocational and Technical Education and Training: A World Bank Policy Paper*, Washington, DC: World Bank, 1991.

Samuelson, P.A., "The Pure Theory of Public Expenditure", *The Review of Economics and Statistics*, Vol.36, No.4, 1954.

Tsang, M.C, "The Cost of Vocational Training, Education & Training", *Education and Training*, Vol.41, No.2, 1999.

责任编辑：杨　谭

图书在版编目（CIP）数据

公共性职业教育培训的有效供给：基于制度分析的视角/
　陈福祥　著. —北京：人民出版社，2019.12
ISBN 978－7－01－021618－8

Ⅰ.①公…　Ⅱ.①陈…　Ⅲ.①职业教育-教育培训-研究-中国
Ⅳ.①G719.2

中国版本图书馆 CIP 数据核字（2019）第 289731 号

公共性职业教育培训的有效供给
GONGGONGXING ZHIYE JIAOYU PEIXUN DE YOUXIAO GONGJI
——基于制度分析的视角

陈福祥　著

人民出版社 出版发行
（100706　北京市东城区隆福寺街 99 号）

北京中科印刷有限公司印刷　新华书店经销

2019 年 12 月第 1 版　2019 年 12 月北京第 1 次印刷
开本：880 毫米×1230 毫米 1/32　印张：9.75
字数：236 千字

ISBN 978－7－01－021618－8　定价：39.00 元

邮购地址　100706　北京市东城区隆福寺街 99 号
人民东方图书销售中心　电话（010）65250042　65289539